中国人口福利基金会创建幸福家庭活动项目及国家人口与健康科学
数据共享平台/人口与生殖健康科学数据中心项目
杭州市产学对接重点突破项目(杭教产学〔2014〕3号)
浙江省一流学科(B类)建设项目(浙教高科〔2016〕16

居家养老服务规范

陈雪萍　孙利华　黄惠娟　唐浥云　等著

ZHEJIANG UNIVERSITY PRESS
浙江大学出版社

中国人口福利基金会创建幸福家庭活动项目及国家人口与健康科学
数据共享平台/人口与生殖健康科学数据中心项目
杭州市产学对接重点突破项目(杭教产学〔2014〕3号)
浙江省一流学科(B类)建设项目(浙教高科〔2016〕168号)

《居家养老服务规范》

编委会名单

陈雪萍　孙利华　黄惠娟　唐浥云　等著

撰写人员(按姓氏笔画为序)

叶　芳　刘　会　孙利华　杜丽萍
张　欢　陈红萍　陈雪萍　竺　愿
赵生凤　胡叶文　郭莎莎　唐浥云
黄文红　黄惠娟　董　敬　詹海娟

撰写单位:杭州师范大学钱江学院护理分院
国家卫生计生委南京人口国际培训中心
杭州市拱墅区和睦街道华丰社区
杭州珍琦卫生用品有限公司
国家卫生计生委科学技术研究所
浙江省老年学学会老年护理专业委员会

序

如何应对快速到来的人口老龄化，是摆在全社会面前的重大现实问题。国家“十三五”规划提出“完善和加快发展以居家为基础、社区为依托、机构为支撑、医养相结合的养老服务业，达到每千名老年人拥有养老床位数35到40张，日间照料服务设施要覆盖所有的城市社区和50%以上的农村”。应对人口老龄化，居家养老服务是主体。近年来，在国家一系列养老服务发展政策的支持下，社区日间照料中心从硬件到服务队伍建设都得到了快速发展。

但总体来看，我国养老服务管理还比较粗放，养老服务业市场还处于初级阶段，老年人服务购买力不高，服务队伍专业化层次较低，服务收益低，提供服务的主体短期难有较高的预期收益率，服务机构重资产问题及一线服务人员从业意愿低、照护队伍缺乏等问题难以很好解决。居家养老服务提供的服务性质不清晰，缺乏明确的服务界限和较好的与家政服务、医疗服务、社会工作、志愿服务、互助服务等行业的协作机制，更重要的是缺乏居家养老服务质量监管体系。

作为一个服务行业，必须有较好的行业规范，有相对统一的服务目录，包括服务名称、内容、要求、注意事项、服务流程和质量标准等，有行业监管组织、不断完善的质量监管标准和有序的监管方式。养老服务行业亟待建立其行业规范和行业监管体系。

为推进养老服务行业规范建设，在各级民政部门的支持下，杭州师范大学钱江学院护理分院陈雪萍院长带领她的团队，在过去近十年的时间里，结合实践、教学和研究工作，以老年人照护为主线不断探索，2011年出版的《养老机构老年人护理服务规范和评价标准》对养老机构的照护工作进行了较好的梳理，对机构管理、护理人员管理、老年人照护管理、安全管理及各项制度、岗位职责、服务要求进行了规范性的叙述，同时制定了养老护理分级标准和服务规范、护理质量评价标准等。随后，结合养老护理国家职业标准，其所著的《养老护理操作规程》(2013年出版)对54项养老护理操作按操作目的、方法、注意事项进行规范叙述，并配以流程图和操作示意图。两册书在实践中被广泛应用，其中养老护理分级标准和服务规范被宁波地方标准采纳，在养老机构护理实践中起到了较好的引导作用。

近年来，中国人口福利基金会参与建设的“国家人口与健康科学数据共享平台/人口与生殖健康科学数据中心”关注并支持了一些地方健康促进、养老服务的探索性实践，其中包括杭州师范大学钱江学院护理分院联合浙江省老年学学会老年护理专业委员会、杭州珍琦卫生用品有限公司，在杭州市拱墅区和睦街道华丰社区开展的老年自护与互助能力建设。该项目通过社区老年人整群抽样调查，走访各地日间照料中心，分析居家养老服务需求，综合国内外经验，结合社区养老服务现状和对未来发展的把握，梳理居家养老服务内容，尝试制订服务目录和每一项服务内容的范围、要求、服务步骤和流程，以期初步建立居家养老服务规范，在试点过程中取得了良好效果。

《居家养老服务规范》分日常工作、清洁服务、修饰服务、移动服务、家政服务、老年食堂服务、意外事件预防与应急处理服务、健康与治疗护理服务、协助参与社区活动服务、陪伴服务、心理健康服务、培训服务、临终关怀服务、消毒隔离服务、服务管理、涉法服务等十六个部分共130项服务项目，每一项服务按服务定义、服务要求、服务步骤和服务流程进行规范叙述，并配以流程图，简单易懂，实践性、操作性强，有利于在养老服务实际工作中实施。此外，还有"噎食急救与预防、误吸预防、跌倒应急处理、骨质疏松预防、直立性低血压预防"科普组图，可以简洁地传播相关知识与技能。

服务规范是服务品质的保障，也是实现信息化管理的基础。《居家养老服务规范》的出版将有益于启发思维，促进养老服务质量管理、风险管理，推动行业规范、行风监督和行业自律体系建设。此书出版是从无到有的探索过程，相信作者团队和广大养老服务工作者能够结合实际工作，不断完善，为未来精细化管理、信息化管理奠定坚实基础，提升我国居家养老服务整体水平。

中国人口福利基金会副秘书长 俞华

目　录

CONTENTS

第一部分　日常工作规范

一、入托服务

入托服务是指为失能、失智或者病伤等原因需要临时治疗和护理的老人提供日间照料服务，是经老人或监护人要求而提供的入住日间照料中心的评估、确认过程。入托服务主要适用于：①日间家中无人照护的高龄老人或者失能、失智老人；②老年人因病因伤进行治疗，临时需要日间照护者；③喘息服务或者因其他原因需要日间照护者。

1.服务要求

(1)日间照料中心须根据自身设施、服务人员条件，明确规定服务范围并公示，控制服务风险。

(2)设立规范的入托服务评估表，专人负责进行入托评估。根据评估结果及入托时间的长短，与老人、家属共同制订日间照护计划，制订个性化的日间照护方案。

(3)有规范性的入托协议文本、告知文本。在规范评估的基础上，与老人或者监护人签订协议。

(4)入托协议须根据老人具体情况，明确规定入托时间、服务内容、个性化的需求、相关告知及联系电话，特别是有异常行为的失智老人，家属需要告知一些特殊情况。日间照料中心对常见老年人意外事件的预防有较好的告知，如跌倒、噎食、走失、误吸、直立性低血压预防措施等，并针对此类风险制订规范性的告知文本。

(5)根据条件和老年人身心功能状态及治疗等情况作适当分区，如：输液者安置在安静、整洁的卧室；失智有异常行为的老人专人照护，预防走失等意外事件。

(6)初次入托时，让老人熟知日间照料中心环境、主要设施的使用方法、对应的服务人员和一般求助渠道，告知厕所、开水间、呼叫器位置及使用方法等。

(7)按服务规范提供日间照料服务，做好各类服务记录。

(8)服务人员持证上岗，定期培训，保障照护品质。

(9)规范管理社区志愿服务活动。根据日间照料中心情况，组织各类志愿活动。对申请志愿服务的个人或组织进行必要的审核，对志愿服务的人员进行培训，保证老年人的安全和权益不受损害。

(10)在日间照料中心进行的输液等治疗性服务，由医护人员执行，在医护人员指导下看管，不得擅自协助老人服药。

(11)老人接送按商定的地点、人员、时间进行交接。不允许双方约定以外的任何人接走老年人，遇特殊情况，要与家属确认并做好接送记录。做好出入登记工作，预防老人走失。

(12)建立日间照料中心的质量监管体系，设立照护服务规范和质量标准，制定定期安全检查、照护质量考核和反馈制度。

(13)建立入托档案管理制度。

2.服务步骤

(1)老人或监护人提出申请，日间照料中心专人负责，对老人自理能力、认知情况、心理及行为等情况进行评估，确认老人是否适合入住。

(2)商定服务内容、服务时限、是否接送及接送时间，注明服药、特殊生活照料需求，签订协议。

(3)记录家属及紧急状况下的联系方式。

(4)安顿老人入住，落实照护人员。

(5)照护人员明确照护内容，向老人及家属介绍日间照料中心环境、设施、活动、作息时间及注意事项等，提供书面告知。

(6)按要求提供规范服务，做好服务及接送记录。

3.服务流程

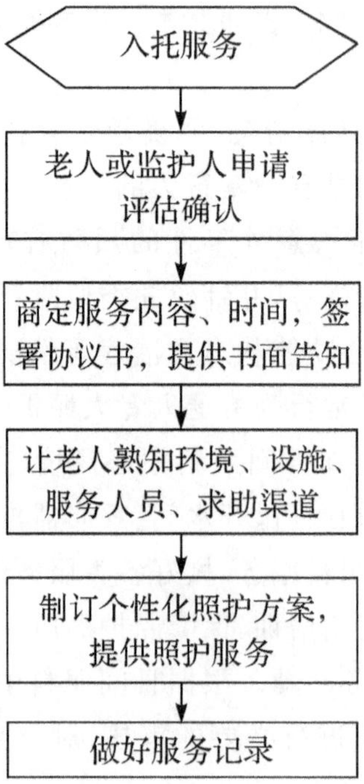

二、探访服务

探访服务是指由日间照料中心服务人员或者是志愿者、社会工作者等为居家老年人提供的定期探视，了解老年人身心状况和服务需求。探访服务主要适用于：①独居高龄老人；②遭遇生活事件，需要心理疏导者；③其他情况需要定期探视者。

1.服务要求

(1)日间照料中心根据自身条件，建立相对稳定的探访服务内容，服务内容公示。

(2)老人或监护人提出探访服务申请，双方约定探访日期、时间、探访人员要求和每次探访需要提供的服务，如心理咨询、健康指导、血压血糖测量等，明确紧急情况下的联系方式和送医途径等，签订“探访服务协议书”。

(3)安排合适的探访人员并尽量固定，让老人熟悉探访人员。探访人员穿清洁工作服，按约定时间探访老人。

(4)探访人员必须接受相关的培训，遵守职业道德和规章制度，尊重老年人，保护老年人隐私，不随意对外泄漏老年人个人信息。

(5)探访前电话确认，登门时先敲门，征得老人同意方可入室。尊重老人习惯，入室前一般需要穿上鞋套，以免弄脏地板。入室先问好，介绍自己，于客厅入座，不坐于老人床上。

(6)称呼上按老人习惯，避免直呼其名。

(7)与老人耐心交流，观察老人心理、身体一般情况并按要求记录相关内容。

(8)探访结束，与老人约定下一次探访时间。记录服务时间，有智慧居家养老服务信息平台者，可在智能手机、iPad 等设备终端进行记录。

(9)有特殊服务需求者，应做好服务记录。

(10)听力障碍老人，协助安装以灯光应门或可视门铃等设施，增进交流。

(11)要服务人员开门探视而需要代管钥匙者，严格按钥匙管理规范执行。

(12)探访过程中敲门不过急，不催促老人，不与老人争执，遇老人情绪激动应安抚老人，待老人情绪平复后才可离开，或者请其他人员协助，预防跌倒、心脑血管意外等事件。

2.服务步骤

(1)老年人或监护人提出探访申请。

(2)双方商定探访频率、服务内容及探访时间,确认服务人员及要求。签署“探访服务协议书”,写清联系人和联系电话。

(3)确定探访人员,与老人交流,让老人熟悉探访人员。

(4)按约定时间探访,耐心交流沟通,规范提供服务。

(5)保护隐私,保障信息安全。

(6)做好探访记录。

3.服务流程

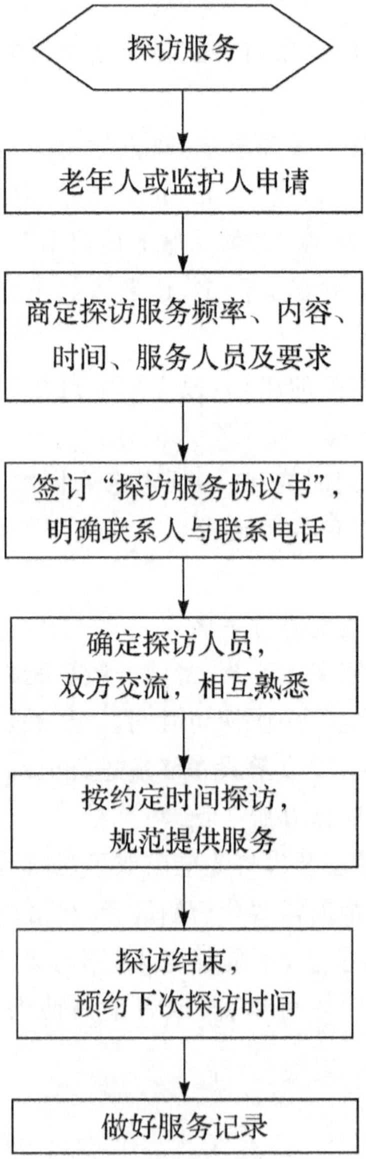

三、呼叫应答服务

呼叫应答服务是指建立在智慧居家养老服务信息平台上的居家老年人求助服务。呼叫应答服务主要适用于：①空巢独居老年人遇突发事件求助；②居家老年人需要各类居家养老服务。

1.服务要求

(1)建立智慧居家养老服务的呼叫应答服务之前，须考虑社区服务体系的建设现状，呼叫应答服务内容与服务体系相适应，服务内容公示。

(2)呼叫须有专门的应答服务人员，呼叫应答服务人员应接受培训，熟悉老年人各类情况的处理和应对方法，熟悉后端服务体系的现状和联系方式，熟记常用的紧急救助电话(110、120、119)。

(3)呼叫应答人员用语礼貌，遵守职业道德和规章制度，不得离岗或利用呼叫平台聊天。

(4)定期检查呼叫应答服务平台及老年人的终端呼叫器，确保呼叫应答的通畅。

(5)与老年人或监护人签订“呼叫应答服务协议书”，确认服务内容，填写老人和呼叫服务端的联系人及联系电话，书面告知。

(6)让老人了解整个呼叫系统的运转，教会老人怎样正确使用呼叫器，特别是紧急事件呼叫器，耐心与老人沟通，减少误叫率。

(7)应建立区域性智慧居家养老服务信息平台的管理制度。社区协助做好呼叫应答服务后端服务体系的管理，定期对签约的服务公司的服务质量进行检查和监控。

(8)为老年人上门服务的服务人员均应接受培训，了解老年人的身心特点，学会老年人常见问题的应对和处理，熟记常用的紧急救助电话。

(9)建立呼叫失灵时的应急处理机制。

(10)制订便于记录的呼叫应答登记表，做好记录。

2.服务步骤

(1)老人或监护人提出申请。

(2)与老人或监护人签订“呼叫应答服务协议书”，商定服务内容，确认呼叫应答使用的程序和要求，写清联系人和联系电话。

(3)在老人家中安装呼叫器或其他呼叫设施，教会老年人使用方法与注意事项并书面告知。

(4)做好使用记录。

(5)定期维护呼叫应答平台,及时检修配套装置,确保呼叫应答服务畅通。

3.服务流程

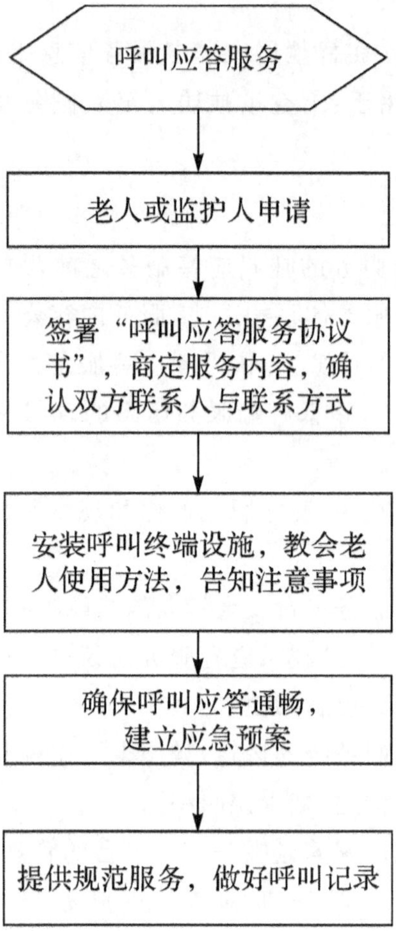

四、电话服务

电话服务主要是指定时给居家老年人打电话，了解老人身心状况，或者定时提醒老人某些事件（如服药等）的一种电话访问服务。电话服务主要适用于：①独居老年人；②需要定时提醒某些事件的老年人。

1.服务要求

（1）根据自身条件设置电话服务范围，电话服务内容公示。

（2）设置专线服务电话和服务人员，利用移动电话时，尽量保持服务电话号码固定，方便老年人确认。也可利用智慧居家养老服务信息平台的呼叫服务体系，老年人家中可安装可视设施，方便双方交流。

（3）老年人及家属提出申请，签署“电话服务协议书”，明确电话服务内容、电话号码，约定服务时间。

（4）在老年人电话终端设置服务人员姓名等信息，方便老人确认来电信息。

（5）电话服务人员与老人见面交流，双方熟悉情况。有轻度听力障碍老人，安装电话的增音设施。如听力受损无法交流者，不宜使用电话服务项目。

（6）电话服务人员接受相关的培训，遵守职业道德和规章制度，保护老人隐私，不得将老人电话信息外泄。

（7）按约定时间与老人通话，可利用现代科技设置服务提醒，避免工作人员遗忘。

（8）电话服务人员应说话清晰，语调平和、亲切，用语礼貌。一般使用普通话交流，也可使用老人日常使用的方言进行交流。

（9）建立无人接电话时的应急预案，在约定时间无人接电话，与老人及家属约定处置方式，如需要保管钥匙的，按“代管钥匙”规范执行。服务人员应熟记应急救助电话。

（10）社区应急呼叫服务与电话服务的线路应分开，同时不得用服务电话聊天，避免占线。

（11）告知老年人及监护人，在约定通话的时间里外出或因其他原因不在家中，应及时与服务方联系说明。

（12）做好通话记录。

2.服务步骤

（1）根据电话服务内容，老人或监护人提出申请。

（2）与老人或监护人签订“电话服务协议书”，商定电话服务内容、服务时间，约定应急处置方案，写清联系人和联系电话。

(3)老人和服务人员见面交流，双方相互熟悉。在老年人电话接收终端将服务人员号码及姓名等信息输入，方便老人通话时确认来电信息。

(4)按约定时间通话联系。

(5)定期维护电话装置，及时检修线路，确保电话服务畅通。

(6)做好使用记录。

3.服务流程

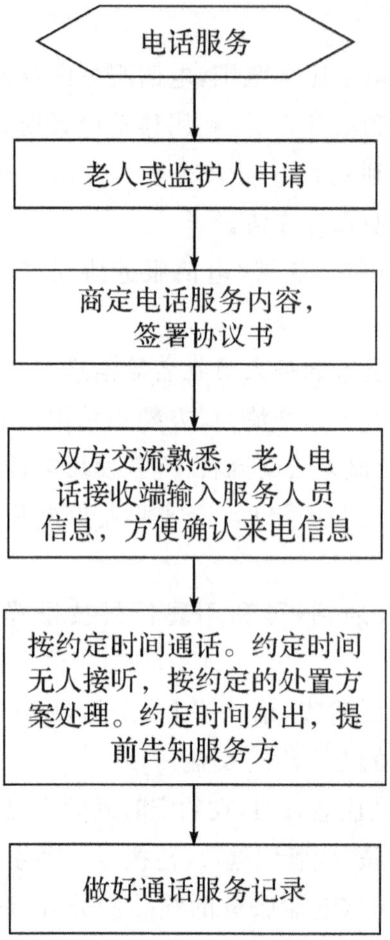

五、评估服务

评估服务是指使用评估工具对老年人的身心功能、健康状况、照护资源及经济条件等进行评估，对照当地评估标准，作出评估结论，为老年人转介服务及落实养老服务补贴政策等提供依据。评估服务主要适用于：①有转介服务需求的老年人；②需要申请相关养老服务补助或长期照护保险赔付的老年人。

1.服务要求

(1)评估服务建立在较完善的评估体系基础上，有相关的评估制度、评估标准、评估工具和评估执行体系。

(2)评估服务由具有评估资质的第三方执行。评估人员一般由医护人员、社会工作者、社区工作人员等组成。评估员必须接受相关培训，遵守职业道德和规章制度。

(3)评估标准根据当地经济状况及社会资源等情况设定，评估工具一般由老年人自理能力、认知功能、经济条件及照护资源等评估量表组成。

(4)由老年人及监护人向社区提出申请，社区委托评估组织进行评估。

(5)评估组织委派有资质的评估员，一般需由2～3人组成评估小组，预约老人，对老人身体情况、认知功能、家庭经济条件及照护资源等作出客观的评估。评估结束，由老人或监护人签字确认。

(6)评估组织根据评估结果，核议作出评估结论。对有争议的评估结果，可进行复评。评估结论书面告知委托的社区，由社区告知老年人或监护人。

(7)应建立相应的信息平台，对评估结果进行公示，建立社会监督机制，促进评估工作的公平公正开展。同时，要注意保护老人隐私，公示内容要与老人或监护人确认。

(8)社区应每月有相对固定的评估受理时间，特殊情况随时进行评估。

(9)评估员规范操作，佩戴有自己身份证标志的证件；态度和蔼，使用礼貌用语。

(10)设专人管理评估工作，评估资料妥善保管，评估员相对固定，制定相应的评估管理规章制度。

2.服务步骤

(1)老人或监护人提出申请，社区确认。

(2)社区委托评估组织，评估组织委派有资质的评估员，组成2～3人的评估小组开展评估。

（3）预约老人，使用统一的评估工具规范开展评估。使用老人可以理解的语言，并随时接受和回答老人的疑问。评估结束时，老年人或监护人签字确认。

（4）评估组织进行核议，作出评估结论。如非初次评估，必要时应与上一次评估结果进行比较。

（5）评估结论于信息平台中公示，无异议后，书面报告社区，并告知老年人或监护人。

（6）作出评估总结，专人整理、保管评估资料。

3.服务流程

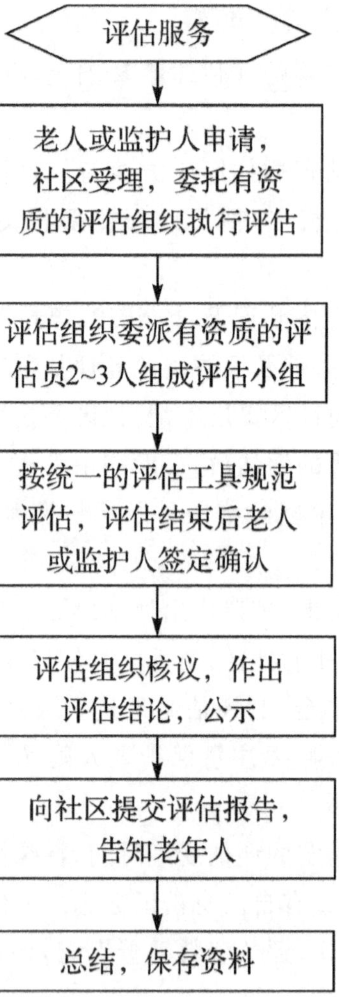

六、转介服务

转介服务主要是指在老年人照护需求评估的基础上，根据老年人身心功能、老年人和家庭愿望及社会照护资源等，为其联系、协调，使之入住合适的养老场所而得到适宜的服务。转介包括从居家到养老机构、老年护理院或者老年医院、临终关怀院等机构，也可从机构到居家转介。转介服务主要适用于：①老年人身心功能下降或因疾病原因，家庭无法照料，需要转介到相应机构者；②老年人身心功能改善或疾病恢复，需要从老年医院转到老年护理院，或者从老年护理院转到养老机构，或者从机构转到居家者。

1.服务要求

(1)转介服务需要在较完善的评估和转介服务体系建设基础上进行，日间照料、居家养老、机构养老、老年护理院、老年医院等机构建设较完善，建有相互转介通道，设有转介标准、评估工具，有执行管理机构。

(2)区域养老服务管理部门负责设立统一的转介标准和评估工具，建有转介的制度和良好的转介秩序，有第三方评估执行组织。

(3)建有区域性居家养老服务信息平台，对入住资源、服务信息等能随时查阅和联系。

(4)老年人或监护人提出申请，社区每月有相对固定的评估受理时间，特殊情况随时受理。

(5)社区委托第三方具有评估资质的社会组织，按评估服务规范对老年人照护需求进行客观评估，作出评估结论。

(6)结合社会照护资源及老年人和监护人意愿、经济条件，建议转介的机构，再与机构协调，按轻重缓急有序入住。

(7)等待转介期间，应定期告知相关信息，同时关注老年人身心变化，做好心理安抚。

(8)需临时紧急转介机构的，协调相关资源，帮助优先入住。

(9)转介成功后一周内回访一次，了解相关情况，必要时作出转介调整。

(10)信息公开，接受社会监督，促进公共资源高效、公平使用。

(11)转介服务人员需有较好的协调能力和应急处理能力，善于沟通，同时，对区域养老服务资源有较好的了解，能为服务对象提供指导。

(12)在目前没有建立较好的评估、转介体系的情况下，主要做好信息提供服务和协助转介服务。

2. 服务步骤

(1)老人或监护人提出申请，社区定期受理，特殊情况随时受理。

(2)第三方评估机构评估，提出转介建议。

(3)根据入住资源的信息和老年人及监护人意愿，确认转介机构。

(4)协调机构，按轻重缓急有序等待入住，等待期间定期访视，了解老人身心情况，提供相关信息。转介成功一周内回访，作出转介总结。

(5)转介信息公示，接受社会监督。

3. 服务流程

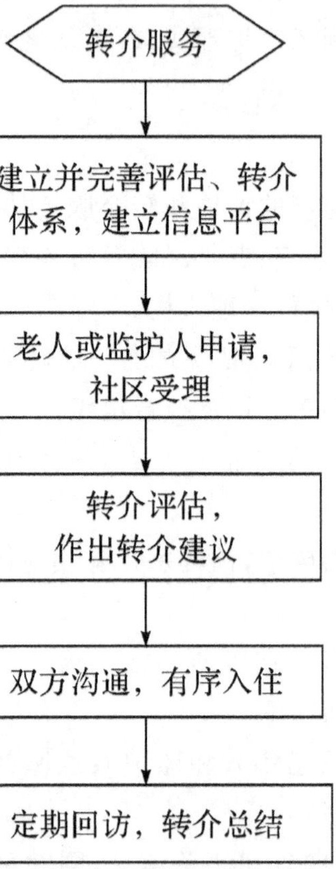

七、礼仪服务

礼仪是向他人敬意的一种仪式，也是表示敬意的统称，是待人恭敬的态度，包括着装打扮、姿态、风度、举止行为等。礼仪不是一项专门的服务项目，它贯穿于所有的服务之中，为便于叙述，将一般的礼仪规范按服务顺序来描述。

1.服务要求

(1)服务人员统一着装，衣着清洁，仪容端庄，淡妆上岗。忌奇装异服和浓妆艳抹。

(2)上班期间不吸烟、不喝酒、不吃有强烈气味的食物，保持口气清新。

(3)客人来访时起立相迎，主动问好；客人走时，礼貌相送。为老人服务先解释说明，服务过程耐心沟通，服务结束告知注意事项。

(4)微笑服务，礼貌用语，不骂人、不讲粗话、不发脾气。

(5)操作轻、说话轻、走路轻，避免大声喧哗和产生较大的设备噪音。

(6)坐姿、站姿端庄，不在公共场合挖耳朵、抠鼻子、抓挠皮肤、跷二郎腿等。

(7)尊重他人习惯，多从对方角度思考问题，不与老人发生冲突。

(8)熟练掌握各类服务技术，不断学习，提高业务素养，规范提供各类服务。

(9)严格时间观念，遵守各类预约的时间，规范管理和记录，避免遗忘。

(10)严格遵守各类操作规程和规章制度，预防各类意外事件的发生。

2.服务步骤

(1)以良好的仪容仪表及精神状态上班。

(2)周全准备各类用品和设备。

(3)向老人解释说明，规范为老人提供各类服务。

(4)服务过程中耐心沟通和询问，适时进行健康教育，传播健康知识和技能。

(5)服务结束时告知注意事项和预约下次的服务项目。

3. 服务流程

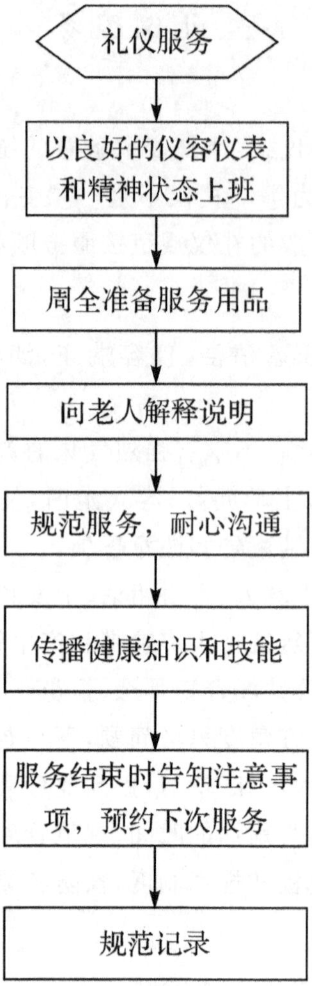
礼仪服务
以良好的仪容仪表和精神状态上班
周全准备服务用品
向老人解释说明
规范服务，耐心沟通
传播健康知识和技能
服务结束时告知注意事项，预约下次服务
规范记录

八、安全服务

安全贯穿于所有的服务项目之中，为便于管理，将一般的安全服务规范围绕社区老年人的日常生活轨迹来叙述。

1.服务要求

(1)社区设专人管理，制定相应的安全服务规章制度，落实责任，对社区室外健身器、楼道扶手、其他公共设施、消防通道、灭火器、违停违建等定期检查。

(2)日间照料中心的建筑、室内室外硬件及消防设施符合相关标准。

(3)老年人使用的厕所不宜选用蹲坑，地面防滑。走廊、浴室、厕所设有安全扶手，扶手稳固。室内光线充足，照明设施良好，地面平整，不设门槛。

(4)开水间有一定的防护措施，不宜在失智和行动不便老人所在区域开放。冲泡开水一般由工作人员或者志愿者执行。协助老人洗澡要注意先开冷水开关、后开热水开关，先关热水开关、后关冷水开关，防烫伤意外。

(5)保证呼叫设施通畅，应答及时。

(6)轮椅、拐杖、助步器、移位机、爬楼机等设施应专人管理，定期检查，正确使用。

(7)掌握正确的照护方法，扶抱转移、使用助行器等操作应规范执行，避免老人跌倒意外。老人从卧位或坐位到站立宜慢，老人不宜蹲位如厕和蹲位擦地板，预防直立性低血压。

(8)老年人进食期间有专业人员巡视，保持安静，不催促，不与老人谈笑，预防噎食和误吸;高龄老人不宜供应带骨带刺的食物。

(9)老年人入托日间照料中心需先评估，失智或有特殊心理状况者应与家属深入沟通，预防走失、自伤或伤人事件发生。有严重骨质疏松者要注意预防骨折。

(10)使用保护器具应与家属或监护人签订协议，规范使用，防损伤。

(11)掌握老人照护的基本知识，老人生气、用力、受寒、大喜大悲、焦急、过饱、饮水不足等都有可能诱发心脑血管意外，日常工作中不与老人冲突，遇老人生气、激动应跟进服务，安抚直至老人情绪平稳，或请其他人员帮助。

(12)遵守各项服务规程，遵守约定，不离岗。建立走失、跌倒、火灾等安全预案，定期接受安全培训，掌握安全知识和预防措施。

(13)老年人参加各类活动及康复锻炼要量力而行，日间照料中心老年人活动期间有专人看护。

(14)严守职业道德，不对外泄漏老年人及家人的个人信息，不介绍未经确认的服务供应商，特别是老年保健品、老年用品等供应商，预防受骗。

（15）做好各项检查、重要物品使用和安全事件的记录，按要求定期报告。

（16）定期开展各种形式的社区安全教育，制订重要安全事件的应急预案。

2.服务步骤

（1）建立定期检查制度，制定各项设备的使用规范和各项服务规范。

（2）定期检查社区及日间照料中心设施和为老年人服务的设备。

（3）按服务规范提供各项服务。

（4）定期开展服务人员、老年人及社区其他人员的安全教育及各种形式的安全知识传播。

（5）建立安全事件应急预案，遇突发事件规范处理。

（6）定期报告安全及管理情况。

3.服务流程

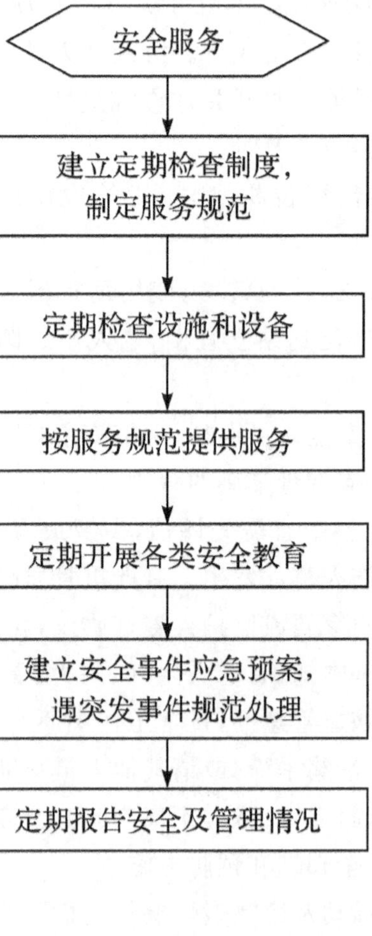

（唐浥云　陈雪萍）

第二部分　清洁服务规范

一、洗　脸

洗脸是为失能老人提供的一项清洁服务，可以清除颜面部污垢并促进面部血液循环，增进舒适，预防感染，维护老人自尊。此项服务主要适用于失能、失智而无法自行洗脸的老人。

1.服务要求

(1)尽量协助、鼓励老人自行洗脸，以促进其自理功能的保持。指导家庭环境的改造和提供老人合适的辅具，开展日常康复锻炼，促进老人自行洗脸能力的维持和恢复。

(2)操作前清洗双手，修剪指甲，备齐物品，保持仪容仪表端庄。

(3)水温以不烫手为度。必要时使用清洁剂，如洗面奶，避免清洁剂流入眼内。眼睛周围不宜使用清洁剂。

(4)预防指甲划伤，用包手法折叠毛巾，方法如下：围绕于手心和包绕四个手指，包紧后用大拇指压住末端，以四个手指为中心，远端毛巾反折于手心，塞入毛巾与手心的间隙。

(5)浸湿毛巾，以不滴水为宜。先清洁眼部周围，从内眼角到外眼角，毛巾一角只擦一次。擦洗方向从内到外，从上到下，先远侧后近侧。

(6)擦洗眼部注意用力适当，避免压迫眼球。

(7)洗脸毛巾不互用，洗脸、洗脚毛巾分开使用；洗脸毛巾经常清洁，日光照射消毒或煮沸消毒，预防交叉感染。

(8)清洗后涂润肤霜，清洁剂和润肤霜的使用要照顾到老人的习惯，由老人自行提供。

(9)清洗过程中如沾湿衣被，应予及时更换。洗脸时注意室内温度，避免空气对流而致受凉感冒。

(10)洗脸过程中注意关爱老人，较好交流。

2.服务步骤

(1)查看服务协议，明确服务内容和要求，了解老人情况，按约定时间提供服务。

(2)与老人沟通,准备环境,备齐物品(毛巾、脸盆、热水及洗面奶、润肤霜等用品老人自备或者按约定提供)。

(3)将脸盆放在床旁椅上,倒入热水,用手肘测试水温,以不烫手为宜。

(4)将毛巾放入脸盆浸湿、拧干,按包手法包于手上。

(5)按顺序洗脸:①擦洗眼部,先擦洗远侧眼,从内眼角到外眼角,后擦洗近侧眼。②擦洗前额,由额中间分别向远侧再向近侧擦洗。③擦洗鼻部,由鼻根擦向鼻尖。④擦洗面颊、耳部,由鼻翼一侧向下至鼻唇部横向擦洗面颊部至耳部,同样方法擦洗另一侧,再擦洗下颏,自下而上擦洗耳后。⑤擦洗颈部,由中间分别向两侧擦洗。⑥清洁手部,可将脸盆靠近床边或置于床上(下垫塑料布或一次性垫单),将老人的手放入脸盆内清洗,擦干。⑦必要时用湿棉签清洁耳道和鼻腔。视情况使用洁面乳或洗面皂,用清水洗净擦干。

(6)洗脸后涂护肤霜,安置老人于舒适体位。

(7)整理用物,记录。

3.服务流程

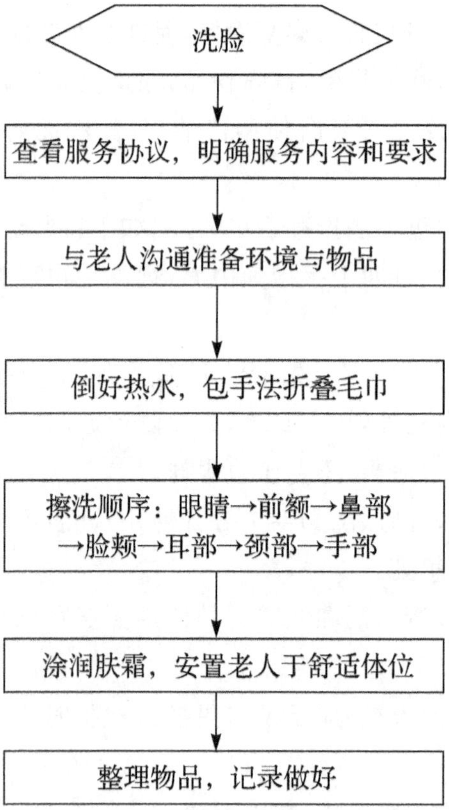

二、坐位洗头

坐位洗头是协助行动不便的老年人进行头发的清洁服务。定期洗头可以清洁头发和头皮，去除异味，预防感染，增进舒适，维护老人自尊。坐位洗头主要适用于：①能保持坐位，上肢功能良好者；②脊柱、特别是颈椎、腰椎无异常，能低头、弯腰者；③无其他禁忌证者。

1.服务要求

（1）操作前洗手，修剪指甲，仪容仪表端庄。

（2）评估老人情况，能否独自坐稳，是否可以低头、弯腰等，保障坐位洗头的安全。

（3）洗头前协助老人如厕。避免空腹或饱餐时洗头。

（4）调节室温，关门窗，洗后头发及时吹干，沾湿衣服及时更换，洗发后半小时内不外出，预防受凉。

（5）老人坐稳于椅子上，前面放洗头用的小桌，高度以平老人肘部为宜。桌上放洗头盆，洗头盆出水口连接污水桶。老人双手扶于身前小桌两边，低头于小桌上的洗头盆内。椅子两侧最好有扶手，椅子高度合适，以老人双脚能平放于地上为宜。

（6）给老人颈部围围兜，避免洗头时沾湿衣服，耳部塞棉球，洗头时嘱老人闭眼，防止水、洗发液流入眼、耳内引起不适。

（7）操作要稳妥、熟练，尽量缩短洗发时间。揉搓头发用手指指腹，防止损伤头皮。在洗发过程中，要随时观察老人的反应，询问感受。

（8）操作者先测试水温，再淋少量水于老人头部征询水温，水温合适后再冲洗，防烫伤。

（9）关爱老人，与老人有较好的沟通。视需要按约定提供头部按摩服务。

2.服务步骤

（1）查看服务协议，明确服务内容和要求，了解老人情况，按约定时间提供服务。

（2）与老人沟通，评估老人一般情况，解释洗头过程，协助如厕，准备环境。

（3）备齐物品：①老人自备物品或按约定提供：洗发毛巾1块、干毛巾或浴巾1块、洗发液、护发液、梳子、脸盆、椅子、润肤面霜；②准备专用物品：坐位洗头专用小桌子、塑料布、洗头盆、水杯或水壶、污水桶、热水、棉球、吹风机。

（4）协助老人坐在椅子上，将老人衣领内折，颈肩部围上干毛巾，将塑料布围在老人颈部及胸前，两耳塞棉球。洗头盆放于小桌上，出水管口接污水桶，老人两手扶于小桌子两侧，低头于洗头盆内。

（5）倒好热水，测水温（以40～45℃为宜）。

(6)操作者站于老人一侧(右利手者站于左侧),左手提水壶,先冲少量水于前臂内侧测试;嘱老人闭上双眼,再冲少量水于老人头部,征询水温,再冲湿头发,取洗发液于掌心,涂擦头发;左手扶老人额部,右手用指腹揉搓头皮和头发,方向由发际向头顶部或从头顶部到发际;再用温水冲洗干净。必要时涂护发素,温水洗净。

(7)洗毕,解下颈部毛巾,包住头发,除去耳内棉球并擦干老人脸部和耳道,酌情使用护肤霜。

(8)用包头毛巾擦干头发,用吹风机吹干,梳理整齐,撤去围兜。

(9)安置老人至舒适体位,半小时内不外出。

(10)整理用物,记录。

3.服务流程

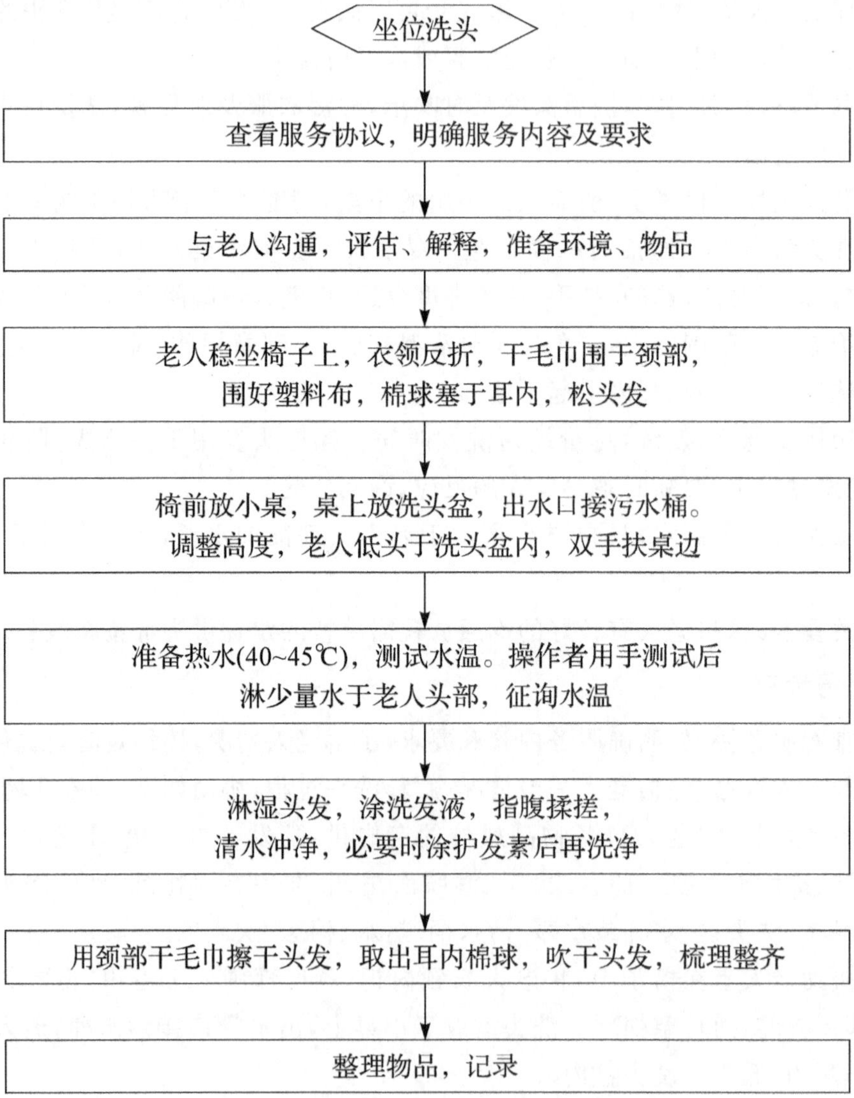

三、卧位洗头

卧位洗头是为失能或卧床老人提供的头发清洁服务，主要适用于：①生活不能自理的失能、失智老人；②不能坐位洗头或需要卧床治疗的老人。

1.服务要求

(1)一般要求如坐位洗头法。

(2)如老人系骨折牵引或者脊柱骨折需卧床治疗者，需在医护人员协助和指导下行卧位洗头。

(3)卧位洗头，老人宜斜角卧位，以方便操作。

(4)枕头置肩背部，洗头盆置颈下，要注意高度和颈部受力均匀、枕部有依托，使老人舒适，防颈椎受伤。

2.服务步骤

(1)查看服务协议，明确服务内容和要求，了解老人情况，按约定时间提供服务。

(2)与老人沟通，评估老人身体情况，解释洗头过程，协助如厕，准备环境。

(3)备齐物品。①老人自备物品或按约定提供：洗发毛巾1块、大小干毛巾各1块、洗发护发液、梳子、润肤面霜、脸盆；②准备专用物品：浴巾和塑料布或者一次性垫布、洗头盆、水杯或水壶、污水桶、热水、棉球、吹风机。

(4)将老人衣领内折，颈部围干毛巾，协助斜角卧位，移枕于肩背部，依次将浴巾、塑料布或一次性垫布铺于枕上，头下置洗头盆，枕部置气垫，出水管置于污水桶内。

(5)将棉球塞于老人耳内，干燥小毛巾盖于眼部，嘱其闭眼。

(6)按坐位洗头法洗净头发。

(7)洗毕，解下颈部毛巾，包住头发。单手托颈肩部，另一手撤去洗头盆，移枕于头下，除去耳内棉球并擦干老人脸部，涂润肤霜。

(8)用包头毛巾擦干头发，用吹风机吹干，梳理整齐，撤去枕上垫布。

(9)安置老人于舒适体位，半小时内不外出。

(10)整理用物，记录。

3. 服务流程

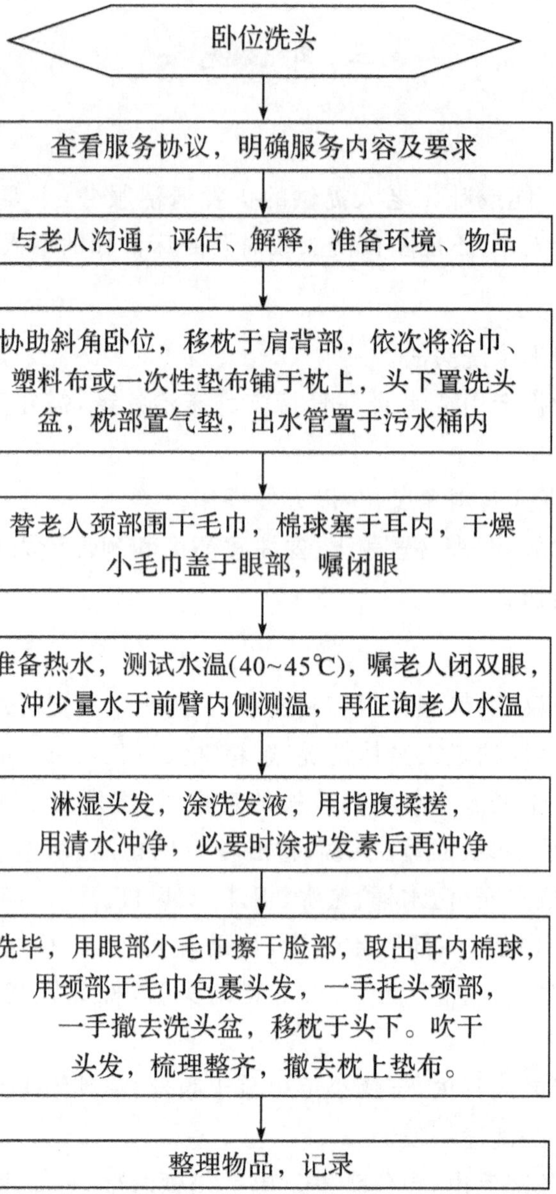
卧位洗头
查看服务协议，明确服务内容及要求
与老人沟通，评估、解释，准备环境、物品
协助斜角卧位，移枕于肩背部，依次将浴巾、塑料布或一次性垫布铺于枕上，头下置洗头盆，枕部置气垫，出水管置于污水桶内
替老人颈部围干毛巾，棉球塞于耳内，干燥小毛巾盖于眼部，嘱闭眼
准备热水，测试水温(40~45℃)，嘱老人闭双眼，冲少量水于前臂内侧测温，再征询老人水温
淋湿头发，涂洗发液，用指腹揉搓，用清水冲净，必要时涂护发素后再冲净
洗毕，用眼部小毛巾擦干脸部，取出耳内棉球，用颈部干毛巾包裹头发，一手托头颈部，一手撤去洗头盆，移枕于头下。吹干头发，梳理整齐，撤去枕上垫布。
整理物品，记录

四、坐位洗脚

坐位洗脚主要为能坐但无法自行洗脚的老人提供清洁服务，可以清洁双足，去除异味，促进血液循环，增进舒适，促进睡眠。坐位洗脚主要适用于：①能坐但无法自行洗脚的老人；②因病禁忌做弯腰等动作而无法自行洗脚者；③配合其他服务项目，需要协助热水泡脚或足部按摩者。

1.服务要求

(1)尽量协助老人自行洗脚，促进自理功能的维持。

(2)操作者仪容仪表端庄，修剪指甲。冬天注意保暖，防老人受凉。

(3)视老人情况帮助准备热水和洗后的整理工作，避免老人过于用力。注意及时拖干弄湿的地板，注意预防老人滑倒。高龄老人或行动不便者注意座椅的稳定性，最好使用有扶手的座椅，预防跌倒。

(4)鼓励老人经常热水泡脚，促进睡眠。

(5)操作者准备热水后，先用手测试水温，再让老人用脚尖试水温，而后将整个脚放入。中间加热水时应先将其脚移出洗脚盆，并重新试温后再放入，防止烫伤。水盆大小合适，装水量不超过洗脚盆的三分之二，以能浸没踝部为宜，防溢出。

(6)老年人之间不互用洗脚毛巾、洗脚盆；指甲剪、指甲锉刀用后消毒，最好专人专用；有足癣者，操作者宜戴手套。

(7)根据老人习惯，洗后涂润肤霜或膏保护足部皮肤。

(8)视服务条件，按约定提供足浴按摩和中药足浴等服务。

(9)关爱老人，与老人有较好的沟通。

2.服务步骤

(1)查看服务协议，明确服务内容和要求，了解老人身体情况，按约定时间提供服务。

(2)与老人沟通，评估老人身体状况，协助如厕。准备环境，冬天关门窗防受凉。

(3)备齐所需物品：洗脚盆、热水、洗脚毛巾、润肤霜(或润肤膏)、座椅，视需要备香皂或其他类型的清洁剂、指甲剪、一次性手套等。

(4)洗脚盆内倒好热水，测试温度(40～45℃)；脱去老人鞋袜，将其裤管卷至膝部；先用手试水温，再协助老人先用足尖试水温，然后将双足放入洗脚盆内，浸泡数分钟，如需热水泡脚，则浸泡20～30分钟。

(5)用小毛巾擦洗足部，擦洗顺序依次为：踝部→足背→足底→趾缝。必要时先用香皂或其他清洁剂涂擦，再用小毛巾擦洗，然后用清水洗净。

(6)洗毕，用毛巾擦干，涂润肤霜保护皮肤，必要时修剪趾甲，安置老人(睡前洗脚服务，宜在洗脚前做好入寝的准备工作)。

(7)整理用物，拖干地板，记录。

3.服务流程

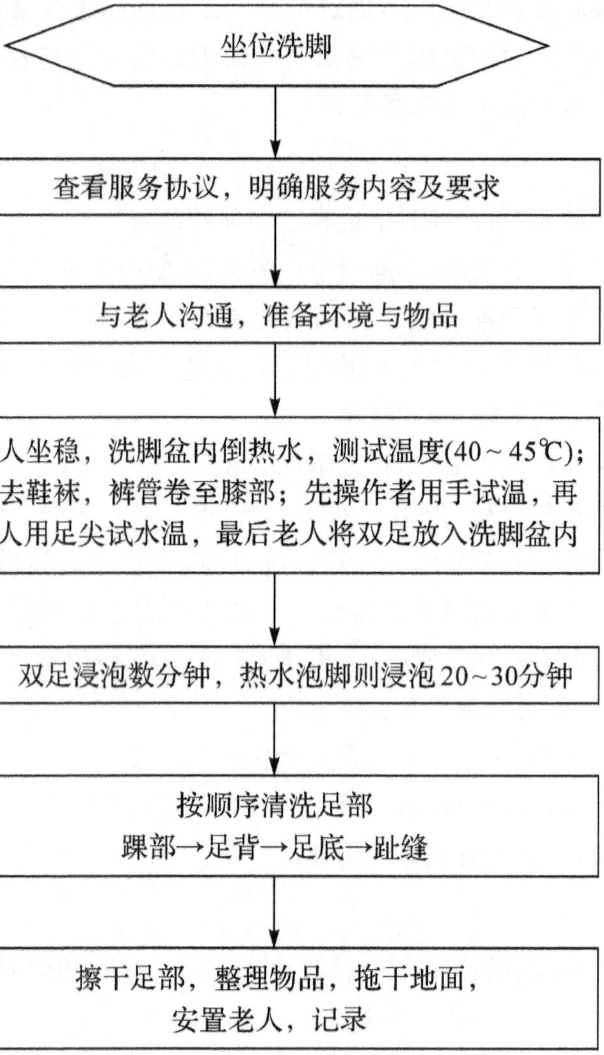

五、卧位洗脚

卧位洗脚主要是为卧床老人提供足部清洁服务，主要适用于：①生活不能自理又不能起床的失能、失智老人；②因病需要卧床者。

1.服务要求

(1)一般要求如坐位洗脚法。

(2)冬天注意调节室温，关好门窗，防受凉。

(3)视具体情况，洗脚盆可以放在床旁椅子上，洗好一侧再移向对侧；也可直接放在床上，洗脚盆下垫塑料布、大毛巾(或浴巾)或者一次性垫布。注意盆底清洁，保持床单位的清洁和干燥。

(4)关注老人的舒适度，床上洗脚时，老人屈膝，膝下垫软枕，双足泡于洗脚盆内清洗或者先洗一侧再洗另一侧；床侧洗脚时，注意洗脚盆高度和位置，不硬拉硬压，防损伤和引起老人不适。

(5)特殊情况，如骨折牵引等卧床者，要在医护人员指导下进行，避免骨折移位而产生严重后果。

(6)卧床老人应每天睡前洗脚一次，视需要提供足部按摩服务。

2.服务步骤

(1)查看服务协议，明确服务内容和要求，了解老人基本情况，按约定时间提供服务。

(2)首先与老人沟通，评估老人身体情况。

(3)备齐所需物品：塑料布、大毛巾(或浴巾)或一次性垫布、软枕、洗脚盆、热水、洗脚毛巾、润肤霜、椅子，视需要备香皂或其他类型的清洁剂、指甲剪、一次性手套等。

(4)协助大小便，调节室温，关门窗。

(5)放下床头、床尾支架，协助老人取仰卧位；掀开盖被，棉被尾部向上翻折；老人屈膝，软枕垫于膝下；塑料布、大毛巾或浴巾依次铺于足下(或铺一次性垫布)；卷起老人裤管至膝部。

(6)洗脚盆内倒热水，测试温度(40～45℃)，将洗脚盆放于床上。

(7)同坐位洗脚法清洗足部。

(8)洗毕，擦干足部，撤去水盆和足下垫布，整理床单位，安置老人于舒适体位。

(9)整理用物，拖干地板，记录服务内容。

3. 服务流程

卧位洗脚

↓

查看服务协议，明确服务内容及要求

↓

与老人沟通，协助大小便，
准备环境与物品

↓

协助老人仰卧位，盖被尾部上折；老人屈膝，
软枕垫于膝下；一次性垫布铺于足下，
卷起老人裤管至膝部

↓

倒热水，测试温度(40~45℃)，洗脚盆放于
床上，先用手试水温，再让老人足尖试
水温，最后将双足放入洗脚盆内

↓

双足浸泡数分钟，按顺序清洗，
踝部→足背→足底→趾缝

↓

洗毕，擦干双足，撤去水盆和垫布，
整理床单位，安置老人于舒适卧位

↓

整理物品，拖干地面，记录服务内容

六、棉棒清洁口腔

棉棒清洁口腔是指使用棉棒为意识不清或者因病无法自行刷牙的老人提供口腔清洁服务。目的是帮助去除口腔食物残渣，保持口腔清洁，预防口腔感染，提高舒适性，促进食欲。此项服务主要适用于：①意识不清的失能、失智老人；②因病卧床而无法进行刷牙的老人。

1.服务要求

（1）刷牙是最好的口腔清洁方法，尽量协助老人自行刷牙。最好能在每次进食后刷牙。根据老人习惯，至少早晚各刷一次，餐后漱口，以维持口腔清洁。

（2）操作者仪容仪表端庄，修剪指甲，洗手。

（3）有活动性假牙者宜先取下假牙，再用棉棒清洁，假牙清洗后戴上。意识不清者不宜戴活动性假牙。

（4）抬高床头，老人头侧转，颌下垫一次性垫布或干毛巾。棉棒沾水适度，预防水吸入。

（5）动作稳妥、熟练，擦洗前观察口腔情况，使用压舌板时要用纱布包裹，从臼齿间插入。

（6）擦洗顺序为从内到外、从上到下，纵向擦洗。

（7）漱口水温度适宜，冬天宜用温水。

（8）棉棒不可交叉使用，口腔溃疡者遵医嘱局部涂药。

（9）用棉球代替棉棒擦洗者，需另备血管钳，一次夹一个棉球，沾水适量，棉球不可遗落于口腔内。

（10）鼻饲者每天早晚帮助清洁一次。

（11）关爱老人，与老人有良好的沟通。

2.服务步骤

（1）查看服务协议，明确服务内容和要求。了解老人基本情况，按约定时间提供服务。

（2）与老人沟通，评估老人身体情况。

（3）备齐所需物品：漱口杯（内盛水，冬天用温水）、吸管、小脸盆或小弯盘、干毛巾或一次性防湿围兜、润唇膏、棉棒，意识不清者备压舌板、纱布、手电筒，有口腔溃疡者按医嘱备外用药。

（4）冬天注意调节室温，关门窗，防受凉。

(5)协助老人侧卧或头偏向护理人员一侧,抬高床头,干毛巾或围兜围于颌下,保护衣被和枕巾,弯盘置于口角旁,以方便老人将漱口水吐至盘内。

(6)沾湿唇部,帮助老人张口,借助压舌板观察口腔情况,取下活动性假牙并让其漱口。

(7)棉棒沾水,按顺序擦洗:牙齿外侧面、内侧面、咬合面→上颚→舌面→舌下。牙齿擦洗从磨牙到门齿,纵向擦洗。

(8)意识清楚者,擦毕漱口,漱口水吐于嘴角弯盘中。活动性假牙用流水洗净后戴上。

(9)用毛巾擦干口唇及周围水迹,按需涂润唇膏。

(10)安置老人于舒适体位,整理物品,记录服务内容。

3.服务流程

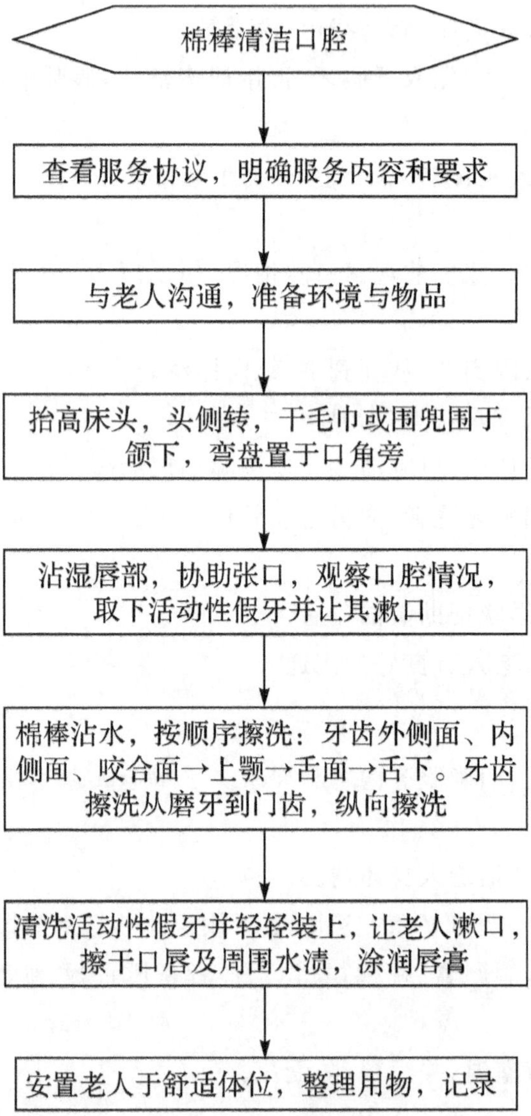

七、会阴清洁

会阴清洁是指为卧床或因失能、失智而无法自行清洁会阴的老人提供的清洁服务。目的是保持会阴清洁，去除异味，增进舒适，预防感染。此项服务主要适用于：①失能、失智而无法自行清洁的老人；②因病卧床的老人。

1.服务要求

(1)尽量协助、鼓励老人自行清洗会阴部，每日至少一次。卧床老人上肢功能良好者，照护者可将准备好的湿毛巾交给老人自行擦洗。

(2)注意保护老人隐私，不过多暴露私处，注意保暖，防受凉。

(3)服务者保持仪容仪表端庄，修剪指甲。

(4)会阴冲洗清洁时，先测温，后冲洗，注意水温不过热或过冷，避免烫伤和引起不适。

(5)擦洗顺序由上到下、由前而后，最后擦拭肛门周围，避免往复擦拭。

(6)清洁会阴的毛巾、水盆专人专用，不与洗脚毛巾混用。

(7)做好自我保护，戴一次性手套操作。

(8)将便盆放置于老人臀下时，应抬起臀部，避免硬塞，以免损伤皮肤。

(9)关爱老人，与老人有良好的沟通。

(10)为留置导尿老人清洁会阴时，应在护士指导下用碘伏棉签沿尿道口处循环向外擦洗。

2.服务步骤

(1)查看服务协议，明确服务内容和要求，了解老人基本情况，按约定时间提供服务。

(2)与老人沟通，评估老人身体情况。

(3)备齐所需物品：塑料布、中单或者一次性垫布、水壶、热水、毛巾、清洁内裤、便盆、一次性手套，留置导尿者备碘伏棉签。

(4)调节室温，关门窗。

(5)仰卧位，塑料布和中单(或浴巾)依次铺于臀下，或者铺一次性垫布，协助大小便。

(6)脱去对侧裤腿盖于近侧下肢，对侧盖棉被，屈膝，两腿分开，暴露会阴部，臀下置便盆。

(7)倒好热水，测试水温。

(8)照护者戴一次性手套,一手持装有温水的水杯,一手持毛巾,先冲少量水于前臂内侧测试水温,再征询老人水温,然后边冲水边自上而下擦洗会阴部。

(9)洗毕,擦干,取出便盆,撤去垫布,更换内裤,协助摆放舒适体位,整理床单位。

(10)擦拭清洁法。①男性老人擦拭法:照护者戴一次性手套,依次擦洗阴茎头部→阴茎体部→阴囊处→大腿根部→肛周;②女性老人擦拭法:照护者戴一次性手套,依次擦洗尿道口→阴唇、阴道口→大腿根部→肛周。每擦洗一个部位需清洗毛巾或用毛巾不同部位擦洗。

3.服务流程

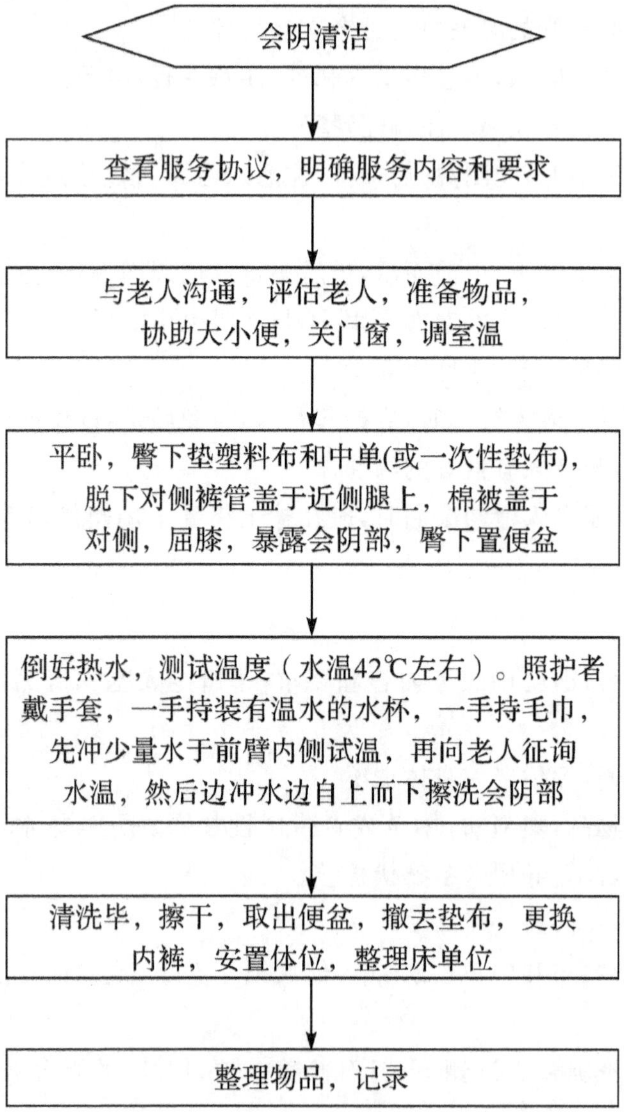

八、活动性假牙护理

活动性假牙护理是为失能、失智而无法自行清洁、保养假牙者提供的清洁服务。目的是帮助戴活动性假牙的老人清洁口腔，清洁、保养假牙，增进舒适，预防并发症。此项服务主要适用于戴活动性假牙而生活不能自理的老人。

1.服务要求

(1)尽量帮助老人自行取、戴假牙并正确清洁、保养假牙。

(2)操作者仪容仪表端庄，操作前修剪指甲，洗手。

(3)动作轻、稳、准，避免取下和安装假牙时损伤口腔黏膜，避免假牙跌落、碰撞而损坏。

(4)每次进食后应取下假牙清洗，并漱口以清洁口腔。

(5)假牙可浸泡于清水中保存，不可用热水或酒精浸泡。采用软毛牙刷清洁假牙，避免损坏假牙。

(6)进行口腔内各项操作前应取下活动性假牙，避免假牙脱落而引起窒息。

(7)非进食期间，可不戴假牙，但白天尽量戴上假牙，以免影响老人形象，影响说话和交流。一般睡前取下，次晨再装上，避免牙龈长期受压。

(8)保护老人隐私，取、戴假牙注意遮挡，老人日间活动要戴好假牙，维护良好的形象。

(9)关爱老人，与老人有很好的沟通。

2.服务步骤

(1)查看服务协议，明确服务内容和要求，了解老人情况，按约定时间提供服务。

(2)与老人沟通，评估老人情况。

(3)备齐所需物品：杯子、牙刷、牙膏，视情况准备口腔清洁用物。

(4)用屏风遮挡，准备口腔清洁物品。协助老人张口，轻轻取下假牙(一般先取上颌假牙，后取下颌假牙)，协助老人漱口，清洁口腔。

(5)用牙刷沾牙膏刷洗假牙内外面，用流水冲净。

(6)轻轻装上假牙，若暂时不用，则将假牙浸泡于冷水中保存。

(7)安置老人于舒适体位，整理物品。

3. 服务流程

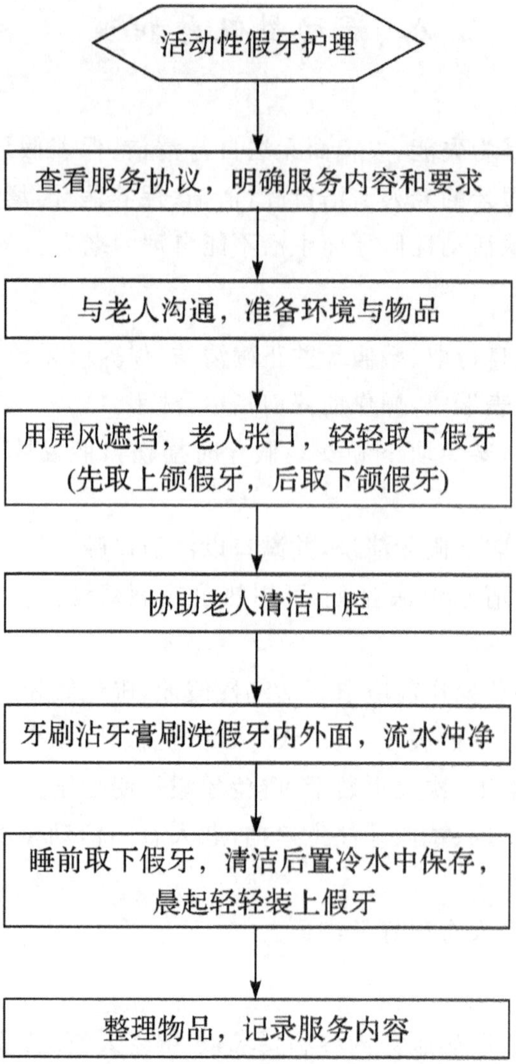
活动性假牙护理
查看服务协议，明确服务内容和要求
与老人沟通，准备环境与物品
用屏风遮挡，老人张口，轻轻取下假牙
(先取上颌假牙，后取下颌假牙)
协助老人清洁口腔
牙刷沾牙膏刷洗假牙内外面，流水冲净
睡前取下假牙，清洁后置冷水中保存，
晨起轻轻装上假牙
整理物品，记录服务内容

九、床上擦浴

床上擦浴主要是为生活不能自理的卧床老人提供的皮肤清洁服务。目的是为卧床老人清洁皮肤，促进皮肤血液循环，增进舒适，预防并发症，维护老人自尊。此项服务主要适用于：①生活不能自理的失能、失智老人；②因病无法自行洗澡的老人。

1.服务要求

(1)尽量协助老人自行淋浴或使用充气式洗浴床垫洗澡，以便更好地清洁皮肤。

(2)照护者保持仪容仪表端庄，修剪指甲。

(3)调节室温(冬天26℃左右)，关门窗，随时遮盖老人身体暴露部位，保护老人隐私。

(4)擦洗中注意观察老人反应，如出现寒战等情况应及时停止，并注意保暖。

(5)动作轻、稳、准，遵循节力、方便原则按顺序擦洗。视具体情况，照护者可分别站于床边两侧来擦洗双侧上下肢，避免过多翻动老人。

(6)老人皮脂腺分泌减少，可不使用洗浴液。视清洁度随时更换清水，并调整水温，防受凉。使用洗浴液后要用清水洗净。

(7)洗脸、洗脚、洗会阴的毛巾、脸盆分开使用。

(8)防止擦洗或翻身时老人坠床。

2.服务步骤

(1)查看服务协议，明确服务内容和要求，了解老人基本情况，按约定时间提供服务。

(2)与老人沟通，评估老人身体情况。

(3)备齐所需物品：水盆3个、毛巾4块(洗脸巾、擦澡巾、清洁会阴毛巾、洗脚毛巾)、热水、浴巾2条、清洁衣裤、梳子、污水桶等，必要时备一次性手套、洗面奶、洗浴液(或洗浴皂)、一次性垫布。

(4)协助老人如厕，关门窗，调节室温。

(5)倒热水，测试水温(40～45℃)。

(6)先按洗脸法清洁脸部和颈部，再按顺序擦洗。①擦洗上肢：脱去一侧衣袖，臂下铺浴巾，将小毛巾沾湿包裹于手上，擦洗老人肩部、腋下、上臂、前臂、手，然后用浴巾轻轻擦干；再脱去另一侧衣袖，同法进行擦洗。②擦洗胸腹：棉被向下折叠，浴巾直接盖于胸、腹部，一手略掀起浴巾，另一手裹毛巾，擦洗前胸、腹部，擦毕，用浴巾擦干，盖上棉被。③擦洗背部：协助侧卧，将背部棉被向上折，暴露背、臀部，浴巾铺于背、臀下，手裹毛巾依次擦洗后颈部、背部，再擦洗臀部。擦洗完毕后，用浴巾擦干，更换清洁上衣。④擦洗下肢：脱下裤子，棉被盖于对侧下肢，近侧下肢下铺浴巾，手裹毛巾擦洗髋部、大腿、膝部、小腿，擦毕用浴巾擦干；同法擦洗对侧下肢。

(7)按会阴清洁法、洗脚法清洁会阴和足部。

(8)换上清洁裤子,安置舒适体位。

(9)整理物品,记录。

3.服务流程

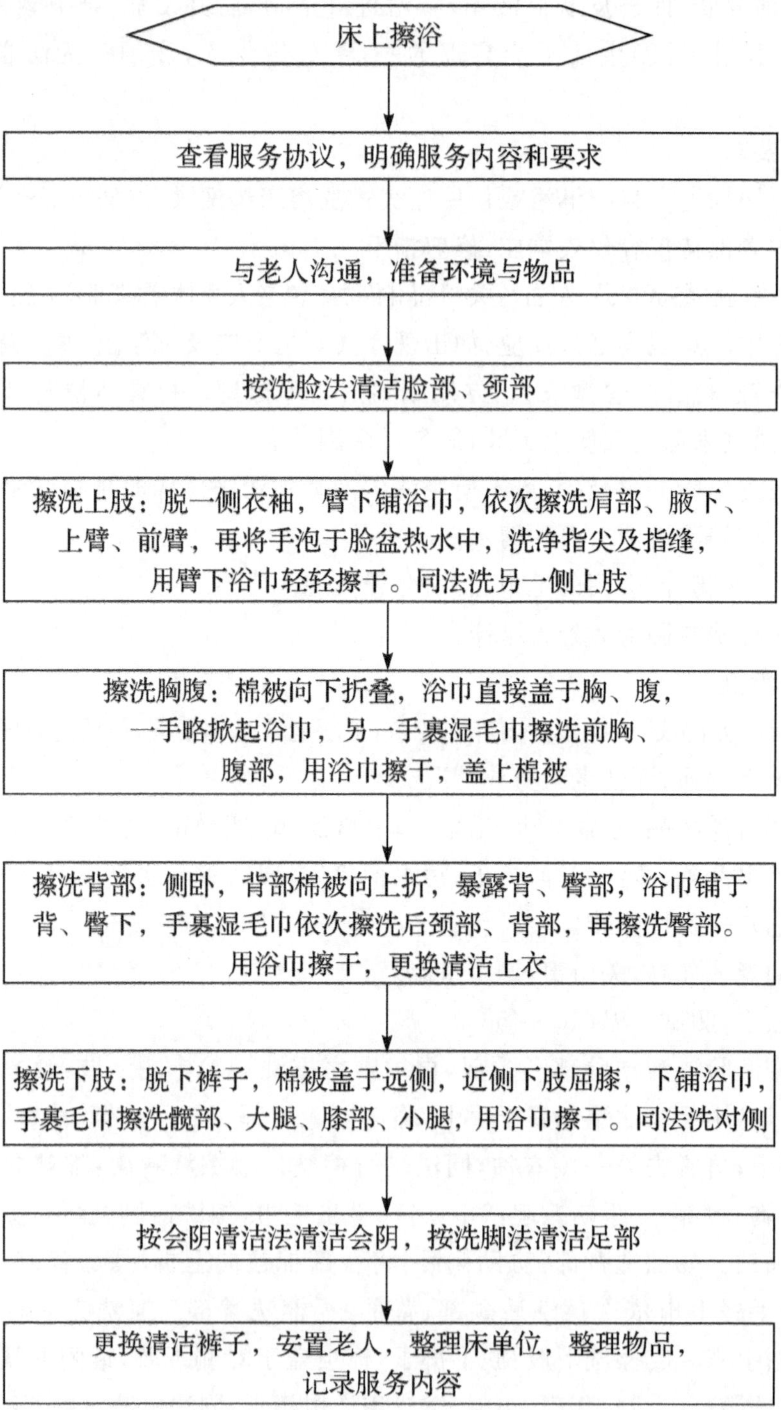

十、淋　浴

淋浴主要为行动不便的老年人提供全身清洁服务。目的是为老人清洁全身，去除污垢和异味，增进舒适，维持自尊，愉悦身心。淋浴服务主要适用于：①行动不便的老年人；②患有各类慢性病需要协助淋浴者。

1.服务要求

(1)尽量协助老人自行洗浴。

(2)照护者仪表仪容端庄，修剪指甲。

(3)调节好浴室室温，冬季调节室温在26℃左右。

(4)老人宜坐位淋浴，淋浴椅稳固，两侧有扶手。浴室地面有防滑设施，墙壁有固定扶手。老人起立宜慢。避免饱餐后或空腹时洗浴。

(5)淋浴龙头开关冷热标志明显，先开冷水，再开热水；先关热水，后关冷水。冲淋前照护者及老人依次测试水温，防烫伤。

(6)淋浴时间不宜过长，水温不宜过热、过冷，以免老人因闷热发生头晕或因冷水刺激而诱发心脑血管意外。

(7)避免碱性或刺激性强的清洁剂，可不用清洁剂，沐浴后视具体情况涂润肤霜。冬天适当减少洗澡次数，预防皮肤瘙痒。

(8)老人上肢功能尚好者，自行擦洗前胸、腹部、会阴等部位，照护者协助洗头和擦洗后背、下肢等。老人自行洗澡者，不要反锁房门，在门外悬挂标识牌，随时给予老人帮助。

(9)尊重、关爱老人，保护老人隐私。

(10)淋浴过程中随时询问和观察老人反应，与老人有很好的沟通。

2.服务步骤

(1)查看服务协议，明确服务内容和要求，了解老人情况，按约定时间提供服务。

(2)与老人沟通，评估老人情况。

(3)检查并备齐所需物品：淋浴设施、淋浴椅、毛巾、浴巾、洗发护发液、洗面奶、洗浴液(或香皂)、润肤霜、清洁衣裤、梳子、电吹风、防滑垫。

(4)准备热水，关门窗，调节室温，冬季室温26℃左右。

(5)协助老人脱去衣裤，扶坐于淋浴椅上。

(6)依次打开冷水开关、热水开关，调节水温(40℃左右)，照护者先用前臂内侧试水温，再淋少量水于老人手背上试温。

(7)按顺序协助老人洗浴：先洗头、洗脸，后洗颈部、双上肢、胸部、腹部、背臀部、会阴部、双下肢和双足。

(8)洗毕，依次关热水、冷水开关。用浴巾擦干，协助穿好衣裤，吹干头发，送老人回床休息，半小时内不外出。

(9)整理物品，清理地面，送洗衣物，记录服务内容。

3.服务流程

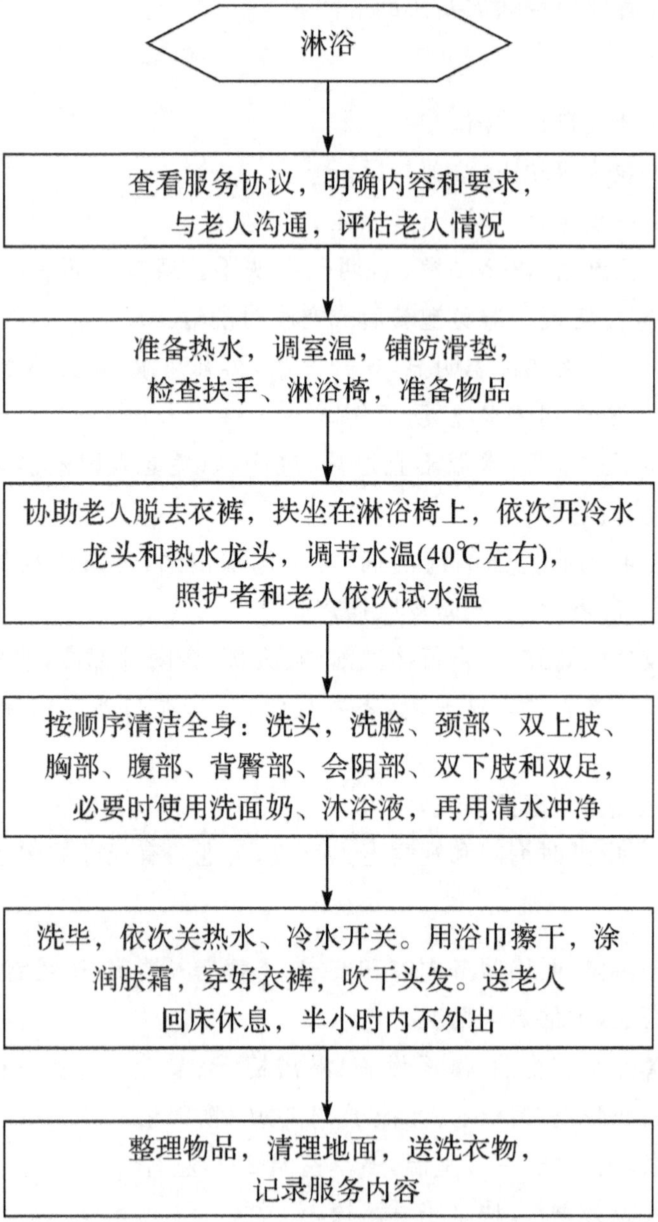

十一、床上淋浴(充气式洗浴床垫应用)

床上洗浴是指应用充气式洗浴床垫,为生活不能自理的老人进行床上洗浴的清洁服务,可以是淋浴也可以是盆浴。目的是清洁全身,去除污垢和异味,增进舒适,维持自尊,愉悦身心。此项服务主要适用于卧床的失能、失智老人。

1.服务要求

(1)尽量协助老人进行康复锻炼,促进老人离床洗浴。

(2)照护者仪容仪表端庄,修剪指甲,洗手。操作前备齐物品。

(3)关好门窗,调节室温,防受凉。

(4)充气式的洗浴床垫需事先做好检查,确保不漏气,避免与刀、剪等锐器接触而损坏。最好专人专用,如非专用,则每次用后需做好消毒处理,可以行擦拭消毒,再清水洗净,晾干备用。

(5)洗浴前操作者先测水温,再用手试温,然后少量冲水征询老人水温是否合适,防烫伤。花洒水袋装水不过满,避免直接将沸水装入袋内,宜在水壶中调好水温再入袋。

(6)以翻身铺床法放入洗浴床垫,避免过多搬动老人。洗浴床垫铺好后充气,洗浴前再脱内衣,洗浴过程中注意遮挡老人,保护老人隐私。操作轻、稳、熟练,最好有二人协助洗浴。

(7)一般以淋浴为好,如需要盆浴,则夹住出水口,洗浴床垫内充温水,不要注水过多。老人躺卧其中,头枕气垫枕。

(8)洗浴时间不宜过长,水温不宜过冷、过热,洗后及时擦干,吹干头发。

(9)老人上肢功能尚好者,可协助自行擦洗前胸、腹部、会阴等部位,照护者协助洗头和擦洗后背、下肢等。沐浴后涂润肤霜。

(10)避免饱餐后或空腹时洗浴,避免碱性或刺激性强的清洁剂。

(11)尊重、关爱老人,随时询问和观察老人反应,与老人有很好的沟通。

2.服务步骤

(1)查看服务协议,明确服务内容和要求,了解老人情况,按约定时间提供服务。

(2)与老人沟通,评估老人身体情况。

(3)备齐所需物品:充气式洗浴床垫、充气筒、花洒水袋、架子、洗发护发液、沐浴液或香皂、毛巾、浴巾2块、清洁衣裤、吹风机、水壶、润肤霜、污水桶。

(4)关门窗,调节室温,冬季室温26℃左右。准备热水,于水壶中调试水温(40℃左右),装入花洒水袋。

(5)检查洗浴床垫,按铺床法铺于老人身下,充气、排水管接污水桶。

(6)老人头靠气垫枕,卧于舒适体位,脱去衣服,浴巾盖身上。

(7)取下花洒,操作者先以手试水温,再淋少许于老人手背部,征询水温是否合适,然后按顺序冲洗头发、颈部、上肢、胸腹部、背臀部、会阴部、下肢和足部。一手用包手法将毛巾包于手上进行擦洗,另一手拿花洒冲洗,必要时使用沐浴液,最后用清水冲净。

(8)洗毕,干毛巾包头发,老人侧卧,卷起一侧洗浴床垫至老人身下,铺上干浴巾,翻身另一侧,撤下洗浴床垫,用浴巾擦干,穿上清洁衣裤。

(9)吹干头发,梳理整齐。

(10)整理物品,记录服务内容。

3.服务流程

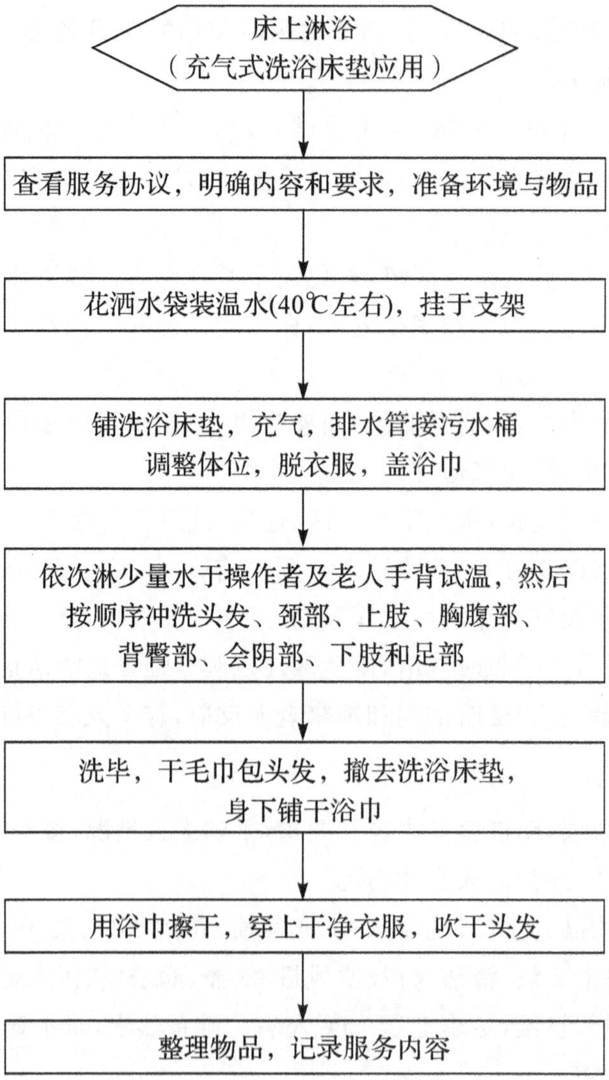

十二、居室通风

居室通风是为失能、失智老人提供促进室内空气流通的服务，主要目的是去除室内不良气味，降低空气中的微生物密度，减少呼吸道疾病传播机会，保证室内空气新鲜。居室通风是为居家老人提供各类服务的后续措施，也是日间照料中心居室日常管理措施。

1.服务要求

（1）居室通风每天至少 2～3 次，可在晨间起床后、午休后、入睡前。居室通风服务一般是其他服务完成后的后续服务。

（2）排便、烹饪及就餐后应注意厕所、厨房、餐厅的通风，特别是烹饪期间要开油烟机，排便时开排气扇，同时关闭卧室的门。室内清洁卫生后，特别是使用清洁剂后要通风，以去除不良气味。

（3）劝说呼吸道感染患者不探视老人，探访后及时通风。

（4）寒冷季节，在老人洗头、洗脸、洗澡后 30 分钟内不宜通风，以防受凉。

（5）打开门窗通风，每次通风 30 分钟。冬季通风时间可根据温差和风力情况适当调整。居室一般打开窗户通风即可，视情况可以打开房门增加通风效率，如遇失智或精神异常老人要注意安全问题。

（6）通风前做好老人保暖工作，避免受凉。

（7）门窗密闭性能好者，不宜紧闭门窗，应视情况留通风口。

2.服务步骤

（1）查看服务内容，与老人沟通。

（2）做好其他服务，协助老人大小便，整理好床单位，做好保暖。

（3）关空调，拉开窗帘，打开门窗，冬天避免空气直接对流。夏天使用电扇时，注意调整风向，促进空气流通。

（4）半小时后关门窗，视情况确定是否开空调。不开空调情况下，视情况留通风口。

3. 服务流程

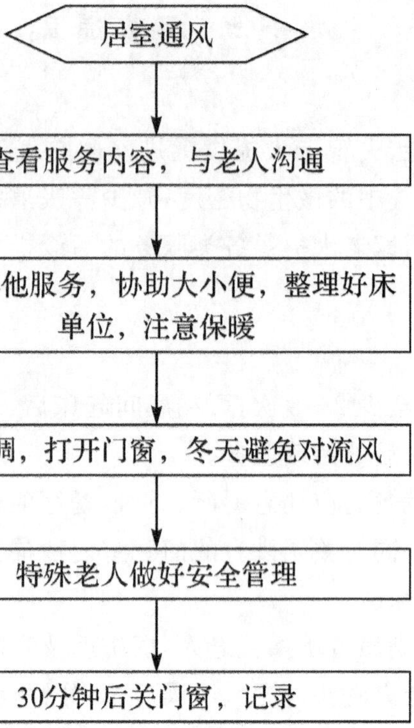
居室通风
查看服务内容，与老人沟通
做好其他服务，协助大小便，整理好床单位，注意保暖
关空调，打开门窗，冬天避免对流风
特殊老人做好安全管理
30分钟后关门窗，记录

十三、整理床铺

整理床铺是为卧床的失能、失智老人提供的床铺清洁、整理服务。目的是保持床单位平整、清洁、美观，提高舒适性，预防并发症。此项服务主要适用于长期卧床老人。

1.服务要求

(1)尽量鼓励老人起床或进行床上康复锻炼，尽量维持其生活自理能力，避免长期卧床。

(2)照护者仪容仪表端庄，修剪指甲，戴口罩。

(3)遵从节力原则，避免拖、拉、推等动作，动作轻、稳、熟练，注意拉好床挡，避免老人坠床。

(4)卧床老人每日至少早晚各整理床铺一次，床铺整理后通风。避免在老人用餐和治疗时整理床铺，宜在治疗、进食半小时前结束铺床活动。

(5)能坐立的老人，协助离床，最好暂时离开房间，在确保安全的前提下，鼓励老人自行整理床单位，保持整洁。长期卧床老人，有条件者应设法利用一些辅具帮助老人每天上午、下午各离床一段时间，以保持正常的生活规律，促进身心康复。

(6)床刷套一人一用一消毒，清洗后暴晒消毒，晾干备用。也可使用一次性粘毛纸扫床。

(7)关爱老人，不过多暴露老人身体部位，注意保暖，防受凉。与老人有很好的沟通。

2.服务步骤

(1)查看服务协议，明确服务内容和要求，了解老人基本情况，按约定时间提供服务。

(2)与老人沟通，评估老人身体情况。

(3)备齐物品：粘毛刷及一次性粘毛纸，或者床刷及床刷套、抹布，必要时备清洁的床单、衣裤。

(4)关门窗，放平床头、床尾支架，移开床旁桌、椅。

(5)协助老人对侧侧卧，检查其背部及尾骶部皮肤受压情况。

(6)协助老人先对侧侧卧位，自床头至床尾，用粘毛刷扫净近侧床上渣屑，注意扫净枕下部位。拉平床单，包紧床角。依法扫净和整理另一侧床单。

(7)整理老人衣裤，必要时更换。平卧。

(8)散开盖被,整理被头虚边,老人协助拉被头,整理被套并铺好,拍松枕头。

(9)安置老人于舒适体位,移回床旁桌、椅。

(10)用湿抹布清洁床挡、床旁桌椅,抹去浮尘。

(11)整理物品,记录服务内容。

3.服务流程

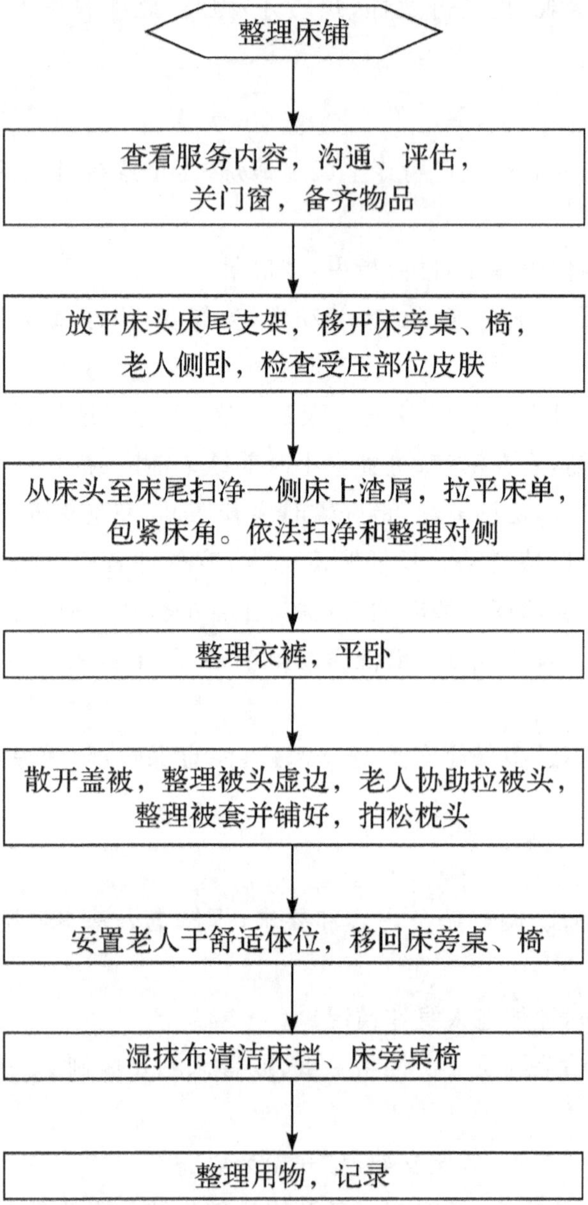

(杜丽萍　陈雪萍)

第三部分　修饰服务规范

一、更　衣

更衣服务主要是指为生活不能自理的老年人提供穿脱衣服服务。目的是协助老人仪容仪表整理，维持自尊，增进舒适，愉悦心身。更衣服务主要适用于失能、失智而无法自行穿脱衣服的老人。

1.服务要求

(1)尽量协助老人自行穿衣，瘫痪老人在医护人员指导下进行穿脱衣服训练，尽可能地维持老年人的生活自理能力。

(2)鼓励“老来俏”，鼓励、协助老人每天穿清洁、美观的衣服，卧床老人也应尽量每天穿上整洁的外衣离床活动，鼓励化淡妆，以良好的精神风貌过好每一天，发挥积极的心理“暗示效应”。

(3)照护者仪容仪表端庄，修剪指甲，洗手，关门窗，防受凉。

(4)协助老人挑选合适的衣服，内衣宜选择棉或丝绸质地，外衣质地宜挺括一些，以维持整洁形象。外衣颜色不宜过于沉闷，式样符合老人身份，尽量穿得稍为艳丽一些。内裤每天更换。裤带宜方便穿脱，特别是有急迫性尿失禁老人，裤腰采用松紧带可方便老人如厕。

(5)穿脱衣服动作轻柔，避免强拉硬扯，预防病理性骨折。一侧肢体活动障碍时，脱衣时先健侧后患侧，穿衣时先患侧后健侧。

(6)关爱老人，多鼓励、表扬。

2.服务步骤

(1)查看服务协议，明确服务内容和要求，了解老人情况，按约定时间提供服务。

(2)与老人沟通，评估老人情况，选择合适的衣服。

(3)关闭门窗，选择体位，能坐立者尽量坐位穿脱衣服。

(4)脱衣服。

①**脱开襟上衣**：解开纽扣，脱去一侧衣袖，将该侧上衣平整地掖于老人身下，从另一侧拉出，脱下另一侧衣袖；

②**脱套头衫**：将上衣拉至胸部，协助老人一侧手臂上举，顺势脱出一侧袖子，依法脱另一侧，再一手托起老人头颈部，另一手将衣服从头上脱出；

③**脱裤子**：协助松开裤带，照护者一手托腰骶部，另一手将裤腰向下褪至臀部以下，再协助褪至膝部，然后一手托膝部，另一手拉出裤管，同法脱出另一侧。

(5)穿衣服。

①**穿开襟上衣(方法1)**：协助老人穿好一侧衣袖，翻身侧卧，将另一侧衣服平整掖于身下，协助平卧，从另一侧身下拉出衣服，穿好另一侧，扣好纽扣，整理衣服；

穿开襟上衣(方法2)：将衣服与衣袖展开，横放成"一"字形，一手托老人腰部，另一手将衣服横穿过老人腰下，展开衣服，穿好两侧衣袖，再一手托老人肩颈部，另一手将衣领轻轻向上提拉至颈部，扣好纽扣，整理衣服。

②**穿套头衫**：辨清衣服前后面，照护者一手从衣服袖口处穿入到衣服的下摆，手握老人手腕，将衣袖轻轻向老人手臂套入，同法穿好另一侧，再将衣领口从老人头部套入，整理衣服。

③**穿裤子**：照护者一手从裤管口伸入到裤腰口，轻握老人脚踝，另一手将裤管向老人大腿方向提拉，同法穿好另一侧，向上提拉至臀部，再协助老人侧卧，提拉裤腰到腰部，平卧，系好裤带，整理裤子。

(6)整理仪容，视需要鼓励、帮助化淡妆。

(7)整理用物，记录。

3. 服务流程

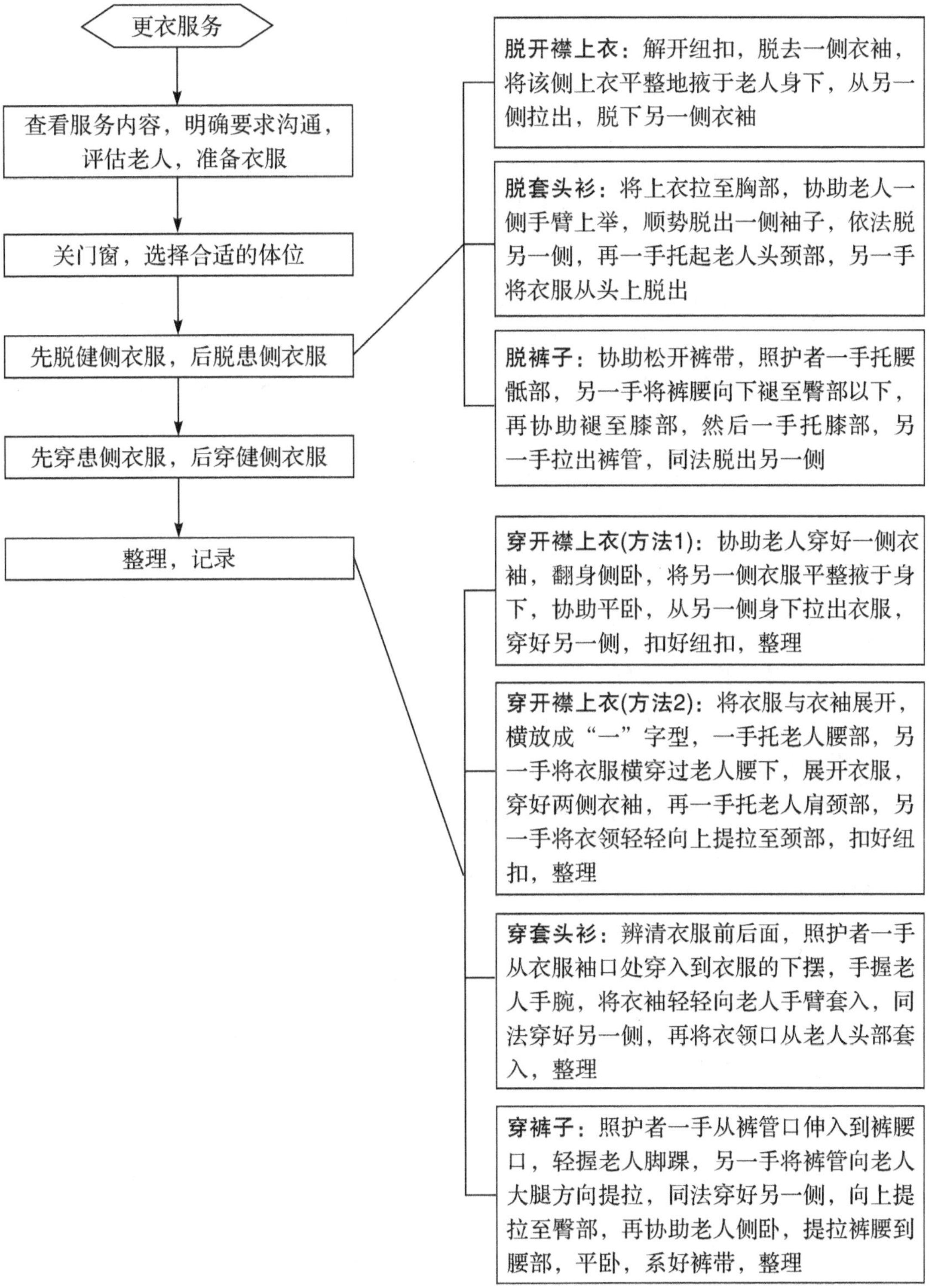
更衣服务
查看服务内容，明确要求沟通，评估老人，准备衣服
关门窗，选择合适的体位
先脱健侧衣服，后脱患侧衣服
先穿患侧衣服，后穿健侧衣服
整理，记录
脱开襟上衣：解开纽扣，脱去一侧衣袖，将该侧上衣平整地掖于老人身下，从另一侧拉出，脱下另一侧衣袖
脱套头衫：将上衣拉至胸部，协助老人一侧手臂上举，顺势脱出一侧袖子，依法脱另一侧，再一手托起老人头颈部，另一手将衣服从头上脱出
脱裤子：协助松开裤带，照护者一手托腰骶部，另一手将裤腰向下褪至臀部以下，再协助褪至膝部，然后一手托膝部，另一手拉出裤管，同法脱出另一侧
穿开襟上衣(方法1)：协助老人穿好一侧衣袖，翻身侧卧，将另一侧衣服平整掖于身下，协助平卧，从另一侧身下拉出衣服，穿好另一侧，扣好纽扣，整理
穿开襟上衣(方法2)：将衣服与衣袖展开，横放成“一”字型，一手托老人腰部，另一手将衣服横穿过老人腰下，展开衣服，穿好两侧衣袖，再一手托老人肩颈部，另一手将衣领轻轻向上提拉至颈部，扣好纽扣，整理
穿套头衫：辨清衣服前后面，照护者一手从衣服袖口处穿入到衣服的下摆，手握老人手腕，将衣袖轻轻向老人手臂套入，同法穿好另一侧，再将衣领口从老人头部套入，整理
穿裤子：照护者一手从裤管口伸入到裤腰口，轻握老人脚踝，另一手将裤管向老人大腿方向提拉，同法穿好另一侧，向上提拉至臀部，再协助老人侧卧，提拉裤腰到腰部，平卧，系好裤带，整理

二、修剪指（趾）甲

修剪指（趾）甲主要是为生活不能自理的老年人提供的服务。目的是保持清洁，预防指（趾）甲过长受伤或者伤及皮肤。此项服务主要适用于：①失能、失智而生活无法自理的老人；②视力受损等原因无法自行剪指（趾）甲者。

1.服务要求

（1）提供修剪指（趾）甲的工具，尽量协助老人自行修剪指（趾）甲。

（2）照护者仪容仪表端庄，洗手。

（3）修剪指（趾）甲前先用热水浸泡数分钟，使指（趾）甲变软，便于修剪，一般于老人沐浴后或者热水泡脚后修剪。

（4）指甲宜剪成弧形，趾甲应修平，两侧略作修剪不留锐角即可，避免修剪过短损伤甲床和两侧修剪过深致趾甲向两侧生长而嵌入脚趾皮肤内。

（5）指甲刀一人一用一消毒，最好个人专用。

（6）指（趾）甲有真菌感染者（甲癣），用专用的指甲剪，与其他指（趾）甲分开修剪，用后消毒，剪后遵医嘱涂药。先剪正常指（趾）甲，后剪病甲。

（7）为甲癣患者修剪指（趾）甲，照护者戴手套，剪后洗手。

（8）一般两周修剪一次。老人不宜涂指甲油。

2.服务步骤

（1）查看服务协议，明确服务内容和要求，按约定时间提供服务。

（2）与老人沟通，关门窗防对流。

（3）准备物品：指甲剪、指甲锉、毛巾、纸巾、脸盆、热水。

（4）取舒适卧位，先用温水浸泡手、脚 5～10 分钟，用干毛巾擦干。

（5）手下垫纸巾，逐一修剪指甲，修剪成半弧形，用锉刀修整指甲。

（6）足下垫纸巾，逐一修剪趾甲，趾甲修剪呈平形，用锉刀修整趾甲。

（7）纸巾包裹剪下的指（趾）甲碎屑丢入废物桶内，安置老人于舒适卧位，整理床单位。

（8）整理用物，消毒指甲刀、指甲锉，洗手。

3. 服务流程

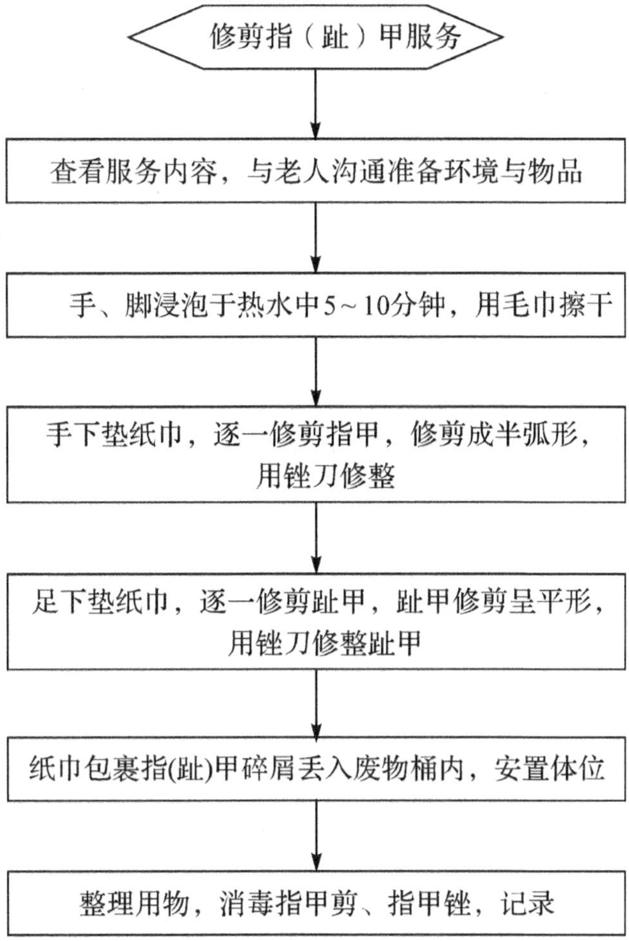
修剪指（趾）甲服务
查看服务内容，与老人沟通准备环境与物品
手、脚浸泡于热水中5～10分钟，用毛巾擦干
手下垫纸巾，逐一修剪指甲，修剪成半弧形，用锉刀修整
足下垫纸巾，逐一修剪趾甲，趾甲修剪呈平形，用锉刀修整趾甲
纸巾包裹指(趾)甲碎屑丢入废物桶内，安置体位
整理用物，消毒指甲剪、指甲锉，记录

三、梳　头

梳头主要是为生活不能自理的失能、失智老年人提供的服务。目的是促进头皮血液循环，整理发型，愉悦心身。梳头服务主要适用于：①失能、失智而生活无法自理的老人；②因病无法自行梳头的老人；③因社交需要而约定提供妆容整理服务者。

1.服务要求

(1)梳头可起到按摩头皮，促进血液循环，促进康复，增进健康的作用。上肢活动不便者，提供长柄梳子，尽量协助、鼓励老人自行经常梳头。可帮助制订梳头计划，根据老人的作息规律，制订每天梳头的频率、次数等。注意避免选择梳齿较尖的梳子，以防损伤头皮。

(2)为老人梳头，动作轻重适当，不强拉硬拽，不损伤老人头皮。头发缠绕、打结者，可先用少量清水湿润后，再小心梳理。

(3)发型美观，整洁。尊重老人意愿，适当修剪发型，以方便梳理。

(4)卧床老人，尽量协助坐位梳头。卧床老人亦应每天梳头，梳头时头侧转，先梳一侧再梳另一侧。

(5)进食、治疗前30分钟停止梳头。

(6)可根据服务条件，整合梳头和头部按摩技术，按需要提供专项服务。

2.服务步骤

(1)查看服务协议，明确服务内容和要求，按约定时间提供服务。

(2)与老人沟通，了解老人情况。

(3)准备物品：干毛巾、梳子，必要时备牛皮筋或发绳。

(4)协助老人坐起，将干毛巾围于老人颈肩部，卧床老人将干毛巾铺于枕头上。

(5)散开头发，一手压住发根，一手持梳子从发根梳到发梢。长发打结者，从发梢至发根逐步梳理顺畅后再梳理。卧床老人头侧转，分别梳理其两侧头发。

(6)按老人习惯梳理发型。

(7)清理脱落头发，撤下毛巾，安置体位。

(8)整理用物，记录。

3. 服务流程

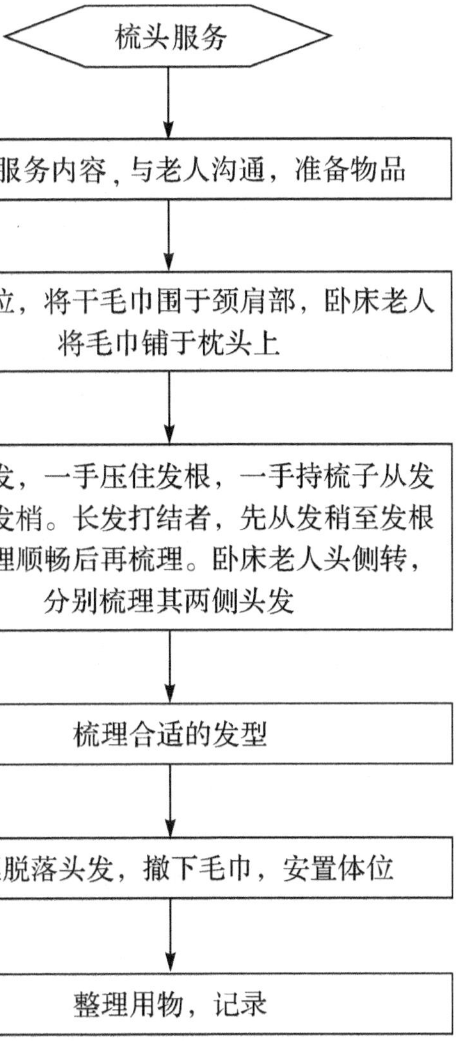
梳头服务
查看服务内容，与老人沟通，准备物品
协助坐位，将干毛巾围于颈肩部，卧床老人将毛巾铺于枕头上
散开头发，一手压住发根，一手持梳子从发根梳到发梢。长发打结者，先从发稍至发根逐步梳理顺畅后再梳理。卧床老人头侧转，分别梳理其两侧头发
梳理合适的发型
清理脱落头发，撤下毛巾，安置体位
整理用物，记录

四、理　发

理发服务主要是指理发师为社区老年人提供的专项服务项目。目的是整理、修剪发型，焕发精神，愉悦心身。理发服务主要适用于有理发需要而又不便自行去理发店理发的老人。

1.服务要求

(1)理发由有资质的理发师提供服务。为居家或日间照料中心老年人提供服务的理发师应接受上岗培训，了解老年人的身心特点，避免理发过程中发生意外。

(2)理发师统一着工作服，仪容仪表端庄。

(3)按行业规范提供服务，老年人低头、仰头、转头等动作柔和，避免粗暴动作，以免发生意外。从坐位或洗头后站立宜慢，理发后清理地面，室内物品及时归位，防跌倒、绊倒等意外。围布围颈部松紧合适，不宜过紧。

(4)发型简洁美观，尊重老人的爱美需求，做好与老人的沟通，提供合理化建议，按老人需求修剪发型。

(5)理发用具一人一用一消毒，特别是修面刀，用后消毒。毛巾、脸盆老人专用。

(6)卧床老人理发，有专人协助，一般于洗澡之前理发，理发后洗头、洗澡和更换衣被。

(7)理发后洗头并及时吹干头发，清理颈部等处的碎发，半小时内尽量不外出，防受凉。

2.服务步骤

(1)老年人或监护人提出申请，签订服务协议。由社区人员联系专业理发师，有条件者可以在日间照料中心建立理发室，聘请专职理发师。

(2)查看服务协议，明确服务内容和要求，了解老人情况，按约定时间提供服务。

(3)与老人沟通，了解老人头型和剪发要求，准备物品。

(4)协助老人坐位，围上理发围布，按理发行业规范理发。

(5)理发完毕，吹干头发，清理碎发。

(6)室内物品归位，清理地面。

(7)整理物品，记录。

3. 服务流程

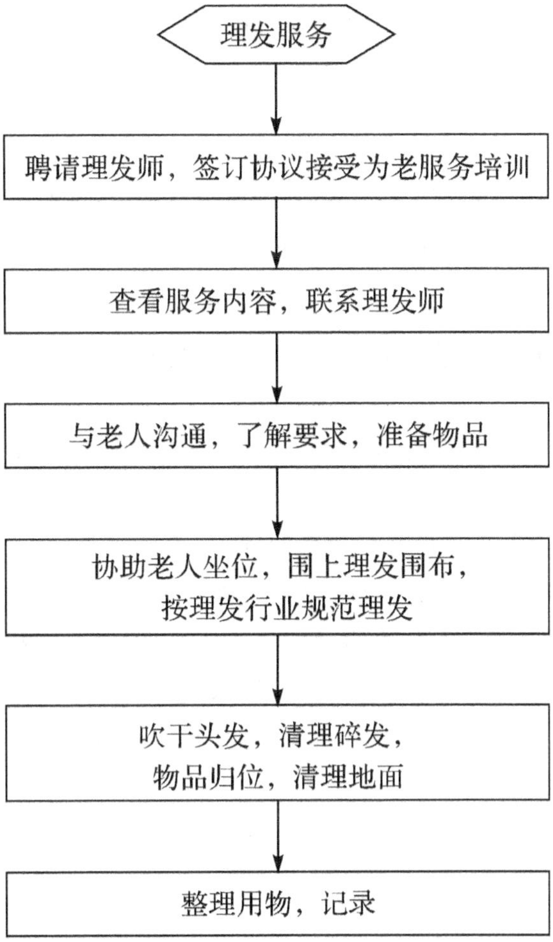
理发服务
聘请理发师，签订协议接受为老服务培训
查看服务内容，联系理发师
与老人沟通，了解要求，准备物品
协助老人坐位，围上理发围布，
按理发行业规范理发
吹干头发，清理碎发，
物品归位，清理地面
整理用物，记录

五、剃胡须

剃胡须是专为生活不能自理的男性失能、失智老年人提供的服务。目的是保持老人仪容整洁，维护自尊，愉悦心身。剃胡须服务主要适用于：①生活不能自理的男性老年人；②因病如手部骨折等无法自行剃胡须者。

1.服务要求

（1）选择电动剃须刀，尽量协助老人每天自行剃胡须一次，一般于晨间起床做清洁工作的同时剃胡须。

（2）照护者仪容仪表端庄，关爱老人，与老人有很好的沟通，操作前洗手。

（3）如胡须太长，无法用电动剃须刀剃须时，应请理发师用刀片式的剃须刀修理，或用剪刀小心修短后再用电动剃须刀剃须，防皮肤损伤。

（4）动作轻、稳、慢，一手绷紧皮肤，另一手拿电动剃须刀，紧贴皮肤，一般从上到下，先顺胡须生长的方向剃，再逆着胡须生长的方向剃一遍。先刮去面颊上的胡须，然后再刮两鬓和脖子上的毛发。剃刮完毕，温水洗净。

（5）如用刀片式剃须刀刮胡须，要先用温水毛巾热敷一会，再涂剃须膏，然后用剃须刀刮须，刮后清洗。

（6）剃须刀专人专用。

2.服务步骤

（1）查看服务协议，明确服务内容和要求，了解老人情况，按约定时间提供服务。

（2）与老人沟通，准备剃须刀和洗脸用具、热水等。

（3）协助老人取合适体位，背靠椅背，卧床老人可取半坐卧位。如使用刀片式剃须刀，则围上围布。

（4）一手绷紧皮肤，另一手拿电动剃须刀，紧贴皮肤转动，按序剃净胡须。

（5）剃毕，按洗脸法清洁脸部，安置老人于舒适体位。

（6）打开剃须刀盖，清理剃须刀头，擦干备用。

3. 服务流程

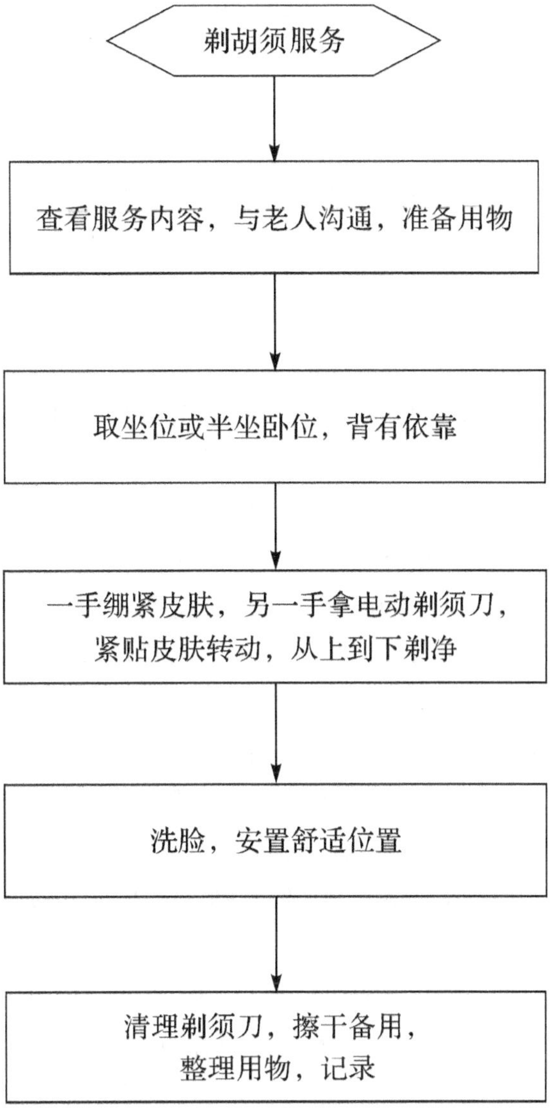
剃胡须服务
查看服务内容，与老人沟通，准备用物
取坐位或半坐卧位，背有依靠
一手绷紧皮肤，另一手拿电动剃须刀，紧贴皮肤转动，从上到下剃净
洗脸，安置舒适位置
清理剃须刀，擦干备用，整理用物，记录

六、化　妆

化妆主要是指为社区老年人提供简单生活妆的面部妆容整理、修饰服务。目的是清洁和修饰面部，焕发精神，维护老人自尊，增强自信，愉悦心身。化妆服务适用于所有老年人。

1.服务要求

(1)营造良好的爱美、崇尚美的文化氛围，搭建互助平台。可以组织社区有化妆经验的老年志愿者或者美容行业的志愿者，提供化妆教学和化妆志愿服务。

(2)为老年人提供简单生活妆容的整理和修饰服务者，应有一定化妆经验，并接受岗位培训，掌握基本的化妆技巧和老年人化妆的基本要求。如舞台妆等特殊妆容的化妆，则请专业化妆师提供服务。

(3)操作者仪容仪表端庄，修剪指甲，操作前洗手。

(4)老年人大多皮脂腺分泌减少，皮肤较干燥而缺少光泽，注意相应化妆品的选择。

(5)面部化妆顺序一般是：清洁面部→涂爽肤水、营养霜→涂隔离霜→画眉→画眼影→打粉底、上粉饼→涂唇膏。胭脂、睫毛膏视情况使用。

(6)老人宜化淡妆，不宜浓妆艳抹。卸妆时用洗面乳清洁面部，涂润肤霜保护。

(7)粉扑、唇线笔、唇刷等应专人专用，鼓励老人自备简要的化妆用品，如唇膏、眉笔、粉饼与粉扑等。

(8)化妆过程中随时与老人沟通，妆容与身份、衣饰相配，尊重关爱老人。

(9)可根据条件，开设专项的老年人面部美容服务。

2.服务步骤

(1)查看服务协议，明确服务内容和要求，了解老人情况，按约定时间提供服务。

(2)与老人沟通，准备物品，洗手。

(3)协助老人清洁脸部，取卧位，坐位时头后有依靠。

(4)依次涂上爽肤水、营养霜及隔离霜。

(5)根据老人要求及发型、衣饰等特点适当进行眉毛修剪。

(6)用粉底霜均匀涂擦脸部皮肤。用阴影粉条进行面型修改和鼻型修整，用干粉直接扑在粉底上。

(7)画眉、画眼线、抹眼影、涂胭脂，定妆。

(8)用唇线笔勾画唇形轮廓，用唇刷涂唇膏。

(9)征询老人意见,整理用物,记录。

3.服务流程

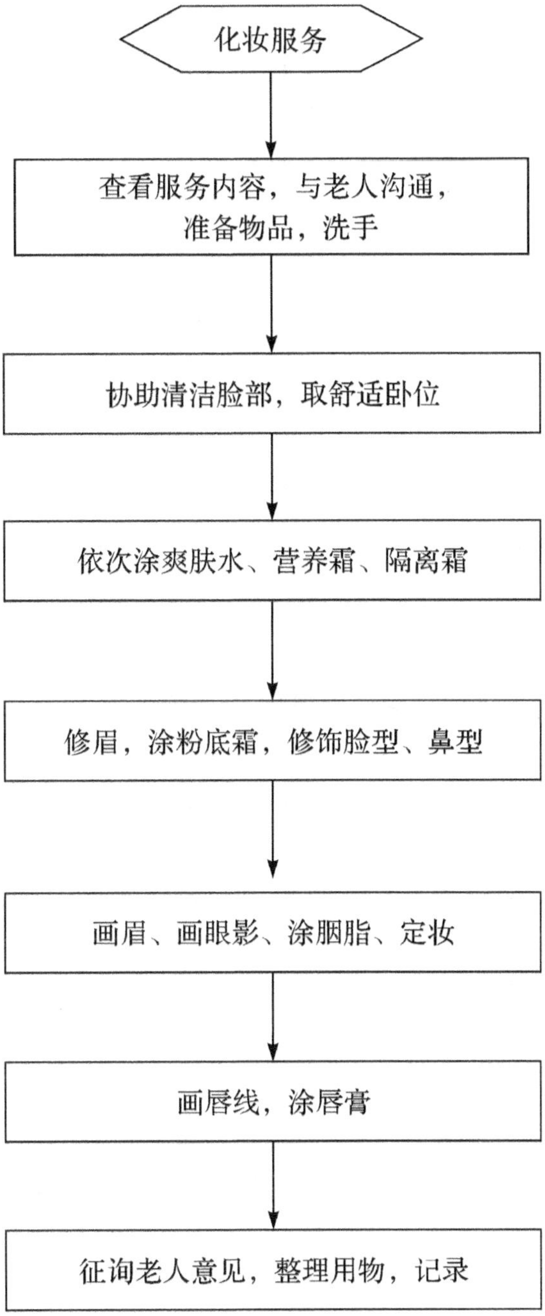

（赵生凤 陈雪萍）

第四部分　移动服务规范

一、搀　扶

搀扶主要是为行动不便的老人提供的专项服务。目的是协助老人日常活动、帮助行走功能训练及预防跌倒等。搀扶服务主要适用于：①行动不稳及行动乏力需要上下楼梯、上下台阶或者外出的老人；②高龄老人外出时；③在活动过程中突发情况需要搀扶的老人。

1.服务要求

(1)搀扶服务贯穿于其他为老服务项目之中，在陪伴服务、生活照料及康复锻炼活动中，适当搀扶，锻炼老人肢体功能，避免跌倒等意外。

(2)尊重老人意愿，尽量让其自我完成各类活动，照护者提供辅具协助，不催促，必要时提供搀扶帮助。

(3)照护者一般站立于老人患病肢体一侧，扶于腋下及上臂。视身高及肢体功能情况，可让老人一手挽于照护者对侧肩部，照护者一手握住老人挽于肩部的手，另一手搂住老人腰部，搀扶行走。

(4)搀扶老人上下楼梯，老人应立在有扶手一侧，照护者禁穿高跟鞋，保持身体稳定，与老人步调一致。

(5)搀扶老人外出，避免老人疲劳，避免上下班高峰出行，注意交通安全。

(6)老人在搀扶行走过程中感到头晕、胸闷等不适时不能勉强，应原地休息，症状严重者可求助社区卫生服务站或者急救中心。

(7)跌倒老人，禁止立即搀扶，应先评估伤情，避免二次损伤。

2.服务步骤

(1)查看服务协议，明确服务内容和要求。

(2)与老人沟通，根据老人身高、体重、肢体功能及服务内容，安排合适的照护者，提供相应的外出陪伴服务、康复锻炼服务或者日常生活照料服务等。

(3)上下楼梯或台阶、上下车、转弯、过马路等,照护者提供合适的搀扶服务。

(4)立于老人患侧,搀扶于一侧臂部,或者让老人一侧上肢环绕照护者肩部,依扶于照护者身体前行。

(5)照护者搀扶老人时要保持自身身体的稳定,与老人步调一致。

(6)跌倒老人不马上搀扶,先原地评估伤情。

3.服务流程

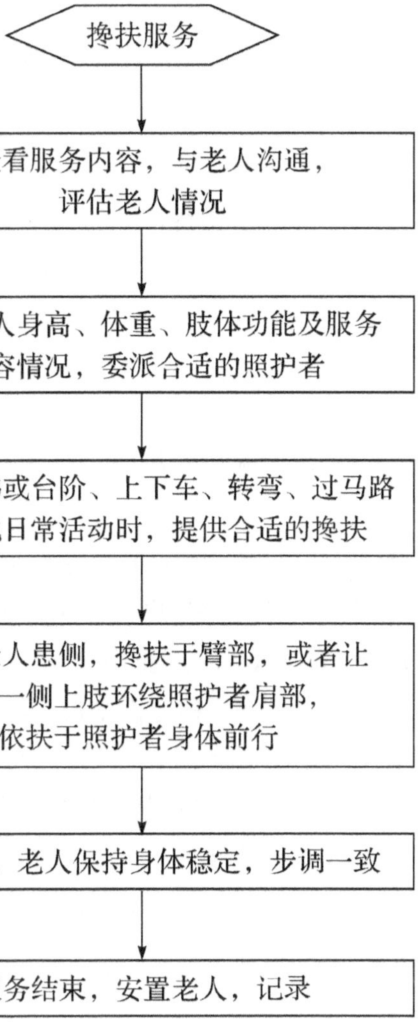

二、徒手搬运

徒手搬运主要是指为无行走能力而无法自行转移体位的老人进行短距离转移的专项服务。目的是帮助老人转移体位，满足日常生活或者外出就医、活动等需要，促进康复。此项服务主要适用于：①年老体弱无行走能力，需要帮助转移体位满足日常生活需要者；②需要搬运到辅助设施上，如轮椅、担架、平车等，帮助外出、就医等远距离转移者。

1.服务要求

(1)尽量提供辅助设施，开展康复锻炼，尽可能地恢复和维持老年人生活自理能力。

(2)遵循轮椅、平车、爬楼机或其他设施的使用规范。

(3)搬运前检查有无引流管、鼻饲管、导尿管等，预防脱落。搬运时避免拖、拉、推，搬动老人动作轻稳。多人搬运时一人喊口令，动作协调一致，确保老人安全、舒适。

(4)评估老人情况，根据老人体重安排搬运者，一人搬运适合体重较轻老人，且要求照护者力量较大。

(5)骨折特别是脊柱骨折老人的搬动，需要在医护人员指导下进行。

(6)搬运者搬动前先系好护腰腰带，遵循节力原则，尽量避免弯腰搬运，搬运时尽量使老人靠近搬运者，预防搬运者腰部受伤。

(7)关爱老人，搬运过程中注意观察老人情况，冬天做好保暖，防受凉。

(8)根据条件，配备一些远距离搬运设施，如轮椅、平车、爬楼机等，提供租赁服务。同时可以组织一些力量较大、身体状况较好的社区志愿者，针对性地开展培训，按需要为社区老年人提供体位转移服务。

2.服务步骤

(1)查看服务协议，明确服务内容和要求，了解老人情况，评估老人意识、活动能力、身高、体重等情况，按约定时间提供服务。

(2)与老年人及家属沟通，安排合适的搬运人员和人数，准备护腰腰带及其他需要的辅助用具，如轮椅、担架、爬楼机或平车等。

(3)系好护腰腰带，穿平跟鞋。

(4)放平床头、床尾支架，放下床挡，固定引流管、导尿管、鼻饲管等管道。

(5)手托合适部位，一人喊口令，多人协同抬起，协调而平稳地转移体位。扶抱方法：①一人法：一臂自老人腋下伸至肩部外侧，另一臂伸入老人大腿下，老人双手环抱搬运者颈部。②二人法：一人一手托老人颈肩部，另一手托住腰部；另一人一手托住老人的臀部，另一手托膝下。③三人法：第一人托头、肩背部；第二人托腰、臀部；第三人托大腿、小腿部。

(6)安置老人于舒适体位，妥善放置引流管，放好安全装置，注意保暖，保护隐私。

(7)整理用物，记录。

3.服务流程

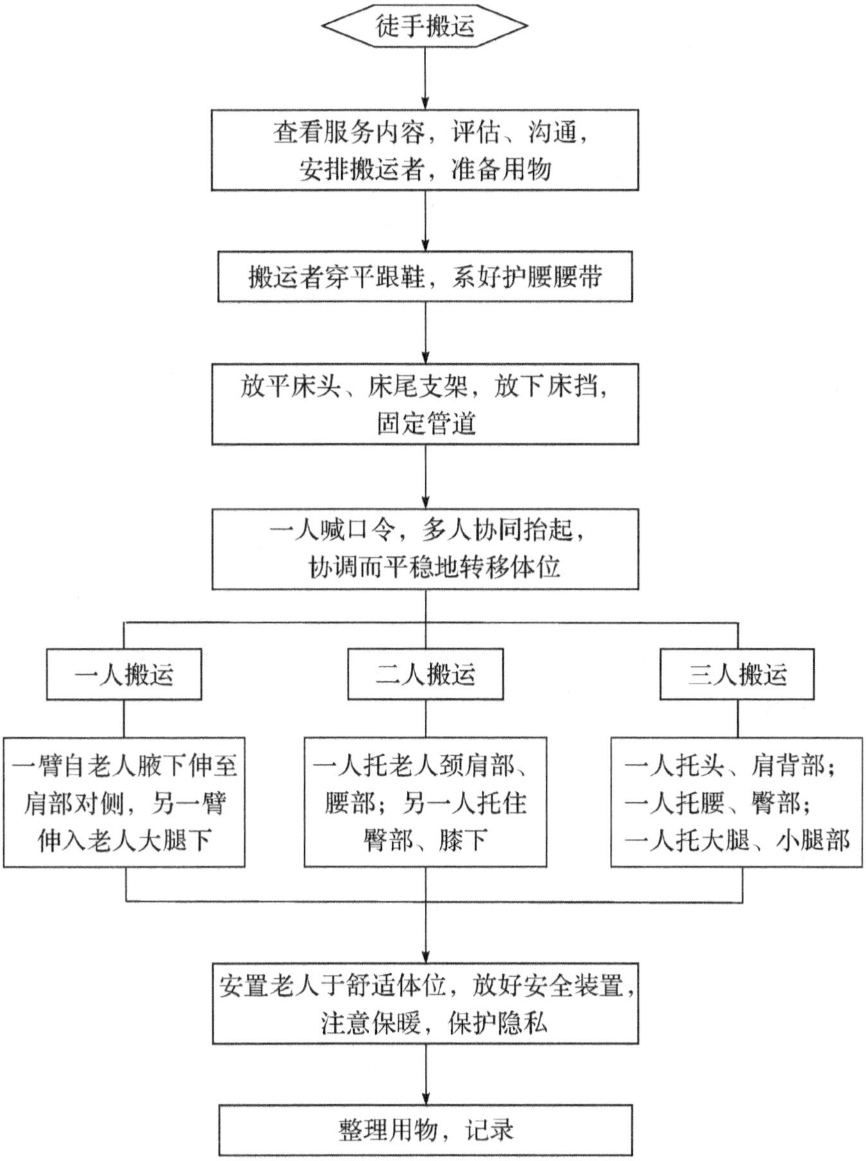

三、翻　身

翻身主要是指为长期卧床的失能老人提供的专项服务。目的是避免局部皮肤长时间受压，促进血液循环，增进舒适，预防压疮等并发症。翻身服务主要适用于：①瘫痪的老人；②极度虚弱而无力自主改变体位的老人；③因病禁忌自动翻身的老人。

1.服务要求

(1)尽量促进康复，创造条件，维持老人的自我翻身能力。

(2)长期卧床老人至少每 2 小时变换卧位一次，每次翻身观察骨突受压部位皮肤，加强受压部位的皮肤护理，预防骨突处皮肤因受压时间过长致缺血坏死。

(3)要注意保持床褥整洁、干燥、平整，翻身时避免拖、拉、拽，预防皮肤破损。老人身上有导管时，要先固定后翻身，防止脱落。给骨折老人翻身时，在医护人员指导下进行，注意保护骨折肢体，防止骨折移位。在翻身的同时进行扣背，促进肺部血液循环，预防肺炎。

(4)注意遮盖老人，冬天注意保暖、防受凉，保护隐私。

(5)注意朝向操作者一侧翻身，如向对侧翻身，应拉起对侧床挡，严防坠床，并预防碰撞而引起损伤。

(6)翻身后安置好老人体位，关节处于功能位，遵医嘱进行被动活动，避免关节僵硬和肌肉挛缩。

(7)照护者搬动老人前系护腰腰带保护，操作时遵循节力原则，避免腰部受伤。

(8)建立翻身卡，做好翻身记录并做好交接班，发现皮肤红肿、破损等异常情况及时告知家属并有书面告知书。

(9)动作轻、稳、熟练，关爱老人，与老人有很好的沟通。

(10)有条件时，视需要提供气垫、水床垫等租赁服务。

2.服务步骤

(1)查看服务协议，明确服务内容和要求，了解老人情况，按约定时间提供服务。

(2)与老年人及家属沟通，准备翻身枕，必要时备干净衣裤、床单、皮肤护理用品等。

(3)关门窗，调节室温，照护者系好护腰腰带。

(4)放平床头、床尾支架，松开盖被。

(5)翻身侧卧：协助老人移向近侧，护理员一手托老人颈肩部，另一手托腰部，将老人上半身抬起、移向近侧；然后一手托腰部，另一手托大腿，将老人的下半身抬起、移向近侧，拉起床挡。护理员转至对侧，一手扶老人肩部，另一手扶髋部，将老人轻轻翻身至照护者一侧。

（6）观察骨突受压部位皮肤。①仰卧位：枕部、肩胛部、背部、肘部、尾骶部、足跟等处；②侧卧位：耳郭、肩部、肘部外侧、髂部、膝部外侧、踝部等处；③俯卧位：额部、肩部前侧、锁骨部位、胸部、膝盖、足趾等处。

（7）拍背，整理衣服。

（8）在老人的背部、胸前各放一软枕，上侧腿略向前方屈曲，垫以软枕。

（9）整理床单位，记录翻身时间。

3.服务流程

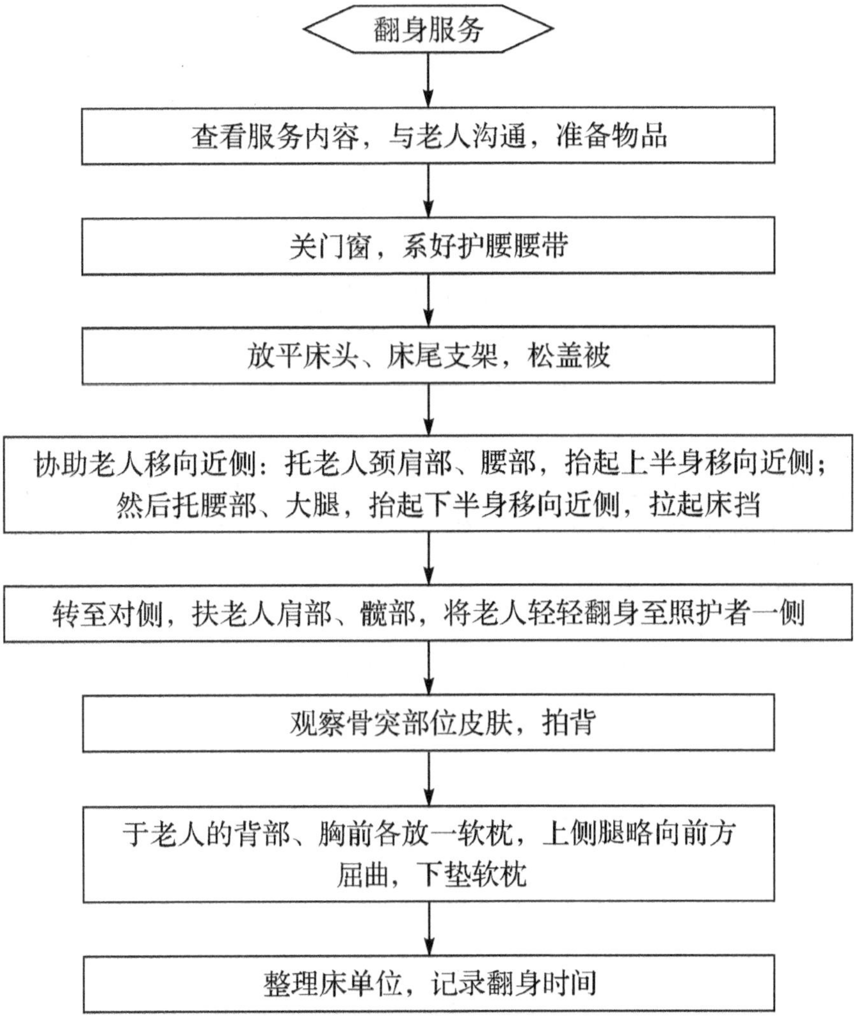

四、轮椅助行

轮椅助行主要是为下肢无力、行动不便但能坐立的老年人提供的体位移动服务。目的是安全转移老年人，增加老人活动范围，满足老人社交和户外活动需要。此项服务主要适用于：①长期卧床老人需要离床活动；②下肢瘫痪、残疾老人外出。

1.服务要求

(1)轮椅设专人管理，定点放置。制定相应的轮椅定期检查及租赁、使用登记制度。保证轮椅的扶手、脚踏板、安全带、轮胎、刹车等各部件功能良好，使用前再次检查，确保安全。

(2)根据老人体重、肢体功能情况选择合适的轮椅：头颈部控制不佳者选择高背轮椅或附加颈部支架；上肢功能良好者选择手动式轮椅，需要依赖他人的老人选择他人推动型；上肢功能较好、方便学习和工作者选择短扶手轮椅，需要上肢有较好依托者选择长扶手轮椅；体重 80 千克以上者选择特制轮椅。

(3)上下轮椅先拉紧刹车固定轮椅，收起脚踏板。协助老人坐上轮椅并靠后坐稳，系好安全带，让老人脚踏在脚踏板上，松刹车后稳步推行。

(4)长时间坐轮椅者，垫气垫或水垫，每隔 1 小时，用双手支撑身体，使臀部离开片刻，防压疮。

(5)推轮椅上台阶时先上前轮，再上后轮；下台阶时倒退下行，先下后轮，再下前轮。在运送途中遇到较大的坡度时(一般坡度大于 15°)，应采用倒车下坡的技术，缓慢倒退下行，保证安全。

(6)上下台阶及上下坡推行注意安全，如老人较重，道路坡度较大，应请人帮助，合力推动轮椅。推轮椅过程中速度缓慢，保持平稳，不可碰撞墙及门框，避免震动老人而引起不适。在运送过程中注意观察老人的情况。注意保暖，防止受凉。

(7)协助老人进行康复锻炼，尽可能地恢复功能。

(8)协助老人床椅转移、起床站立等过程中速度宜慢，预防直立性低血压。

2.服务步骤

(1)查看服务协议，明确服务内容和要求，了解老人情况，按约定时间提供服务。

(2)与老人及家属沟通，准备并检查轮椅，必要时备毛毯。

(3)推轮椅至床旁，使轮椅与床呈 40°左右或椅背和床尾平齐，拉起车闸，固定轮椅。

(4)协助老人穿衣，使其卧于床边，屈膝。照护者一手置老人颈肩处，一手置其远侧膝外侧，扶老人坐于床边，协助穿鞋。

(5)让老人双手搭在照护者的肩上，照护者的两手合抱老人腰部，双脚和双膝抵住老人双脚、双膝的外侧（或一脚伸入老人双膝之间），协助老人站立、旋转身体，移坐于轮椅上。

（6）转至老人身后，两手从老人腋下伸入抱起老人，老人双手扶扶手，协力调整坐姿，翻下踏脚板，系好安全带，根据需要盖上毛毯。

（7）松刹车，推轮椅。上台阶：轮椅正对台阶，踩下后倾杆，轮椅后倾、前推；下台阶：调转轮椅，腿部贴扶椅背稳步倒退下行；上斜坡：老人靠后坐稳，推轮椅前行；下斜坡：调转轮椅倒退下行，随时观察身后情况。

（8）每隔 1 小时，用双手支撑身体，使臀部离开片刻，防受压过久。

3. **服务流程**

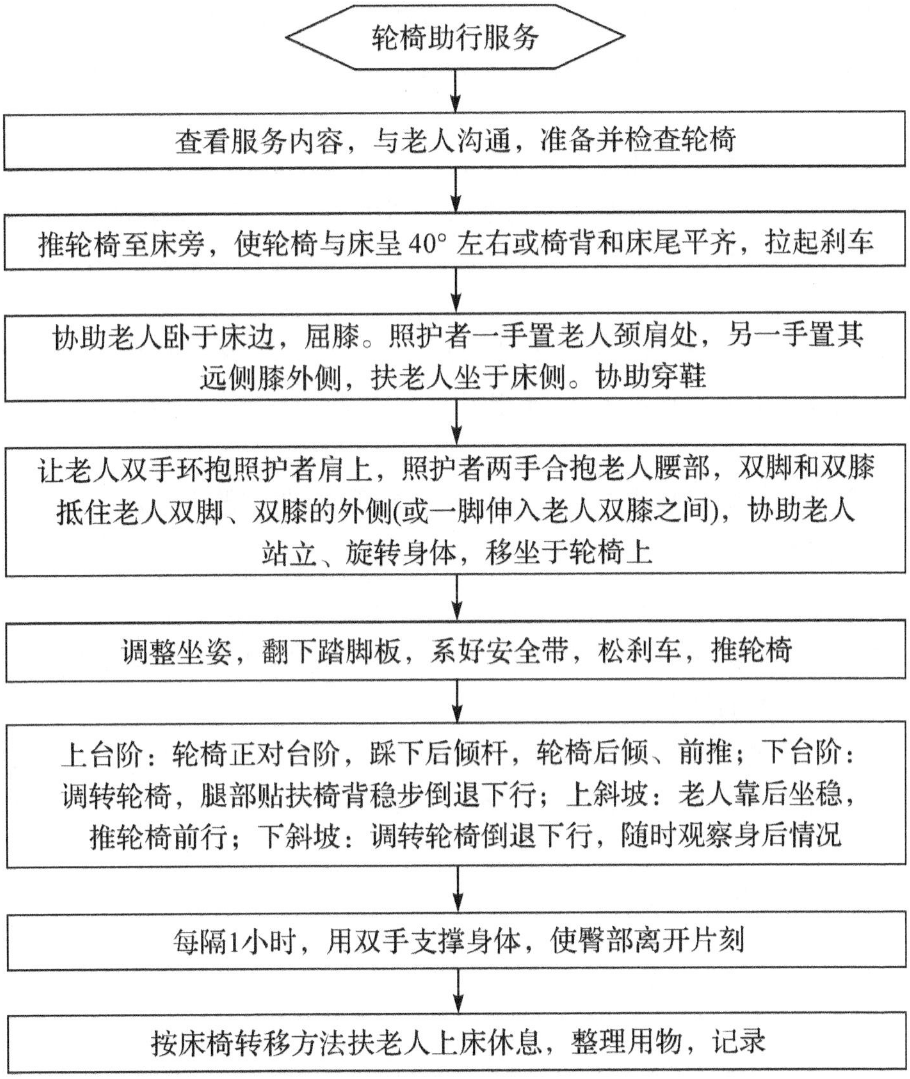

五、手杖助行

手杖助行主要是为步态不稳或一侧下肢无力或受伤、疼痛等原因而无法完全承重的高龄老人提供的助行服务。目的是辅助行走，增加稳定性，预防跌倒，保护患侧下肢。此项服务主要适用于：①需要扶杖行走的高龄老人；②一侧下肢无力或关节疼痛、受伤等需要减轻下肢承重者。

1.服务要求

（1）设专人负责管理手杖，定点放置，定期检查，做好租赁登记。

（2）根据老人肢体功能情况选择手杖，四脚手杖稳定性较好，但不适宜于不平路面使用。

（3）使用前检查手杖着地一端的胶头是否完整，衔接部位是否松动，预防意外。

（4）手杖高度以手臂下垂时手腕到地面的高度为宜。首次使用者应有照护人员在旁指导协助，正确使用手杖。行走的通道通畅，无障碍物，地面干燥，以免滑倒或绊倒。

（5）老人穿着合适，穿适当长度的裤子及合脚的防滑鞋，不能穿拖鞋，防绊倒。

（6）手杖适用于上肢功能良好、下肢功能稍弱者。无法站立或行走稳定性很差者不宜使用。

（7）高龄老人行走鼓励使用手杖，增加行走稳定性，保护膝关节。

2.服务步骤

（1）查看服务协议，明确服务内容和要求，了解老人情况，按约定时间提供服务。

（2）与老年人及家属沟通，协助老人穿合脚的平跟鞋，准备并检查手杖。

（3）根据老人身高调节手杖高度。

（4）指导扶手杖行走：手杖置健侧上肢，站稳，拄手杖前进一步，患脚前行，健脚跟上；上楼时健脚先上，然后患脚与手杖一同跟上；下楼时患脚与手杖先下，健脚再下。

（5）用毕，检查手杖情况，记录。

3.服务流程

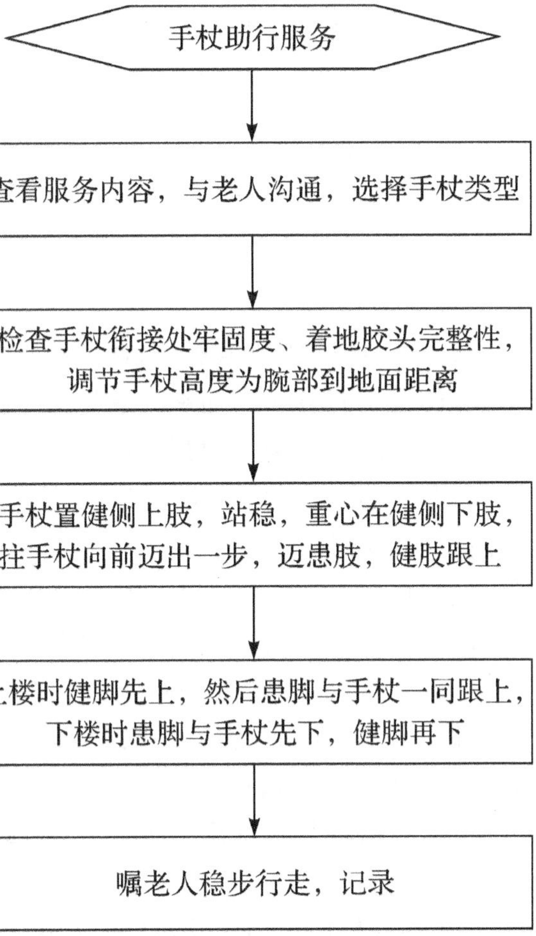
手杖助行服务
查看服务内容，与老人沟通，选择手杖类型
检查手杖衔接处牢固度、着地胶头完整性，调节手杖高度为腕部到地面距离
手杖置健侧上肢，站稳，重心在健侧下肢，拄手杖向前迈出一步，迈患肢，健肢跟上
上楼时健脚先上，然后患脚与手杖一同跟上，下楼时患脚与手杖先下，健脚再下
嘱老人稳步行走，记录

六、腋杖助行

腋杖助行主要是辅助一侧下肢无力或功能障碍而上肢功能良好的老人离床活动。目的是辅助行走、保护伤肢。此项服务主要适用于一侧下肢疼痛、受伤等无法行走，而上肢功能良好的老年人。

1.服务要求

(1)设专人负责管理腋杖，定点放置，定期检查，做好租赁登记。

(2)根据老人肢体功能情况选择拄单拐还是拄双拐行走。检查着地胶头、腋下胶垫是否完整，衔接部位是否完好，调节拐杖高度，确保安全。

(3)老人应穿着合适，穿适当长度的裤子及合脚的防滑鞋，不能穿拖鞋，行走的通道平整无障碍物，以免滑倒或绊倒。

(4)使用腋杖时不能以腋窝为支撑着力点，必须用手按手柄着力，避免伤及臂神经。根据下肢功能状况选择步行方法。①患脚不着地的行步方法：双侧腋杖同时向前一步，患脚腾空，健脚跟上。②患脚可着地的行步方法有三种。四点步：右拐前移，迈左脚，移左拐，右脚跟上；三点步：两侧腋杖与患脚同时向前，健脚跟上；二点步：右腋杖与左脚同时移动，左腋杖与右脚同时移动。

(5)上楼梯：健脚先上，然后患脚与左右腋杖同时上；下楼梯：两腋杖同时先下，患脚下移，健脚跟上。

(6)嘱老人稳步行走，避免在不平路面或交通要道、人群拥挤处行走，预防跌倒。

(7)高龄老人或者体力较差的老人，不宜使用腋杖。

2.服务步骤

(1)查看服务协议，明确服务内容和要求，了解老人情况，按约定时间提供服务。

(2)与老人及家属沟通，协助老人穿合脚的平跟鞋，准备并检查腋杖。

(3)检查胶垫、胶头是否完整，衔接部位是否牢固。

(4)根据老人身高调节腋杖高度，以站立时拐杖头离腋下 2～3 厘米、两手按手柄时前臂与拐杖成 30°为宜。

(5)指导以手按手柄用力，不以腋窝为支撑着力点。

(6)根据肢体功能练习行走。

(7)嘱老人稳步行走，注意避免跌倒。

(8)用毕，检查腋杖，记录。

3. 服务流程

腋杖助行服务

↓

查看服务内容，与老人沟通，选择拐杖

↓

检查胶垫、胶头是否完整及衔接部位是否牢固

↓

调整腋杖高度，以站立时拐杖头离腋下2~3厘米、两手按手柄时前臂与拐杖成30°为宜

↓

以手按手柄用力，不以腋窝为支撑着力点

↓

①患脚不着地的行步方法：双侧腋杖同时放前一步，患脚腾空，健脚跟上。②患脚可着地的行步方法有三种。四点步：右拐前移，迈左脚，移左拐，右脚跟上；三点步：两侧腋杖与患脚同时向前，健脚跟上；二点步：右腋杖与左脚同时移动，左腋杖与右脚同时移动

↓

上楼梯：健脚先上，然后患脚与左右腋杖同时上；下楼梯：两腋杖同时先下，患脚下移，健脚跟上

↓

稳步行走，防绊倒、跌倒。用毕检查腋杖，记录

七、助步器助行

助步器助行主要为老年人提供步行的撑扶作用。目的是辅助老人行走，锻炼肢体功能，增大老人活动范围，促进康复。此项服务主要适用于：①下肢力量弱或者因伤因病而行动不便的老人；②疾病康复期进行行走锻炼的老人。

1. 服务要求

(1)设专人负责管理助步器，定点放置，定期检查，做好租赁登记。

(2)根据老人肢体功能情况选择助步器类型，根据身高调整高度。检查助步器衔接部位是否完好，带刹车的助步器其刹车是否灵敏，有轮助步器轮子是否转动灵活。

(3)老人应穿着合适，穿适当长度的裤子及合脚的防滑鞋，不穿拖鞋，通道平整无障碍物，以免滑倒或绊倒。

(4)带轮子的助步器移动方便，但稳定性差，要注意陪护，最好使用带刹车的助步器，防止意外。

(5)无轮助步器在举起前行时，要注意预防老人站立不稳而跌倒。

(6)未熟练使用前，照护者立于老人患侧，扶持或协助老人练习，防止跌倒。

(7)按康复计划顺序练习，不在人多的通道上或马路上行走，注意安全。

2. 服务步骤

(1)查看服务协议，明确服务内容和要求，了解老人情况，按约定时间提供服务。

(2)与老年人及家属沟通，协助老人穿合脚的平跟鞋，准备并检查助步器。

(3)检查助步器衔接部位是否牢固，轮子是否灵活，刹车是否灵敏，调节高度。

(4)协助老人站稳，助步器放于身前，老人双手放在助步器扶手上，身体略前倾。

(5)无轮助步器：举起助步器向前约 15 厘米，放稳，患脚前行，健脚跟上。有轮助步器：推动助步器向前约 15 厘米，放稳，有刹车的按下刹车，患脚前行，健脚跟上。

(6)于平整路面练习，照护者给予必要的协助，注意安全。

(7)使用结束，检查助步器，记录。

3. 服务流程

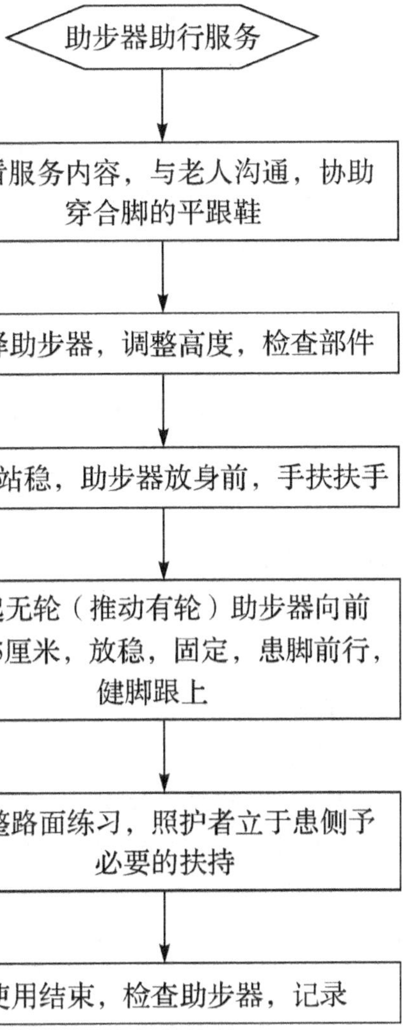
助步器助行服务
查看服务内容，与老人沟通，协助穿合脚的平跟鞋
选择助步器，调整高度，检查部件
协助站稳，助步器放身前，手扶扶手
举起无轮（推动有轮）助步器向前约15厘米，放稳，固定，患脚前行，健脚跟上
平整路面练习，照护者立于患侧予必要的扶持
使用结束，检查助步器，记录

八、爬楼机助行

爬楼机助行主要为年老体弱、行动不便的老人提供上下楼梯的专项服务。目的是为楼房无电梯设施的老人提供上下楼服务，增加老人活动空间，维护社会功能，增进身心健康。此项服务主要适用于：①年老体弱、高龄或因病、因伤无法上下楼者；②因病禁忌爬楼梯者。

1. 服务要求

(1)尽量协助老人进行康复锻炼，维持肢体功能，促进自行上下楼。在小区建设规划中应考虑电梯和无障碍通道的设置。

(2)设专人负责管理，制定相应的爬楼机使用规章制度，定期检查、维护。爬楼机使用者接受专门的培训，持证上岗。

(3)不同类型的爬楼机有相应的应用条件，社区在配备爬楼机时应考虑社区硬件设施的条件。

(4)检查爬楼机各部件，接通电源，检查功能。

(5)与老人充分沟通，协助老人坐上爬楼机，将老人身体置于爬楼机椅座中坐稳，系好安全带，让其双手扶扶手，双脚妥善放置。

(6)检查运行通道是否有障碍物，检查老人身体和衣着，是否可能在运行中碰伤和被障碍物绊倒。

(7)开动爬楼机时，嘱老人坐稳勿动，操作者在旁协助，随时观察和处理异常情况，预防意外。

(8)爬楼机运行结束，待完全停止稳定后，解开安全带，扶老人下爬楼机，安置老人于安全位置，撤回爬楼机。

(9)爬楼机用后检查并及时归位，做好记录。

(10)有条件地区，爬楼机使用应纳入照护职业保险范畴。

2. 服务步骤

(1)查看服务协议，明确服务内容和要求，了解老人情况，按约定时间提供服务。

(2)与老人及家属沟通，准备并检查爬楼机。

(3)检查爬楼机各部件及功能，特别检查安全带、紧急装置等功能是否完好。

(4)向老人解释，确认爬楼机使用的程序和要求，扶老人坐稳于爬楼机上，系好安全带。

(5)检查通道有无障碍物，检查老人衣着，肢体勿挂于或伸出于爬楼机外。

(6)嘱老人坐稳勿动,开动爬楼机,操作者在旁协助,随时观察和处理异常情况。

(7)爬楼机停稳,扶老人下爬楼机,安置老人于安全位置。

(8)撤回爬楼机,清洁,记录。

3.服务流程

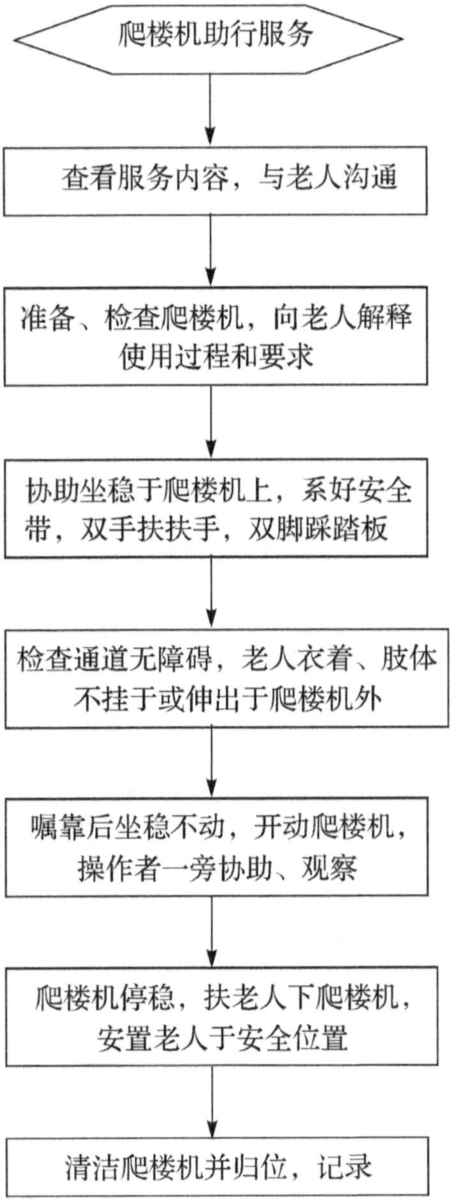

九、平车助行

平车助行主要是为身体极度虚弱、无法坐立的老人提供转移的专项服务。目的是帮助转移老人，满足就医、检查及出入日间照料中心或其他机构等需要。此项服务主要适用于：①瘫痪、昏迷等长期卧床老人的转移；②因病（如骨折）等需要卧床的老人转移。

1.服务要求

（1）设专人负责管理，定期检查，做好使用记录。

（2）平车适用于平整的路面，主要用于短距离的运送。

（3）上下平车注意先踩刹车，拉好平车两侧栏杆，运送过程平稳，避免碰撞和颠簸，严防老人跌出平车。冬天注意保暖、防受凉。

（4）一般需二人推动平车，一人在前把住方向，一人在后平稳推动平车，上坡时头在前，下坡时头在后。老人头部应卧于大轮端，以减轻颠簸。

（5）老人身上有导管时，要先固定好导管，防止脱落。骨折特别是脊柱受伤老人，在医护人员指导下搬运，避免脊柱扭曲而导致骨折端移位而引发截瘫。

（6）关爱老人，与老人有较好沟通，运送过程中随时观察老人情况。

2.服务步骤

（1）查看服务协议，明确服务内容和要求，了解老人情况，按约定时间提供服务。

（2）与老年人及家属沟通，准备并检查平车，重点检查护栏与刹车是否完好。

（3）放平床头、床尾支架，协助老人穿衣。

（4）推平车至床尾，头端与床成钝角，踩下刹车，固定车轮。

（5）按徒手搬运法搬老人于平车上，安置体位，盖好盖被，拉起护栏。

（6）松刹车，平稳推动平车。

（7）下平车前先踩下刹车，按徒手搬运法搬老人下平车，安置舒适位置。

（8）撤回平车，清洁、消毒，记录。

3. 服务流程

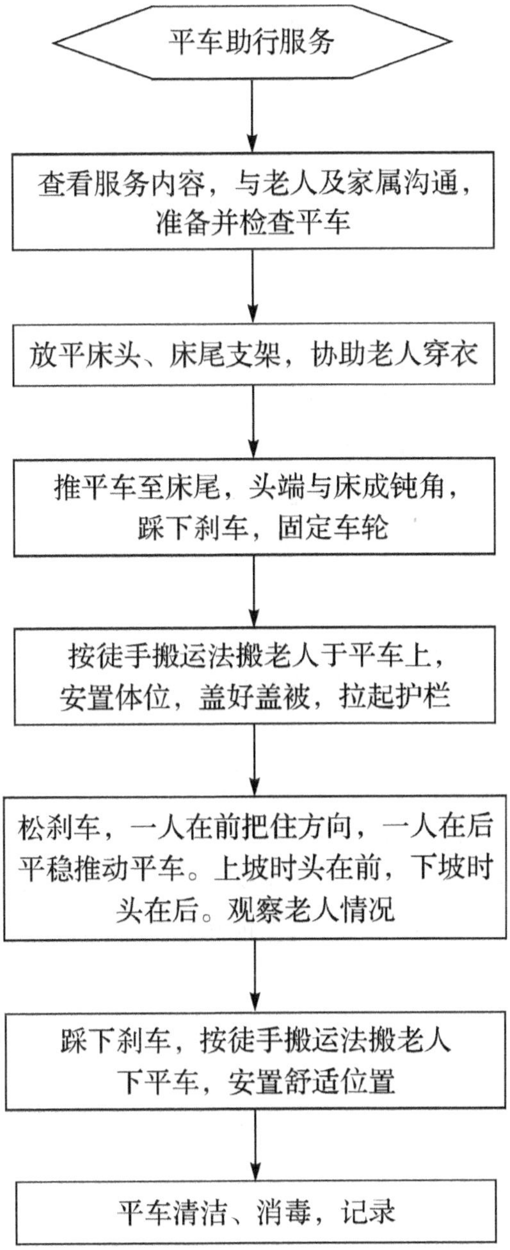
平车助行服务
查看服务内容，与老人及家属沟通，准备并检查平车
放平床头、床尾支架，协助老人穿衣
推平车至床尾，头端与床成钝角，踩下刹车，固定车轮
按徒手搬运法搬老人于平车上，安置体位，盖好盖被，拉起护栏
松刹车，一人在前把住方向，一人在后平稳推动平车。上坡时头在前，下坡时头在后。观察老人情况
踩下刹车，按徒手搬运法搬老人下平车，安置舒适位置
平车清洁、消毒，记录

十、担架助行

担架使用主要是为身体极度虚弱、重病或者因伤临时需要转移的老人提供的专项服务。目的是帮助转移老人，满足出入院等需要。此项服务主要适用于瘫痪、昏迷者或者因伤因病需要转移，而又无法用车的情况，或者需要用担架搬运至急救车上。

1.服务要求

(1)担架设专人管理，定期检查，做好使用记录。

(2)担架主要用于交通不便的农村地区，为体弱、重病或因伤需要转移者提供服务，也适用于没有电梯的楼房上下楼的体位转移，或者作为急救车上的辅助转移工具。

(3)搬运伤员、患者，被血液、体液污染后或者搬运传染病患者后，及时清洁、消毒。

(4)担架至少需要两人搬运，必要时两侧增加人员协助，多人抬担架时步调一致，以保持平稳运送。进出门、经过楼道转弯处要特别小心，避免撞击震动引起不适或加重病情。冬季要注意保暖，以免受凉。

(5)运送过程中一般保持头部在高位，即上坡时头在前，下坡时头在后，如遇休克患者，则宜头低位，以保证脑部血供。

(6)注意系好安全带，遇躁动老人使用保护性约束，严防跌出担架。

(7)骨折(如脊柱骨折)需卧硬板者，不能用帆布类软担架，必要时加设硬板。

2.服务步骤

(1)查看服务协议，明确服务内容和要求，了解老人情况，按约定时间提供服务。

(2)与老人及家属沟通，准备并检查担架，查看安全带是否完好，必要时备约束带。

(3)按徒手搬运法将老人抬至担架上，安置体位，盖好盖被，系好安全带。

(4)二人协同抬起担架，平稳行进，上坡时头在前，下坡时头在后，避免碰撞和颠簸。

(5)运送途中随时与老人沟通，观察老人情况。

(6)到达目的地后，放稳担架，按徒手搬运法搬老人至床上。可多人协助搬运：担架抬到与床平，二人或三人站于担架外侧抬起老人，撤去担架，移步将老人放于床上。

(7)担架清洁、消毒，记录。

3. 服务流程

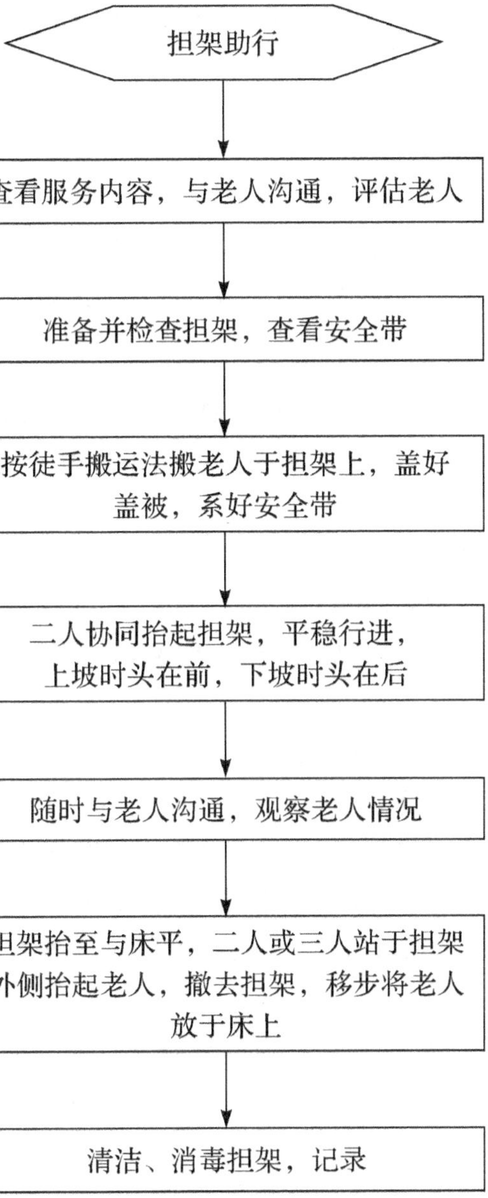
担架助行
查看服务内容，与老人沟通，评估老人
准备并检查担架，查看安全带
按徒手搬运法搬老人于担架上，盖好盖被，系好安全带
二人协同抬起担架，平稳行进，上坡时头在前，下坡时头在后
随时与老人沟通，观察老人情况
担架抬至与床平，二人或三人站于担架外侧抬起老人，撤去担架，移步将老人放于床上
清洁、消毒担架，记录

十一、协助乘坐公共交通工具

协助乘坐公共交通工具服务主要为高龄或者独立外出有一定困难的老年人提供协助出行服务。目的是增加老人活动范围，保障出行安全，满足外出和社交需要。此项服务主要适用于：①高龄或有独立行走能力但需要一定扶助的老年人；②使用助行辅具、视力受损或者携带物品较多而需要适当帮助者。

1.服务要求

(1)事先与老人或者家属充分沟通，计划出行乘坐的公共交通工具类型，选择公交车、地铁或出租车等，明确出行路线、时间、目的地等，查看天气，必要时携带雨具或护目镜等。

(2)老人出行尽量避开上下班高峰时段，留出足够的时间，避免焦急赶路。如乘坐出租车，宜事先预约好时间。

(3)携带物品勿过多、过于零乱，协助老人整理，可根据需要提供专用的袋子，以方便携带。

(4)如出行路途较远，注意做好出行的准备。出行前排空大小便，自带水杯和饮用水，穿合脚而方便行走的鞋子。

(5)按序排队上下车，勿拥挤。上下车时嘱老人扶好扶手并扶持老人，上车后扶持老人坐稳，如无座位，协调年轻人让座，帮助老人坐稳。如乘车人较多，照护者注意保护老人安全，示意司机待老人上车坐稳后开车、车停稳后再下车，预防老人跌倒。

(6)乘坐出租车，在乘车点上下车，注意交通安全。上车时先协助坐于车座再将脚挪入车内，调整座位坐稳后系好安全带；下车时先挪到边上，伸双脚到车外，再慢慢起立站稳，照护者用手挡头顶车窗防头部撞伤。

(7)乘坐途中不打瞌睡，嘱老人扶好扶手，照护者一旁协助，预防急刹或颠簸引起意外。不在车子颠簸时喝水，不在车上进食，预防误吸呛咳。

(8)关爱老人，做好与老人的沟通，换乘时注意物品保管和老人的安全，如路途较远，换乘时协助老人如厕。长途乘坐，中间安排好喝水计划，可少量多次喝，也可在如厕点到达前1小时左右喝一杯水。如车上带有厕所，照护者注意扶持。

2.服务步骤

(1)查看服务协议，明确服务内容及要求，了解老人情况，按约定时间提供服务。

(2)查看交通线路，与老人及家属沟通，制订出行计划，明确出行路线、时间和目的地，选择公共交通类型。如乘坐出租车先预约。

(3)协助老人做好出行前准备，嘱老人如厕，带水杯，检查携带物品。

(4)遵守交通规则，于乘车点有序乘坐公共交通：排队乘坐，扶扶手上车，照护者扶持坐稳，系好安全带；乘坐途中不打瞌睡，不进食，喝水注意小口喝；下车时先检查携带的物品，等车停稳后扶扶手下车，照护者一旁协助。

(5)与老人沟通，并嘱其长途乘坐注意喝水，如厕注意安全。

(6)到达目的地后，协助老人检查物品，记录。

3.服务流程

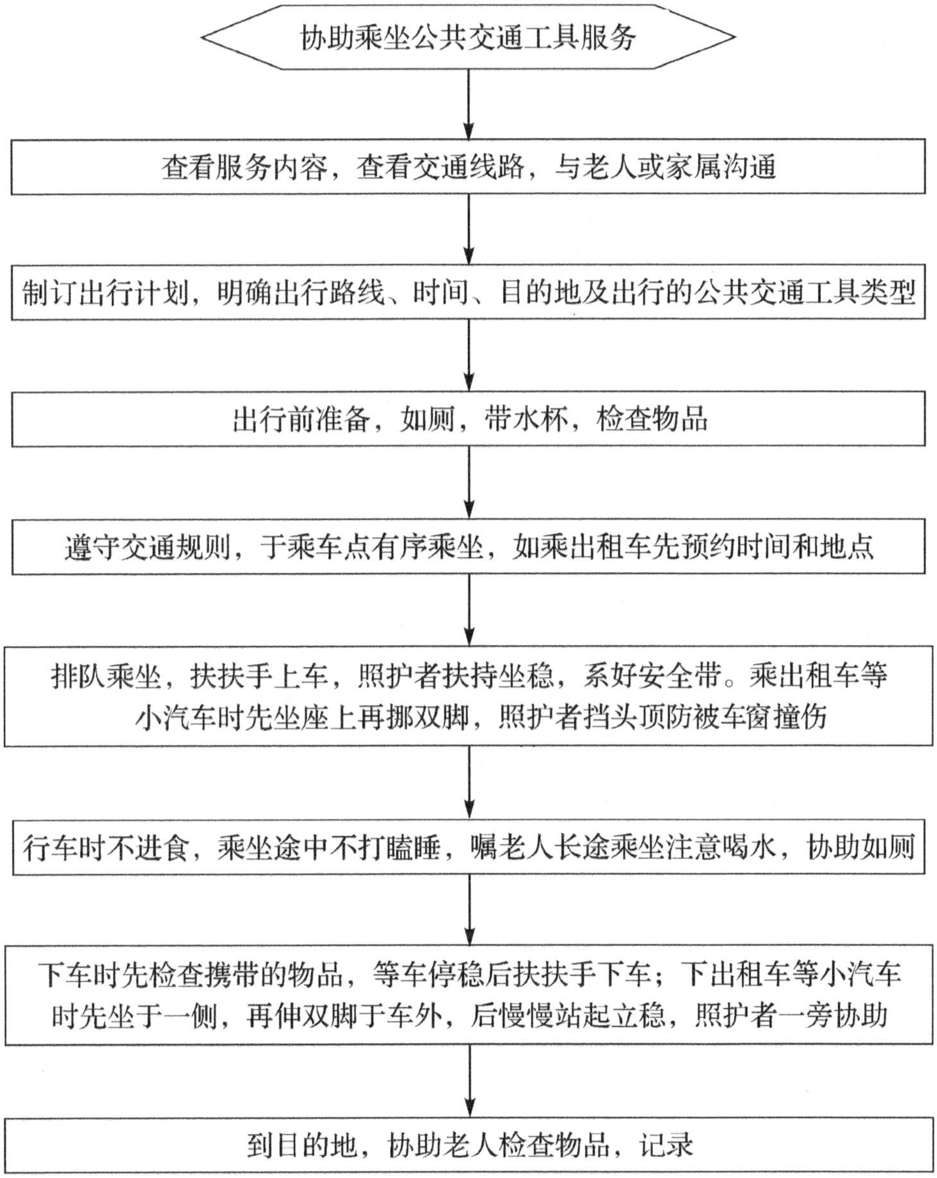

十二、辅具租赁服务

辅具租赁服务主要是为生活不能完全自理或者完全失能的老人提供辅具，辅助日常生活的服务。目的是帮助清洁、移动体位、辅助康复、预防压疮等，维护老人尊严，促进舒适，预防并发症，促进康复等。辅具类型主要有：①防压疮辅具，如翻身床、充气式床垫或水床垫、翻身枕、气垫等；②助行辅具，如手杖、腋杖、肘杖、轮椅、助步器、担架、平车等；③清洁辅具，如洗头器或充气式洗头垫、洗浴床或充气式洗浴床垫等；④康复辅具，如按摩器、肩关节康复仪等。

1.服务要求

(1)设专人管理，分类放置，制定相应的辅具保管、租赁规章制度。

(2)制定各类辅具的使用和借用规范，提供明确的价目表和租赁范围与原则，制定规范的租赁协议，设立规范的记录本并做好记录。

(3)管理人员需上岗培训，熟悉各类辅具的使用方法，具备一定的教学能力。

(4)出借时检查辅具，让租赁方确认关键部位功能正常，保障正常使用。初次租借者，管理人员应教使用方法，提供书面的使用方法说明，签租赁协议。

(5)特殊辅具如爬楼机等须持有效资质人员使用；康复辅具在医护人员指导下应用，保证安全。

(6)归还时询问使用情况，做好必要的清洁和消毒工作，检查各部件功能，做必要的维护处理，以保障下一次的正常使用。

(7)及时归还，管理人员定期检查使用和归还情况。贵重辅具为保障出租的安全，可以根据情况收取押金，在协议中明确损坏、丢失的赔偿事宜。

2.服务步骤

(1)查看服务协议，明确服务内容及要求，了解老人情况。

(2)与老人或家属沟通，提供合适的辅具，明确租赁辅具的名称、租借时间，教会使用方法，提供书面的使用方法和注意事项，签租赁协议，留联系方式。

(3)定期检查出租情况，提供跟踪服务。

(4)归还时检查、签收，询问并记录使用情况。

(5)清洁、消毒辅具，做必要的维护。

(6)归类保存，做好记录。

3. 服务流程

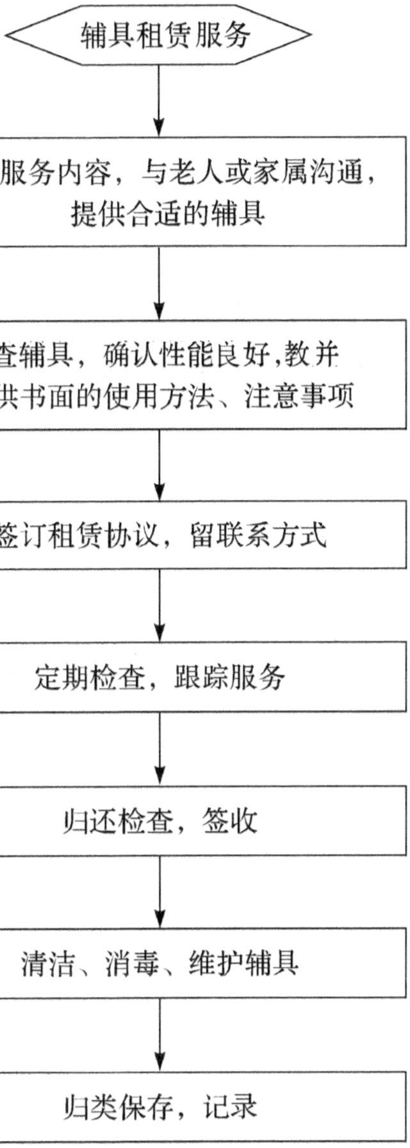

（黄文红　陈雪萍）

第五部分　家政服务规范

一、协助家政服务

协助家政服务主要是指社区居家养老服务单位为有需要的居家老人联系家政公司，帮助生活不能完全自理的老人，协助家政服务员按家政服务行业规范提供家政服务。此项服务主要适用于老人有服务需求，同时因身心原因需要协助联系家政服务公司并协助接受家政服务者。

1.服务要求

(1)按规范程序确定为社区老人提供家政服务的具备资质的家政服务公司，并与该家政服务公司签订服务协议。具有家政服务资质的居家养老服务单位可以自行为老年人提供家政服务。

(2)社区养老服务单位通过网络或纸质展示等方式，告知为社区老人家政服务的公司名称、服务项目和价格表。

(3)老人或监护人申请，填写家政服务内容、时间、要求和居家养老服务单位的配合、协助方式与内容，商定付费方式。

(4)按约定时间联系家政公司提供服务，工作人员按约定内容协助和监督家政服务人员按服务规范完成服务。

(5)协助者需了解家政服务的流程，做好预约及服务双方的沟通协调，需要入户协助者按入户服务规范执行，服务结束离开时安置好老人，关好门窗。

(6)协助者和为老人服务的家政服务员都须接受为老人服务的培训，掌握为老服务过程中老人安全保护的基本要求。

(7)服务结束，填写服务单，老人确认。

(8)预约下一次服务。

2.服务步骤

(1)老人或家属填写服务申请单，约定服务内容、时间、要求。

(2)按要求预约家政公司,确认有资质的家政服务员。

(3)协助家政服务员入户,按约定要求提供服务。

(4)入户提供协助服务时,在服务过程中与老人沟通,辅助老人接受家政服务。

(5)服务结束,检查物品是否归位,地面是否干燥,通风时避免老人受凉。

(6)填写服务单,老人确认。

(7)安置老人,预约下次服务时间,记录。

3.服务流程

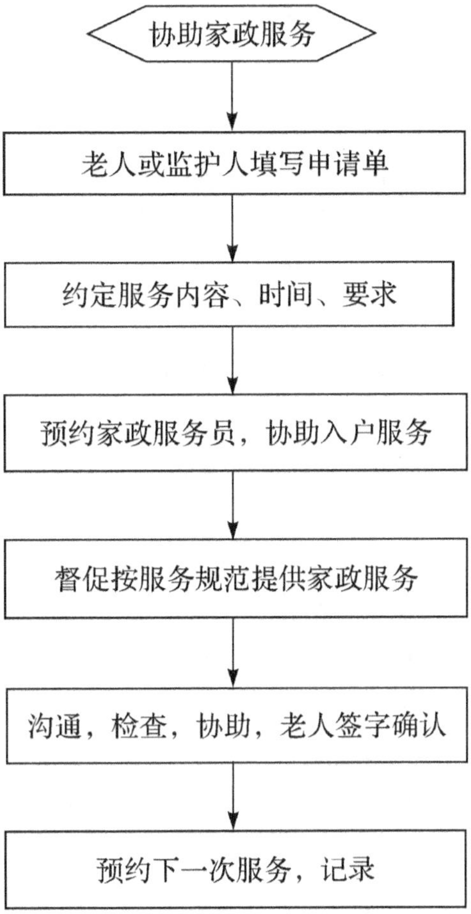

二、居室清洁

居家老年人居室清洁服务主要由家政服务人员提供，此处的居室清洁主要指日间照料中心居室的清洁服务，也适用于居家老人居室的清洁。

1.服务要求

(1)日间照料中心居室每天至少清洁一次，宜安排在老人入托前或晚间离开照料中心时进行清洁，必要时随时清洁。晨间入托前的清洁宜在入托前半小时结束，清洁后开窗通风，保持地面干燥。

(2)清扫与擦拭顺序：采用湿式清扫，从台面到地面，从里到外，从角、边到中间，由床下、桌底到居室较大的地面，依顺序向门口清扫。

(3)定期清洁墙面、玻璃，保持清洁。门窗清洁以安全为前提，可使用加柄之工具，不爬高。

(4)使用清洁剂，先戴手套以保护皮肤。清洁剂用后用清水擦洗干净，特别是桌面等处，减少清洁剂残留，清洁后通风。

(5)避免在老人用餐、治疗护理时进行室内清洁，可以安排老人在另外房间休息，依次进行清洁工作。

(6)地面湿式清洁后，及时用干拖把擦干。日间照料中心等公共场所，湿式清洁地面时，放防滑倒标示牌，预防老人滑倒。

(7)不随意搬动老人室内物品，清洁后及时归位，不搬动大件物体。

(8)选用合适的清洁剂，木质家具不宜用碱水擦拭，金属家具不接触酸碱等腐蚀性洗涤剂，藤、竹、柳家具忌用力拖拉，以免关节松散。

(9)遇老人在日间照料中心去世，或诊断患有传染病而转出后，在医护人员指导下对居室进行终末消毒和清洁。

(10)督促老人不在日间照料中心放置贵重物品和过多的现金，居家老人将钱和贵重物品妥善放置，平时对服务人员进行品德教育。

(11)清洁桌面与墙面、地面的抹布分开使用，清洁居室与厕所的拖把分开使用，用后清洁，晾干，日光暴晒消毒。

(12)清洁结束，通风半小时，登记。为居家老人居室清洁服务结束，与老人确认，签字。

2.服务步骤

(1)按服务要求定时清洁居室。为居家老人清洁居室，老人或监护人填写申请单，约定清洁服务内容、服务时间、社区协助内容等，确认联系人和联系电话，双方签字。

(2)按约定时间和内容预约家政服务公司，按约定的内容入户协调，督促家政服务员按服务规范进行居室清洁，防老人滑倒。

(3)先清洁台面，后清洁地面。

(4)清洁结束，开窗通风。

(5)确认，登记，签字。

3.服务流程

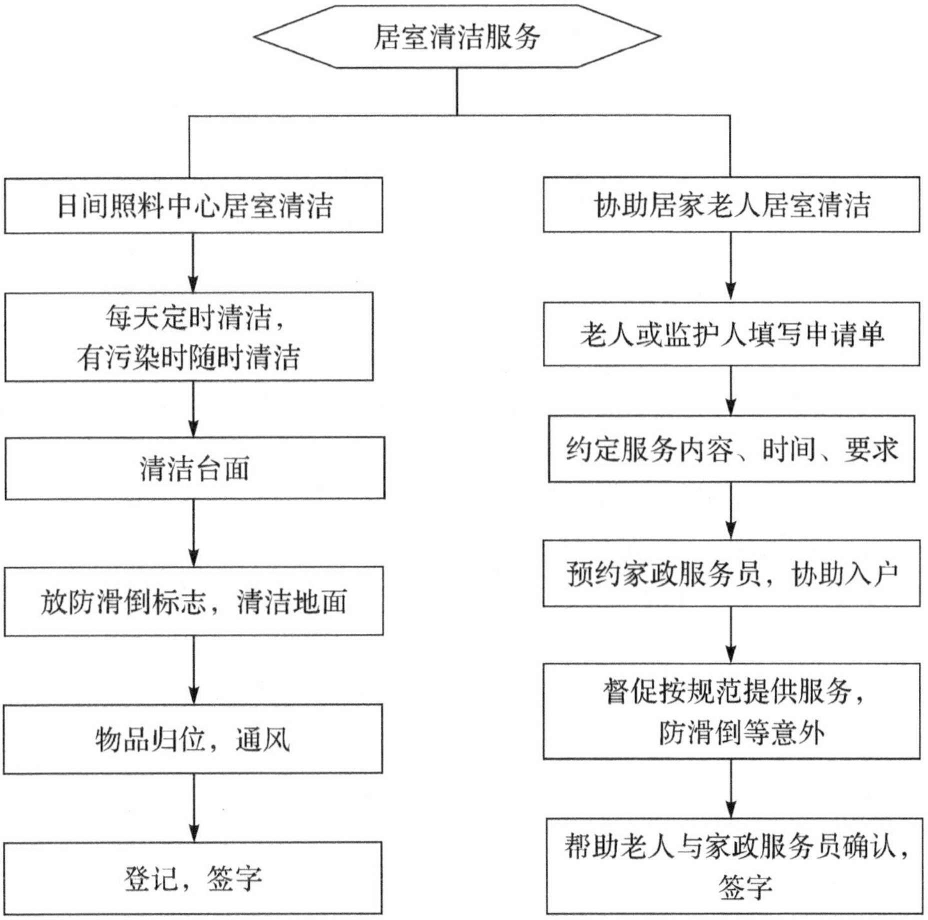

三、厨房清洁

厨房的全面清洁服务主要由家政服务员提供，这里主要指为老人膳食加工服务以后的厨房清洁工作。此项服务适用于：①为居家老人膳食加工后的厨房清洁，包括餐具的清洁；②日间照料中心厨房或者社区老年食堂的厨房清洁。

1.服务要求

(1)为居家老人提供膳食服务，老人或监护人填写服务申请单，约定服务内容、时间及要求。

(2)社区日间照料中心或社区老年食堂须有专人负责厨房清洁管理，制定相应的厨房清洁规章制度，定期检查。老年食堂厨房清洁按食品卫生管理要求执行。

(3)清洁顺序：先清洗碗筷、锅铲，再清洁刀具、砧板、台面、水池，最后清理垃圾、清洁地面。

(4)洗碗抹布应单独专用，抹布用后洗净，晒干。

(5)用温水清洗，尽量避免使用清洁剂，如使用清洁剂，最后要用清水洗净。清洁剂不宜以喷洒方式使用，如进行灶台喷洒清洁，必须先将台面物品如调味品、碗筷、砧板、锅子、食物等移开，防止清洁剂玷污这些物品。

(6)先洗切熟食和蔬菜类的砧板，后洗切生的肉类的砧板。切肉砧板用刷子醮清洁剂清洁，再用清水冲净，砧板竖放晾干。

(7)碗筷、锅、铲、刀具清洗后固定位置放置，晾干，避免积水。老年食堂或日间照料中心使用的公用餐具按规定进行消毒。

(8)垃圾按要求分类整理，每日清空，夏天则在每次膳食加工后即清理，放置于小区垃圾箱内。

(9)地面清洁后，注意及时擦干，避免老人滑倒。

(10)使用清洁剂清洁时，应戴手套保护皮肤。

(11)每次膳食加工后需清洁厨房一次。

(12)居家老人厨房柜子内部物品不进行整理，如需要整理需事先约定。

(13)为老膳食服务人员须接受相应的培训。老人食品加工宜多采取蒸、煮、炖的方式，避免煎、炸的烹饪方式，这样也可有效减少厨房的油污污染。

(14)刀具宜单独清洗，如为失智或精神不正常老人服务，家属或监护人要事先告知，刀具等按约定放置于固定位置并上锁，小心使用，避免损伤。

(15)结束服务时要再次检查并确认厨房内煤气和电源处于关闭状态。

2.服务步骤

(1)老人及监护人填写服务申请单,约定服务内容、时间和要求,互留联系方式。

(2)按约定时间、内容提供服务,按操作规范执行清洁服务。

(3)用温水依次清洗碗筷、锅铲,再清洗刀具、砧板、台面、水池。必要时使用清洁剂清洁,再用清水洗净。用具清洗后放置于固定位置,晾干。

(4)清洗抹布,晒于阳光下。

(5)分类清理垃圾。

(6)清洁地面,地面过湿时用干拖把或抹布擦干,防滑倒。

(7)检查确认关闭厨房内煤气和电源。

(8)填写服务单,记录。

3.服务流程

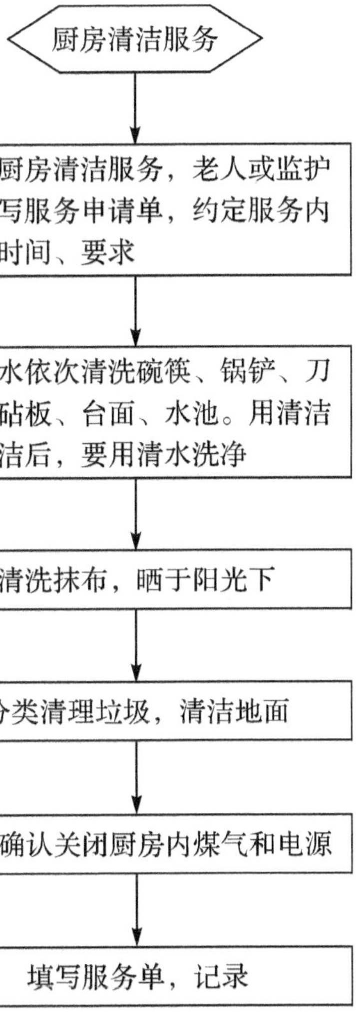

四、厕所浴室清洁

居家老人的厕所浴室的清洁工作主要由家政服务员提供，这里主要是指日间照料中心厕所、浴室的清洁，也可以是为失能、失智的居家老人沐浴、如厕服务后的卫浴设施清洁。此项服务适用于：①日间照料中心厕所、浴室的定期清洁，包括公共浴室的清洁；②接受居家养老服务者的卫浴设施清洁。

1.服务要求

(1)厕所、浴室墙面定期清洁，一般每周清洁一次；台面、地面每天至少清洁一次，一般于沐浴后清洁；如厕后清水冲净，抽水马桶(厕坑)每天清洁一次，污染时随时清洁。

(2)清洁顺序从上到下，先清洁区后污染区(厕坑最后清洁)；先清洁镜面、墙面，再清洁扶手、台面及洗手盆，然后清洁浴缸，最后清洁抽水马桶和地面，清理垃圾。

(3)浴缸、洗手盆可用干净抹布蘸清洁剂清洗，然后用清水冲洗。抽水马桶盖、外立面用抹布擦干净，抽水马桶内面的污垢用专用的刷子蘸专用清洁剂进行刷洗，清水冲洗。每次沐浴后及时清洁地面，注意清理下水道出口外的头发等异物，宜掀开盖子，周边进行刷洗，避免异物堆积产生异味。

(4)清洁抽水马桶(厕坑)内面的刷子放在固定的地方，不接触其他物品，每次刷洗厕坑后用清水冲净。厕所拖把、抹布固定使用，特别是擦洗抽水马桶内面的刷子不得用于刷洗其他地方。

(5)防滑垫每天清洗、检查。

(6)日间照料中心宜有专人管理厕所、浴室的清洁工作，厕所卫生定期巡视，一般每两小时巡视一次，可根据人数的多少规定巡视的时间，保持厕所清洁干燥，防滑倒等意外。

(7)厕所垃圾每天清倒，人多时半天清理一次。

(8)清洁厕坑、接触清洁剂前戴手套，保护皮肤。

(9)镜面湿式擦拭后，用干抹布擦去水渍。

(10)每次清洁时，检查扶手是否牢固，如厕和洗浴标示牌是否完好，有损坏及时报告管理人员，居家服务时及时与老人或家属联系，防设施不稳引起跌倒。

(11)清洁结束，开窗或开排气扇通风，清洗抹布、拖把。

2.服务步骤

(1)询问老人是否有如厕需要，在厕所外挂“清洁中”牌子，打开排气扇。

(2)戴手套,用抹布清洁浴室周围的墙面、扶手、镜面,用干抹布擦干镜面水渍。

(3)清洁台面,清洁洗手盆。

(4)清洁厕所周围的墙面,清洁抽水马桶外立面、盖及坐立面,再用专用刷子蘸清洁剂刷洗抽水马桶内面,用清水冲净。

(5)清洗防滑垫,清理垃圾,清洁并擦干地面。

(6)整理用物,通风。

(7)洗手、登记。

3.服务流程

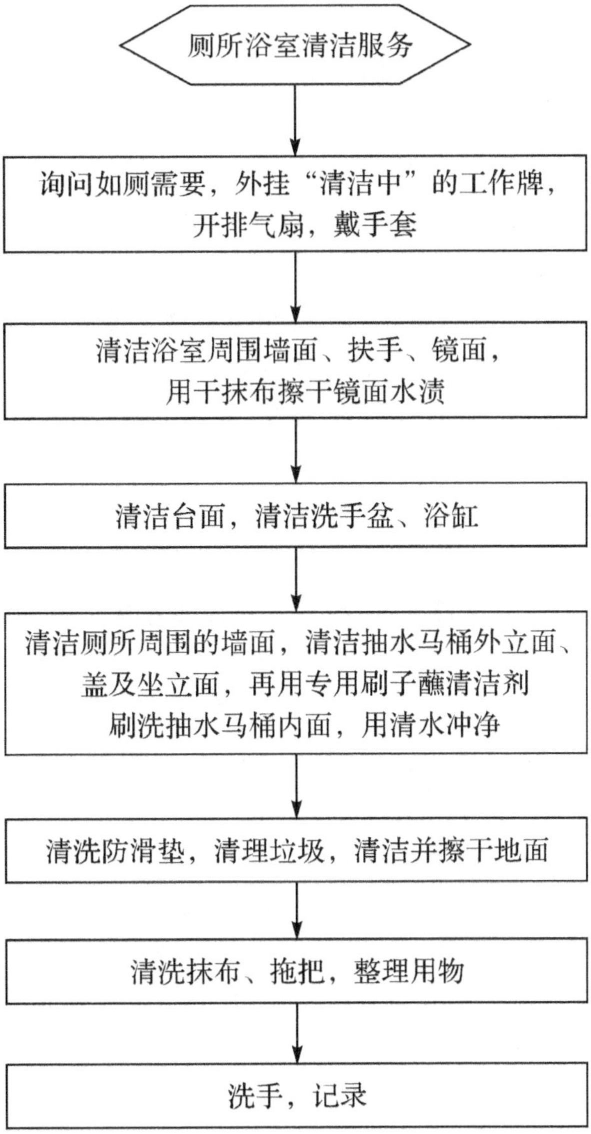

五、衣物清洁

衣物清洁主要是指对为失能老人提供的衣服、被服、毛巾、窗帘等适合水洗的布类物品以及鞋类进行清洗的专项服务，不宜水洗的物品可协助送到专业清洗机构进行清洁。此项服务主要适用于：①日间照料中心的衣物清洁；②居家老人的衣物清洁。

1.服务要求

(1)根据设施条件和人员情况，制订具体的衣物清洁服务目录，标明衣物清洁的内容、方式及价格。

(2)检查衣物数量和破损情况，清理衣袋。根据衣物性质按手洗、机洗进行分类，征求老人或家属意见并进行确认、记录。于日间照料中心清洗需要老人或家属签字确认并做好标记。

(3)内衣内裤、袜子、外衣外裤、被服、针织类衣物分类清洗；褪色衣服单独清洗；真丝、羊绒类高档衣物不宜机洗。不同老人的衣物分开清洗。

(4)先将衣被污渍部分用清洁剂进行刷洗，有呕吐物、排泄物等要先冲洗去除异物再去污渍，然后再机洗。

(5)检查拉链、衣服扣瓣之类，易破损的衣服不宜与之用洗衣机同洗，避免衣服损坏。

(6)根据洗衣机的容量适量清洗，根据衣物性质选择合适的清洗模式。为居家老人清洗衣物，使用不同型号的洗衣机事先要向老人或家属咨询清楚，避免因使用不当而损坏。

(7)手洗时，先将衣服浸湿，使用清洁剂去除污渍，用清水洗净，再绞干晾晒。不宜绞干的衣物可用洗衣机脱水或直接晾晒。

(8)清洗后分类晾晒，易变形的针织衫宜脱水后用合适的衣架挂好晾晒。

(9)有固定的晾晒地点，环境整洁，晾晒时固定好，防风吹落。

(10)晒干的衣服分类、分户整理，必要时进行熨烫，核对送还，签字确认。

(11)日间照料中心的衣物清洁应专人管理，协助送到专业机构干洗时，要选择有资质的机构并有服务合约(见“协助家政服务”)。

(12)注意保护皮肤，手洗时可戴手套，结束后涂润肤霜。

2.服务步骤

(1)老人或家属提出服务申请，检查衣物，清理衣袋，分类。

(2)填写服务单,确认清洗数量、清洗方式及价格,老人或家属签字确认。

(3)日间照料中心集中清洗时,各户各类衣物做好标记,分类、分户清洗。

(4)在固定的安全、整洁环境中正确晾晒。

(5)按户进行分类整理、折叠。

(6)核对归还,签字确认,登记。

3.服务流程

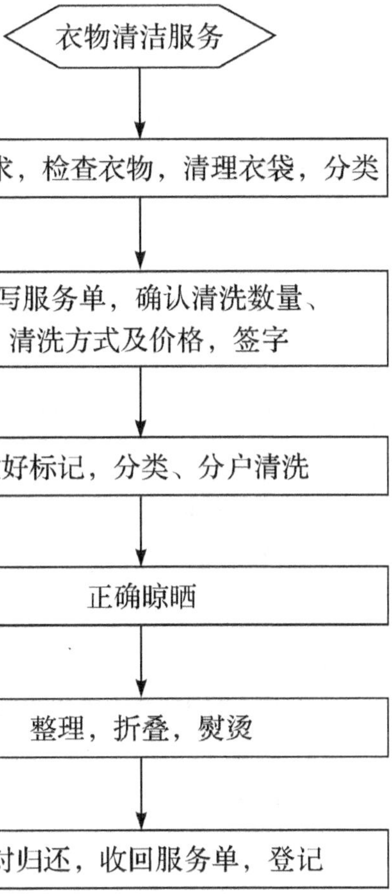

六、布类缝补

布类缝补主要指为社区老人提供的日常生活用品中布类物品的简单缝纫和修补，如修补衣服，缝纫床单、窗帘、布垫，钉纽扣等。此项服务主要适用于：①一般布类物品的简单缝补；②协助失能老人的特殊衣物外送专业机构修补。

1.服务要求

(1)有条件的社区可以配置一定的场地，引进服务人员，添置缝纫机。亦可与周边信誉优良的缝纫店签订服务协议，为社区老人提供服务。

(2)日间照料中心根据自身条件制订服务项目，服务目录于社区公示。日间照料中心根据服务内容提供服务，满足老人布类缝补需求。

(3)检查需要缝补的物品，结合设施和人员条件，与老人或家属沟通，确认缝补内容、完成时间等。

(4)社区无法完成的缝补，可以帮助送到专业机构进行修补，做好价格和具体服务方面的对接，特别是一些高端的衣物修补，注意协助老人与服务机构沟通，避免不必要的纠纷。生活自理的老人外送衣物修补，尽量让老人及家属自行执行。

(5)老人因视力等原因，简单的修补、钉纽扣等针线活无法完成，日间照料中心亦可以组织志愿服务人员为居家老人提供相应的服务，也可以通过组织、管理社区互助组织，为老人提供相关服务。

(6)由志愿者、互助组织提供的服务，按相应的管理要求做好相关服务信息的记录，以促进志愿服务、互助服务的持续开展。

(7)剪刀、针和有关设施专人管理，特别是日间照料中心有失智或精神失常老人时，做好相应的安全管理。

2.服务步骤

(1)设有专项的服务区域，设立专职的服务人员或者管理人员，列出并展示布类缝补服务的服务目录。

(2)检查需要缝补的布类物品，与老人沟通，明确服务内容、要求和完成时间，填写服务单，签字确认。

(3)按要求进行缝补，如通过志愿者或者互助组织完成的，按照服务内容联系有相关特长的人员，按约定时间来完成服务。

(4)检查完成情况，核对服务单。

(5)按约定时间，交还衣物，签字确认。

(6)记录。

3.服务流程

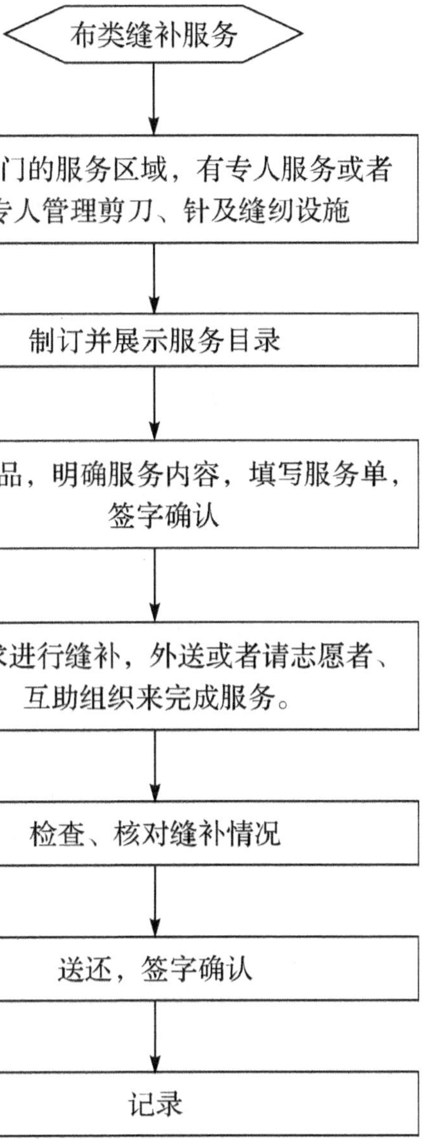
布类缝补服务
设立专门的服务区域，有专人服务或者有专人管理剪刀、针及缝纫设施
制订并展示服务目录
检查物品，明确服务内容，填写服务单，签字确认
按要求进行缝补，外送或者请志愿者、互助组织来完成服务。
检查、核对缝补情况
送还，签字确认
记录

七、小物件维修

小物件修理服务是指为老人提供家用小物件的修理、更换服务，如更换灯管、挂画框、拧紧螺丝等。此项服务主要适用于：①一般家用小物件的简单维修；②协助失能老人外请专业人员修理家用物件。

1. 服务要求

(1)设专人管理，可根据自身条件，或者通过管理社区志愿服务组织、社区互助组织为老人提供家用小物件维修服务。

(2)可与信誉良好的专业维修服务机构签订服务协议，为所在社区老人提供优质服务。

(3)根据自身条件和实际情况制订并展示服务目录，列出经过确认的维修服务机构的联系方式，供老人自行选择。

(4)大型的家用电器、家具类的维修，特别是保修期内的物品，帮助老人联系该品牌维修商，并协助老人保留好维修记录。不随便联系没有经过确认的维修单位，避免发生不必要的纠纷。

(5)由志愿者、互助组织提供的服务，按专业特长分类管理，按相应的管理要求做好相关服务信息的记录，以促进志愿服务、互助服务的持续开展。

(6)如需要联系专业人员上门维修服务，做好联系、协调入户及维修过程帮助、维修效果确认等工作。

2. 服务步骤

(1)根据自身条件设立专职的服务人员或者管理人员，列出并展示服务目录、专业维修机构及联系电话。

(2)检查需要维修的物件，与老人沟通，明确服务内容、要求和完成时间，根据物件及维修服务要求确认是外送维修还是入户维修，填写服务单，签字确认。

(3)按要求进行维修，如通过志愿者或者互助组织完成的，按照服务内容联系有相关特长的人员，按约定时间来完成服务。

(4)检查确认维修效果。

(5)按约定时间，交还物品，签字确认。

(6)记录。

3. 服务流程

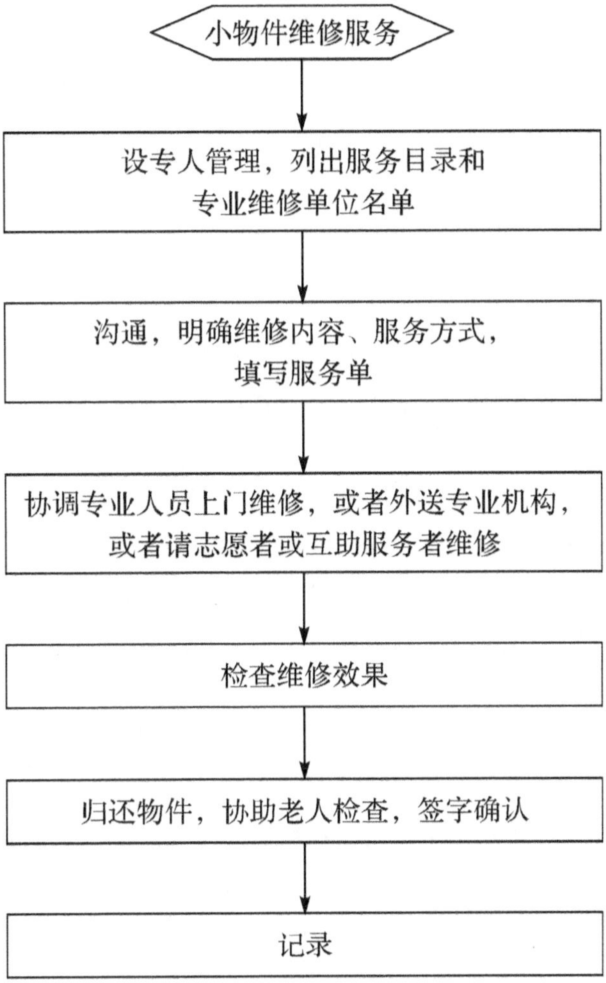
小物件维修服务
设专人管理，列出服务目录和专业维修单位名单
沟通，明确维修内容、服务方式，填写服务单
协调专业人员上门维修，或者外送专业机构，或者请志愿者或互助服务者维修
检查维修效果
归还物件，协助老人检查，签字确认
记录

八、代购物品

代购物品主要是指为居家失能老人购买家庭常用物品，如食物、日常用品。此项服务主要适用于：①失能老人常用物品购买；②为有需要的社区人员代购特定商品。

1.服务要求

（1）设专人管理，根据实际条件，制订并展示代购物品的服务目录、代购物品清单及代购要求，写明服务细则，是先付费后购物还是先购物后付费，长期服务者是每次付费还是按月结算等。

（2）老人或家属提出代购申请，与老人和家属做好沟通，详细了解、确认要购买的物品名称、品牌、价格、式样、颜色和质量等要求，填写服务单。长期的购买服务，如为失能老人提供膳食购买服务等，需要与老人或家属签订相应的服务协议。

（3）社区服务机构自身有相应的商品供应，代购时要与老人交代清楚，说明价格、品质及同类产品比较情况等。

（4）代购物品要到正规市场和商场购买，不在路边小贩、菜场临时摊位等质量没有保障的地方代购商品，避免纠纷和引起不良后果。

（5）代购的物品及时送达老人手中，易碎物品避免碰撞，食品类注意避免高温环境下存放，防变质，交接时双方检查确认。

（6）保留电脑付费小票和发票，与代购物品一同交给老人。大额的代购服务宜留存相应的发票复印件或照片。

（7）代购食品是老人常见的需求，服务人员要经过一定的培训，应懂得食品营养的基本知识，具备指导老人均衡膳食的能力。

（8）大件物品代购事先签订协议，钱物交接做好签字确认，避免不必要的纠纷。

2.服务步骤

（1）结合实际情况和社区需求，制订并展示代购物品的服务目录。

（2）老人或家属提出代购申请，沟通代购物品的详细信息，填写代购服务单和要求，长期代购服务者签订代购协议。

（3）按代购清单于正规场所代购有质量保障的物品，保留电脑付费小票和发票。

（4）及时将代购物品与发票送达老人手中，检查，签字确认。

（5）登记并保留相应的购买信息，必要时保存发票复印件或照片。

3.服务流程

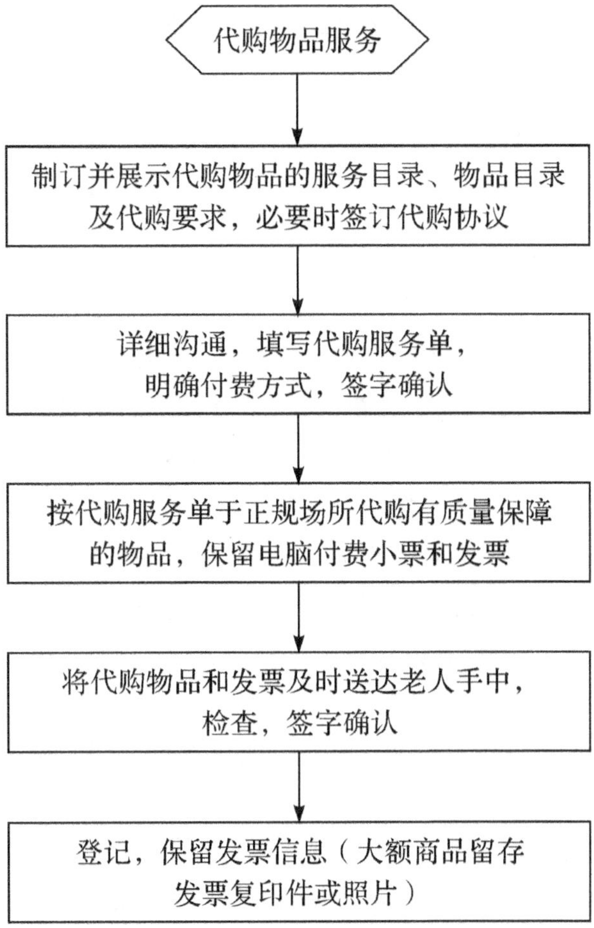
代购物品服务
制订并展示代购物品的服务目录、物品目录及代购要求，必要时签订代购协议
详细沟通，填写代购服务单，明确付费方式，签字确认
按代购服务单于正规场所代购有质量保障的物品，保留电脑付费小票和发票
将代购物品和发票及时送达老人手中，检查，签字确认
登记，保留发票信息（大额商品留存发票复印件或照片）

九、居家膳食加工服务

居家膳食加工服务主要指为失能老人加工、烹饪食物，以满足老人营养需求。此项服务主要适用于：①失能老人居家膳食加工；②依托老年食堂的居家老人膳食加工。

1.服务要求

(1)根据自身条件，设立专人专项服务，制订并展示相应的膳食加工服务目录。

(2)膳食加工服务一般依托老年食堂，也可以以日间照料中心为依托提供服务。服务人员经过培训并取得相应的服务资格，较好地掌握老人营养知识和烹饪技术，能够根据老人身体状况和生活习惯加工食物，具备一定的营养指导能力。

(3)与老人或家属沟通，商定膳食加工服务的内容和要求，明确膳食加工方式、口味及老人的膳食习惯，填写膳食加工服务单，长期需要服务者签订协议。

(4)膳食加工前后及过程中要与老人充分沟通，如老人身体许可，尽量让老人参与加工过程，以愉悦身心、增进食欲。

(5)按照食品卫生要求加工食物，加工前洗净食材，餐具、砧板清洁，生熟食物分别加工和保存，食物煮透。

(6)老人的食物加工尽量避免油炸、煎炒，尽量选择炖、煮、蒸的方式加工。老人的食物宜软和清淡，高龄老人尽量避免带刺、带骨的食物，尽量避免大块状、过于黏稠和粗糙的食物。

(7)在尊重老人饮食习惯的基础上对不良的饮食习惯进行引导。食物不过咸，食物加工尽量不放糖、味精等添加剂，糖尿病患者禁用食用糖。对于嗅味觉功能下降老人，可根据老人的习惯增加醋、姜、蒜、葱等调味品，喜辣者可用新鲜的辣椒调味，避免刺激性强的辣油。

(8)食物多样化，加工量不过多。

(9)食物加工结束，按商定的服务内容清洁厨房。

2.服务步骤

(1)根据膳食加工服务目录，老人或家属提出申请，商定膳食加工内容和时间，填写膳食加工服务单。

(2)服务人员按约定时间、地点为老人提供服务，根据提供的食材为老人加工膳食。

(3)对膳食原材料进行清洗，进一步与老人沟通食物加工要求和征求当前老人的需求，尽量协助老人参与膳食加工过程。

(4)正确烹饪食物，协助老人品尝，征求对食物性状、口味的满意情况，作适当调整。

(5)烹饪结束，按商定内容清洁厨房，老人签字确认。

(6)登记服务情况。

3.服务流程

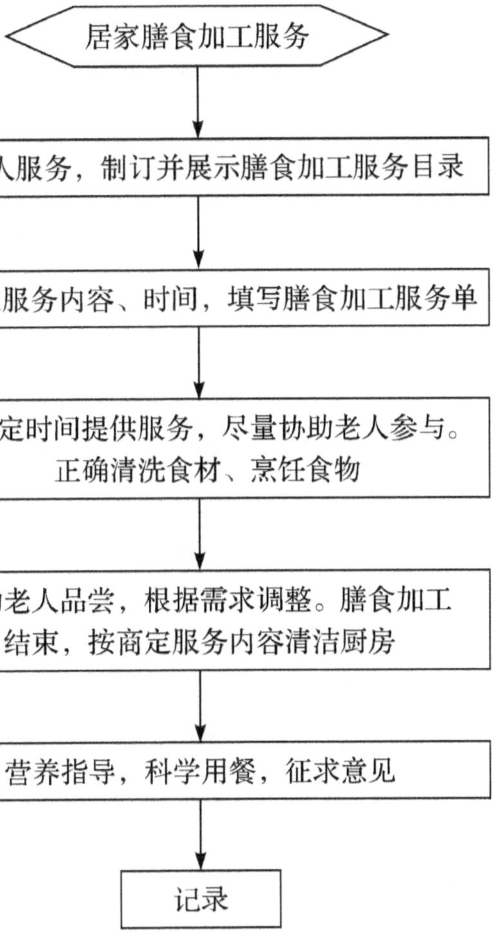

(唐浥云　郭莎莎　陈雪萍)

第六部分　老年食堂服务规范

一、食材采购

食材采购主要是指社区老年食堂的食物采购，包括日间照料中心老人膳食的食材采购，也可以接受社区老人的委托，代购食材。此项服务主要适用于：①社区老年食堂的食材采购；②日间照料中心需要的食材采购；③接受居家失能老人委托，代购食材。

1.服务要求

(1)设专人管理，一般要求两人一起采购(如超市等地采购，也可一人执行)。食材采购人员接受有关老人营养与膳食服务的培训。

(2)社区老年食堂和有膳食加工服务的日间照料中心宜配专职或兼职的营养师，亦可由其中的医护人员兼任，也可以以一定方式由该社区卫生服务中心的专业人员兼任。

(3)根据季节和当地食品市场情况，由营养师制订老年食堂一周食谱。按照食谱，结合当天膳食供应和预约情况，由厨师确定第二天的食材采购品种和数量，填写食材采购清单。居家老人的食谱可由家庭医生帮助制订。

(4)采购人员根据厨师定下的食材采购清单，于正规的菜场、食品市场或者超市采购食材，不得在路边小摊贩或不正规的菜场采购食材。保留采购的付费小票。采购时可根据具体情况适当调整品种，必要时与厨师及委托者电话沟通。

(5)注意采购食材的品质，以保证食品安全。尽量选择当天上市的新鲜蔬菜和豆制品类；尽量采购当天上市检疫合格的肉类食物，根据眼观和气味避免采购变质的肉类；采购活的河鱼、河虾；注意新鲜程度，避免采购保存时间久和变质的海鱼；尽量采购当天上市、有品牌的半成品类食材；熟食类特别要留意生产日期和保质期，真空保装失去真空状态者不得购买；生与熟的食材、蔬菜与肉类、鱼虾类食物分开盛装，避免混装在一起。

(6)一般于早晨采购食材。夏天采购食材，如路途较远，不宜在室外、车内等高温环境中放置过久，注意冷藏保存。

(7)为老人代购食材,要与老人充分沟通,填写代购清单,购买后按时送达老人手中(详见“代购物品”)。

(8)避免采购发芽发青土豆、发霉粮食、新鲜黄花菜、不知名的野蘑菇等食材,蔬菜特别是夏天的蔬菜要注意采购经过农药残留检测合格的产品,预防食物中毒。

(9)食材新鲜食用,蔬菜当天采购,冷冻食材注意按时间有序放置,避免存放过久。

(10)有条件的地方可以通过网络平台配送食材,但要选择确认的品牌产品,留下采购凭证,长期配送要签订配送协议。

2.服务步骤

(1)由营养师制订一周食谱,厨师结合膳食销售和预约情况填写第二天食材采购清单。老人个人委托代购者填写代购清单。

(2)采购人员与厨师和委托代购者进行沟通确认,携采购清单、代购清单至正规的市场或超市逐一购买合格的食材,保留付费小票。

(3)分类盛装,及时送回,蔬菜避免重压,避免在高温环境中放置过久。

(4)采购回来的食材按食材性质和中晚餐不同餐次进行分类放置,冷藏保存。代购食材清单送达老人手中。

(5)登记购买信息。

3.服务流程

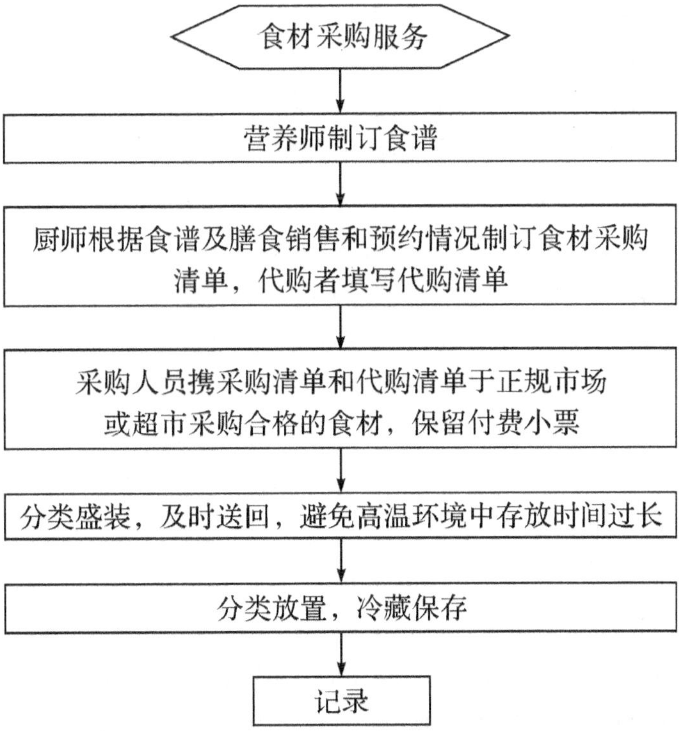

二、食堂膳食加工

食堂膳食加工服务主要是指社区老年食堂或者日间照料中心为老人进行膳食的加工和烹饪服务。此项服务主要适用于:①老年食堂或者具备条件的日间照料中心的膳食加工服务;②依托老年食堂或日间照料中心为居家老人送餐的膳食加工服务。

1.服务要求

(1)按国家食品安全法及食品经营许可管理办法等合法经营、管理老年食堂,为老人提供膳食服务。设有专职或者兼职的食品安全管理人员,建立保证食品安全的规章制度、定期食品安全知识培训制度。

(2)执行健康管理制度,从业人员必须经过体检合格后持证上岗,并每年体检一次。

(3)根据食谱准备食材及量,食品原料先检查再清洗后烹饪加工。动物性食物发现有腐败变质迹象或其他感官性状异常的,不得加工和使用;植物性食物先挑去老叶、腐叶。在烹饪前洗净,动物性、植物性、水产品等不同食品原料分池清洗,禽蛋在加工前应对外壳进行清洗。清洗和盛装蔬菜、肉类、水产等不同类别食材的水池和容器做好标记,用后清洗,定期消毒。

(4)植物性食物洗净泥土等异物后,宜用清水再浸洗几次,不提倡使用清洁剂清洗,如使用则要选择对人体无毒无害的清洁剂,用清水洗净。

(5)蔬菜、水果洗后再切,切后马上加工,以免营养素流失。

(6)凉拌食物清洗后晾干,在专用的清洁砧板上加工,加工前先洗手,适当加醋、蒜,有利于杀菌。切生肉类和熟食类食材的砧板分开使用,用后彻底洗净。

(7)接触生的肉类、水产类食材后再接触成品、半成品食物前要洗手,操作过程要避免容器的相互污染,防止待加工食品与直接入口食品、原料与成品交叉污染。

(8)食物烹饪符合老人需求(详见“居家膳食加工服务”)。

(9)分类加工,需炖、煮、蒸的食物先加工,炒的食物和蔬菜后加工。盛装膳食的容器干净、干燥,每次用后清洗、消毒、晾干,置于清洁的专用柜中备用。

(10)公用碗筷用后清洗、消毒、晾干,也可以根据条件由专门的具有相应资质的机构提供清洁、消毒的碗筷。

(11)膳食加工尽量避免使用添加剂和调味剂,老人的膳食以清淡少盐为主。在满足老人对食物色香味的基础上,引导老人建立健康的饮食习惯。

(12)膳食加工结束,做好厨房的清洁工作。

2. 服务步骤

（1）根据食谱，与厨师沟通，准备食材。

（2）检查食材，挑除不宜食用的部分，分类清洗肉类、蔬菜、水产等食材。

（3）根据烹饪的方式，对食材进行分类粗加工。

（4）协助厨师科学烹饪符合老人需求的膳食。炖、煮、蒸的食物先加工，炒的食物和蔬菜后加工，注意食物保温。

（5）清洗水池和盛装食材的容器，消毒，晾干，烹饪后清洁厨房。

（6）记录。

3. 服务流程

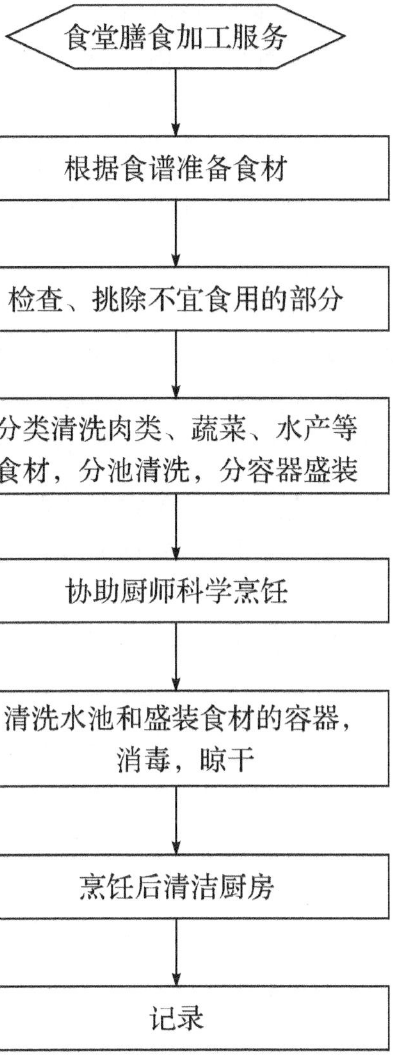

三、就餐服务

就餐服务主要是指老年食堂的集体就餐服务，也包括其他场所的老人集体就餐服务。就餐服务主要适用于：①社区老年食堂的老人就餐服务；②日间照料中心的就餐服务；③其他场所的老人集体就餐服务。

1.服务要求

(1)提前公示一周食谱，及时挂出当天膳食告示牌。

(2)按规定时间开窗就餐，避免随意更改就餐时间，以免给老人造成困惑。

(3)保持就餐环境清洁，光线明亮，台面、桌面、地面无污渍、无灰尘，室内无蛛网、无苍蝇蟑螂，就餐半小时前结束环境清洁工作，通风。

(4)工作人员洗手，穿好工作服，直接接触食物者戴好帽子、口罩，注意个人卫生，避免在窗口的膳食服务中有挖鼻子、擤鼻涕、掏耳朵等不良习惯，接触不洁物体后要洗手。

(5)工作人员提前5～10分钟到岗，准备好就餐前的工作。

(6)就餐期间要安排专业人员现场值班和巡视。①维护秩序，营造安静、有序的就餐环境；②协调老人就餐，避免就餐期间发生争执、生气等不良事件；③如有汤水倒地，及时用干拖把拖干，防滑倒意外；④不焦急进食，预防噎食、误吸等就餐意外；⑤处理就餐意外事件；⑥收集老人意见，反馈提升膳食服务水平。

(7)日间照料中心老人用餐半小时前，协助老人如厕，清洁室内环境。就餐期间专业人员做好巡视。

(8)及时清理餐桌台面，残羹剩菜倒于专用的桶内，用清洁抹布擦拭，以方便后面的老人用餐。

(9)就餐结束，彻底清洁餐桌和就餐环境，如油污重，则先用洗洁精清洁，再用清水洗净。餐具、用具按规定清洁、消毒。

(10)至少每月检查餐桌、餐椅及餐厅内扶手等情况，保持完好无破损，如有破损及时修理。

(11)社区老年食堂宜有统一的标志，地面铺设应当采用防滑材料，设置无障碍设施和通道，避免用餐时老人滑倒。

2.服务步骤

(1)提前公示一周食谱，挂出当天膳食告示牌。

(2)就餐半小时前清洁就餐环境。做好个人卫生，洗手，穿好工作服，戴好帽子、口罩。

(3)提前5～10分钟工作人员及现场巡视的专业人员到位，按时开餐。

(4)维持良好的就餐环境，愉快进食，防意外。保持地面干燥，防滑倒；有序排队，防碰撞跌倒；细嚼慢咽，防噎食、误吸，避免过饱；协调有序进餐，防争执、生气等意外。

(5)指导老人就餐，专业人员开展膳食指导，同时收集老人对膳食的意见，提升服务水平。

(6)清理餐桌，清洁环境。

(7)记录。

3.服务流程

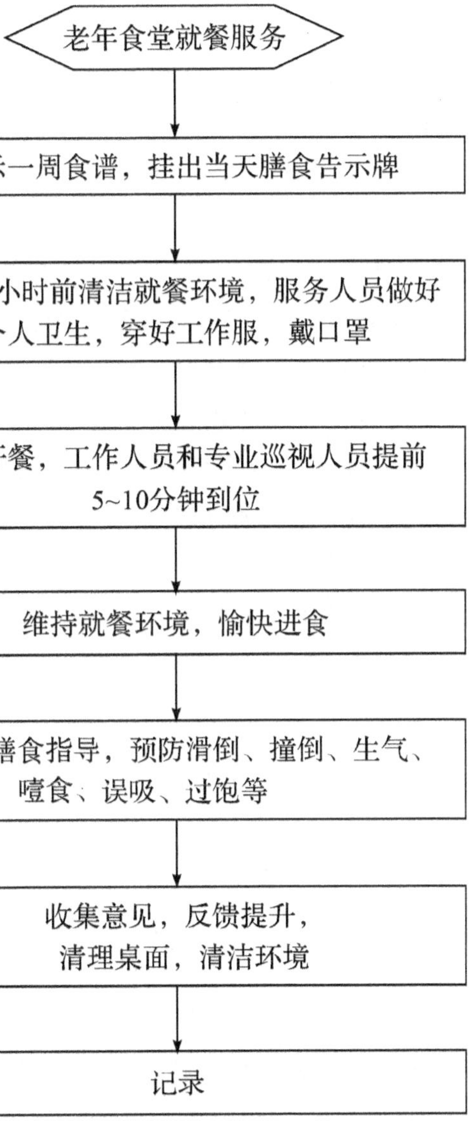

四、订餐服务

订餐服务主要是指依托社区老年食堂为辖区老人提供的预订膳食服务，可以是按照食堂本身的一周食谱来进行预订，也可以根据老人自身需求预订特色膳食。订餐服务主要适用于：①居家老人预订个人膳食，可以于老年食堂内用餐，也可以送餐至老年人家里；②日间照料中心老年人预订用餐服务；③有条件的老年食堂也可以接受老年人集体用餐的预订。

1.服务要求

(1)社区老年食堂根据自身条件，制订订餐服务内容，公示服务目录。

(2)设专人管理订餐服务，订餐人员应接受营养知识和老年人膳食服务的培训，能为老人提供膳食指导，有条件者可由营养师兼任订餐工作。

(3)绘制食堂自身加工的膳食图片并能及时更新，以方便老人订餐时直观地选择，有条件者可通过网络订餐。

(4)食堂公示一周食谱。根据社区条件尽量按食谱接受预订，特殊订餐要及时与厨师和食材采购人员沟通，并需要提前一天以上预订。

(5)帮老人订餐，特别是集体用餐的预订，需要与之充分沟通，定好用餐时间和食材数量、品种、忌口及预案等，协商价格，填写预订清单。

(6)没有社区食堂而需要帮助老人订餐者，要到正规的有质量保证的膳食服务单位购买，社区可以提供主要的餐饮服务单位清单，供老人选择。

(7)日间照料中心老人用餐，一般由工作人员统一预订。

(8)尊重老人的饮食生活习惯，订餐时根据老人身体及患病状况，指导老人采取健康膳食。

2.服务步骤

(1)老年食堂根据自身条件制订并展示订餐服务目录，公示一周食谱，提供膳食图谱。

(2)老人提前一天以上通过电话、网络或者当面预订用餐，沟通确认用餐时间、方式及膳食种类、数量、烹饪方式和是否送餐等，填写预订清单。同时提供膳食营养指导。

(3)整理第二天的预订数量，对于较早预订者、特殊膳食预订者、集体预订者等再联系确认，确定购买食材数量和品种。特殊情况与厨师和采购人员沟通确认。

(4)当天一一核对预订清单，按要求加工膳食。

(5)提供膳食服务,征求意见,反馈提升。

(6)记录。

3.服务流程

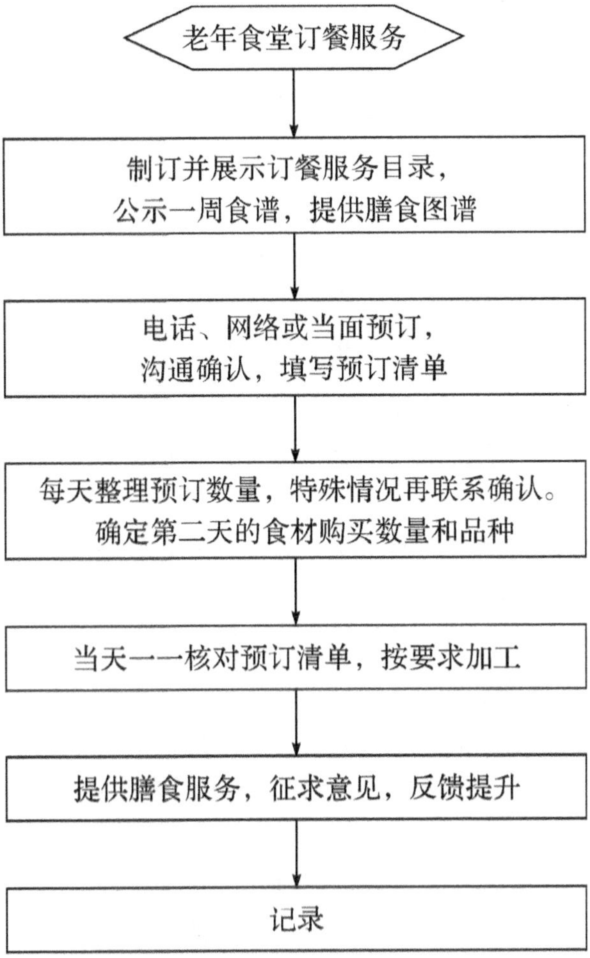

五、送餐服务

送餐服务主要是指依托社区老年食堂为居家老人提供膳食服务。送餐服务主要适用于:①居家失能老年人或者因病因伤等需要送餐服务者;②日间照料中心老人。

1.服务要求

(1)制订并展示送餐服务目录。一般来说,送餐服务是在订餐服务的基础上提供。按订餐服务规范提供订餐服务。

(2)设专人管理送餐服务,送餐服务人员要经过老人膳食服务、入户服务等知识培训,如服务范围涉及协助进餐或喂食,也要经过专门的培训。

(3)老人或家属提出送餐服务,沟通确认送餐时间、地点、联系电话和其他要求,填写送餐服务单。

(4)尊重老人的饮食习惯,高龄老人、失能失智老人建议不订带骨带刺、过于粗糙、大块状、过于黏稠的食物。

(5)尽量避免使用一次性餐盒,用统一的清洁、无毒容器盛装食物,注意食物保温。不同食物分装,加盖送餐。

(6)送餐人员统一着装,保持个人卫生和着装整洁。

(7)送达时敲门确认,根据商定的服务要求送餐入户,协助老人用餐,收回送餐容器。

(8)征求老人意见,预约下次订餐、送餐服务。

(9)送餐信息保密,单位和送餐员都不得随意泄漏老人信息。

2.服务步骤

(1)老人或家属预约送餐服务,沟通确认送餐的膳食种类、数量、烹饪方式及送餐时间、地点、联系方式和是否协助进餐等信息,填写送餐服务单。

(2)核对送餐信息,按预订要求用清洁容器分装食物,加盖。

(3)送餐员统一着装,洗手,仪表整洁。

(4)按约定时间送餐至老人家中,敲门确认后入户。

(5)协助老人用餐,征求老人意见,签字。

(6)收回送餐容器,记录。

3. 服务流程

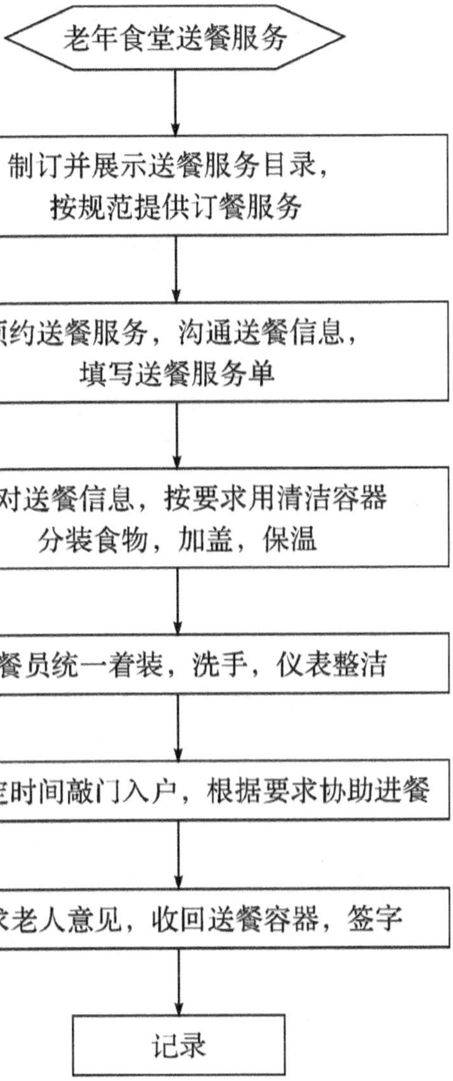
老年食堂送餐服务
制订并展示送餐服务目录，按规范提供订餐服务
预约送餐服务，沟通送餐信息，填写送餐服务单
核对送餐信息，按要求用清洁容器分装食物，加盖，保温
送餐员统一着装，洗手，仪表整洁
按约定时间敲门入户，根据要求协助进餐
征求老人意见，收回送餐容器，签字
记录

六、膳食服务意外事件预防

膳食服务意外事件预防是老年食堂的一项附加服务，由于老年人咀嚼功能下降、吞咽协调性变差，容易发生误吸、噎食等意外，老年食堂应具备提供相应服务的能力。膳食服务意外事件预防主要针对社区老年食堂的场景提出，也适用于任何老人就餐的单位。

1.服务要求

(1)设立预防老人膳食服务意外事件的规章制度和定期培训制度，所有膳食服务人员都必须接受培训。

(2)定期培训和考核员工的相关预防知识和技能：①老人容易发生噎食、误吸的原因；②噎食、误吸的表现；③噎食急救；④老人跌倒的危害；⑤老人生气、激动的危害；⑥膳食服务过程中的沟通与噎食、误吸、争执、心脑血管意外、跌倒、烫伤等预防；⑦鱼刺、骨头碎片卡住的危害与预防等。

(3)餐厅有相应的科普教育内容展示，可以是墙面文字或图片，也可以利用现代信息科技手段播放科普教育片，或者提供宣传资料。

(4)食材购买、膳食加工、烹饪、订餐、送餐及其他服务过程中体现预防意识，服务人员能指导老人采取健康饮食。

(5)就餐期间有专业人员巡视，该人员能熟练掌握进食意外的应急处理技术。

(6)餐厅桌椅、扶手稳固无破损，无障碍通道通畅，地面干燥防滑。

(7)制订膳食服务意外事件的应急处理预案，餐厅公示社区医生联系电话及“120”电话，方便紧急情况下联系。

2.服务步骤

(1)设专人管理，制定膳食服务意外事件预防的规章制度和培训制度。

(2)提供膳食服务意外事件预防的培训手册，定期对员工培训和考核。

(3)在餐厅合适位置，利用墙报、图片、电视播放或者宣传资料开展科普教育，向接受膳食服务的老年人宣传相关预防知识与应急救护措施。

(4)预防措施实施：就餐期间设有专业人员值班、巡视，就餐秩序良好；地板防滑，扶手、餐桌、座椅定期检查并记录；有就餐情况记录本，有膳食服务相关事件反馈制度等。

(5)记录相关事件。

3.服务流程

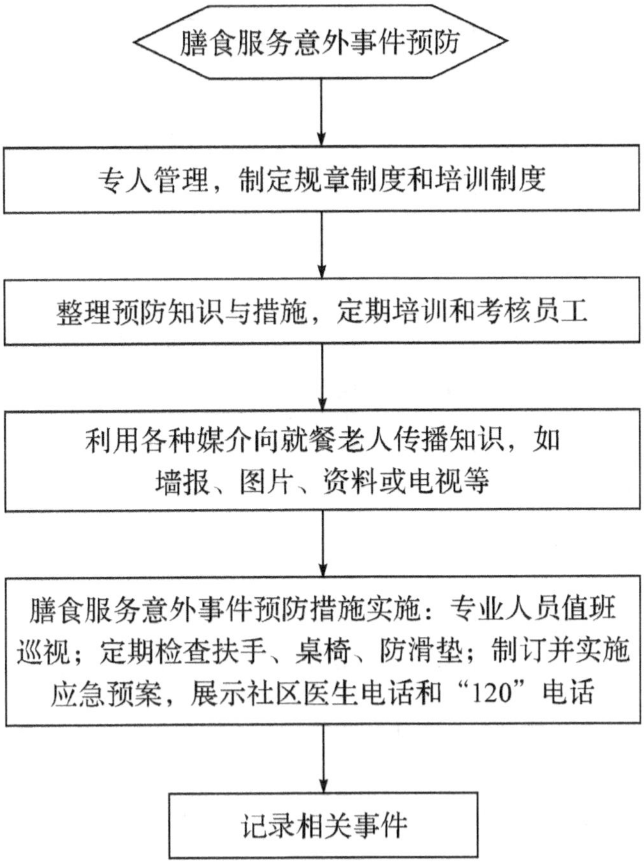
膳食服务意外事件预防
专人管理，制定规章制度和培训制度
整理预防知识与措施，定期培训和考核员工
利用各种媒介向就餐老人传播知识，如墙报、图片、资料或电视等
膳食服务意外事件预防措施实施：专业人员值班巡视；定期检查扶手、桌椅、防滑垫；制订并实施应急预案，展示社区医生电话和“120”电话
记录相关事件

附 6-1　社区老年食堂食品卫生要求

(1)膳食加工场所及就餐环境整洁，与社区垃圾存放地及厕所有一定距离，有相应的碗筷等消毒设施，有较好的盥洗、采光、照明、通风、防尘、防蝇、防鼠、防虫、洗涤等设备、设施。有冷藏、冷冻柜，并有明显标志。

(2)做到原料、半成品、成品严格分开，不得在同一冷藏室(柜)存放。

(3)霍乱、细菌性和阿米巴痢疾、伤寒和副伤寒、病毒性肝炎(甲型、戊型)、活动性肺结核、化脓性或者渗出性皮肤病等疾病是有碍食品安全的疾病，患病人员不得从事接触直接入口食品的工作。

(4)食品原料、食品添加剂应当分类、分架存放，距离墙壁、地面均在 10 厘米以上，并定期检查，使用应遵循先进先用的原则，变质和过期的食品、食品添加剂应及时销毁。

(5)贮放食品的容器均应在消毒清洁后使用。贮存食品的容器、工具和设备应当安全、无害，保持清洁，防止食品污染，并符合保证食品安全所需的温度、湿度等特殊要求，不得将食品与有毒、有害物品一同贮存。

(6)食品贮存场所、设备应当保持清洁，无霉斑、鼠迹、苍蝇、蟑螂，不得存放有毒、有害物品(如杀鼠剂、杀虫剂、洗涤剂、消毒剂等)及个人生活用品，避免食品与有毒物、不洁物相混。

(7)加工食品和膳食服务时应保持个人卫生，洗净双手，穿戴清洁的工作衣、帽，盛放、接触食品的容器、工具和设备应当无毒、清洁。

(8)加工用工具、容器、设备必须定期清洗，保持清洁，刀、砧板、盆、抹布等直接接触食品的加工用具、容器用后必须彻底消毒。

(9)如餐具清洗、消毒送外包服务单位处理，要选择具有资质的服务单位，应当具备相应的作业场所、清洗消毒设备或者设施，用水和使用的洗涤剂、消毒剂应当符合相关食品安全国家标准和卫生规范等。

(10)餐具、饮具和盛放直接入口食品的容器，使用后应当洗净、消毒并晾干，使用前无积水和污渍，炊具、用具用后应当洗净，保持清洁。

(刘会　唐浥云　陈雪萍　竺愿)

附 6-2　噎食急救与预防科普图片

附 6-3 误吸预防科普图片

第七部分　意外事件预防与应急处理的服务规范

一、跌倒预防

老年人因身体功能衰退、平衡能力下降而容易发生跌倒，也容易因跌倒而发生组织损伤、骨折甚至危及生命，跌倒预防是老年人自身和所有为老年人服务的单位及个人都必须重视的重要内容。这里主要从日间照料中心角度叙述预防老年人跌倒，也适合其他老年服务机构。

1.服务要求

（1）为老年人服务的房屋设计符合《老年人建筑设计规范》和相关行业标准。

（2）结合当地条件及社区老年人情况，按国家《社区老年人日间照料中心建设标准》配置日间照料中心用房（生活服务用房、保健康复用房、娱乐用房及辅助用房）。相关安全设施符合标准，室内通道及床（椅）距适合轮椅通过；地面特别是卫生间、洗浴间的地面防滑；照明良好，温度适宜；过道、卫生间、浴室安装合适的扶手。

（3）设专人管理安全问题，制定安全管理规章制度、定期检查制度、定期员工安全知识培训制度。所有的安全设施至少每月检查一次并记录，平时每天巡查，发现异常及时维修。

（4）根据服务范围，结合机构内部安全设施、服务规范，梳理跌倒预防的知识点，必要时整理成册，作为员工培训和社区健康教育的资料。

（5）跌倒预防措施落实：安置醒目的防滑或防跌倒的警示标志；室内、过道、楼道间光线充足；地面平整、干燥、无障碍物；过道、卫生间、浴室扶手稳固，防滑设施良好；老年人衣服、鞋袜合适防绊倒；助行设施完好无损坏，刹车灵敏，安全带正常；床脚固定，床栏无损坏；按照服务规范为老年人提供服务；对于视力障碍、高龄、部分失能失智等跌倒高风险老年人活动宜专人扶持；起立宜慢，预防直立性低血压；活动柔和，避免爬高、跳跃及突然转身等运动；保持呼叫设施畅通，如有社区智慧养老服务信息平台，要保持终端信息服务的畅通。

（6）通过各种不同的传播途径对跌倒预防知识进行普及，如社区电视、墙报、宣传资料等，创新传播方式与策略，提高传播效果。机构内有预防跌倒的宣传图片或资料。

(7)对接受服务的老年人进行跌倒风险评估，对老年人、家属及照护者进行跌倒预防方法的教育，照护者按照照护计划提供服务。

(8)入户为居家老年人提供服务或者陪老人外出时，不急促敲门、不催促老年人、不焦急赶路，避免跌倒。根据需求对居家环境进行无障碍改建，安装扶手，对居家老年人及照护者进行跌倒预防的指导。

(9)社区设施如健身器材、无障碍通道、公共厕所与公共浴室的扶手、防滑设施等专人管理，定期检查，每天巡查。(此项公共服务，政府部门可以以购买服务的方式落实于相关服务机构)

(10)建立跌倒处理的应急预案。

(11)记录相关事件，建立反馈促进机制。

2.服务步骤

(1)按老年人建筑规范和日间照料中心建设标准建设硬件设施。

(2)设专人管理安全事务，制定老年人安全管理规章制度、服务规范、定期培训制度。

(3)根据服务范围，梳理跌倒预防知识与举措，落实跌倒预防措施。

(4)定期对员工进行跌倒预防的培训，通过各种传播媒介向老年人及家属开展跌倒预防的普及教育。

(5)对接受服务的老年人进行跌倒风险评估，按服务规范提供服务。

(6)每月详细检查安全设施并记录，每天巡视，及时维护。

(7)建立跌倒处理的应急预案，正确处理跌倒。

(8)记录并上报跌倒事件，反馈促进。

3. 服务流程

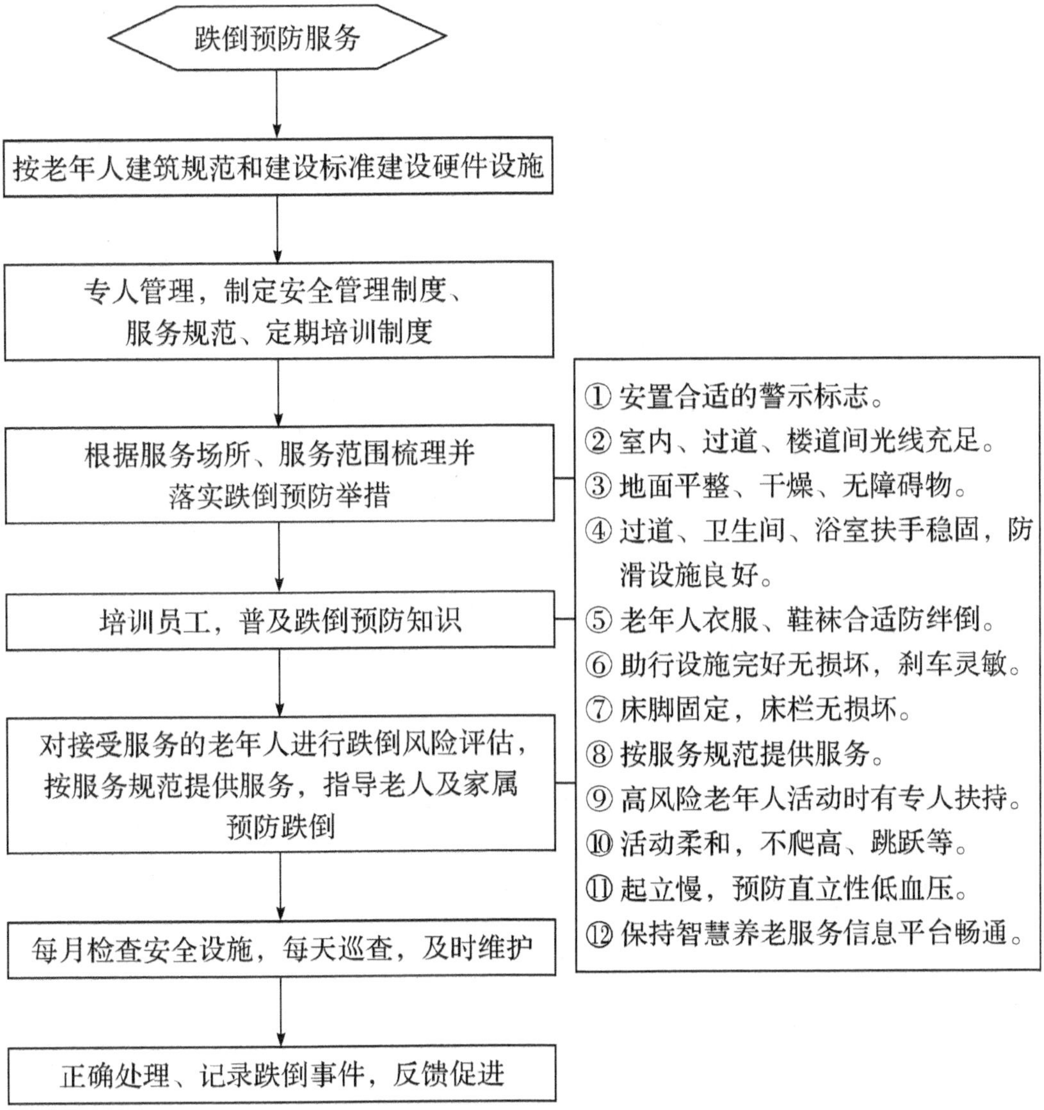
跌倒预防服务
按老年人建筑规范和建设标准建设硬件设施
专人管理，制定安全管理制度、服务规范、定期培训制度
根据服务场所、服务范围梳理并落实跌倒预防举措
培训员工，普及跌倒预防知识
对接受服务的老年人进行跌倒风险评估，按服务规范提供服务，指导老人及家属预防跌倒
每月检查安全设施，每天巡查，及时维护
正确处理、记录跌倒事件，反馈促进
① 安置合适的警示标志。
② 室内、过道、楼道间光线充足。
③ 地面平整、干燥、无障碍物。
④ 过道、卫生间、浴室扶手稳固，防滑设施良好。
⑤ 老年人衣服、鞋袜合适防绊倒。
⑥ 助行设施完好无损坏，刹车灵敏。
⑦ 床脚固定，床栏无损坏。
⑧ 按服务规范提供服务。
⑨ 高风险老年人活动时有专人扶持。
⑩ 活动柔和，不爬高、跳跃等。
⑪ 起立慢，预防直立性低血压。
⑫ 保持智慧养老服务信息平台畅通。

二、跌倒应急处理

跌倒是老年人常见的意外事件。跌倒易引起组织损伤。由于老年人骨质疏松患病率高，跌倒易发生脊柱、股骨颈等部位的骨折，处理不当可造成严重的二次损伤。因此，老年人跌倒不能随便扶起，要作正确的应急处理。老年人跌倒应急处理适用于任何老年服务机构、居家或其他场所。

1.服务要求

(1)遇老人跌倒，首先禁忌立即扶起。老人跌倒，特别是从高处坠落、背部着地等情况下，脊柱易发生骨折，脊柱骨折如果扶老人坐起或站立，脊柱骨折端易发生扭转移位，可导致脊髓损伤而引发截瘫这样严重的二次损伤。肢体骨折，随意扶起也易引发骨折端移位而损伤血管、神经等。

(2)遇老人跌倒，立即轻拍老人肩部呼叫老人，检查老人意识。

(3)若老年人意识不清，立即呼叫同事或者旁边人员帮助，拨打“120”。如在服务机构内，立即呼叫医生。然后检查颈动脉搏动和呼吸，如心脏停搏，立即胸外心脏按压，进行现场心肺复苏；若老人心搏及呼吸存在，观察老人有无嘴角歪斜、抽搐等情况，若有呕吐，让老人平卧头侧转，等待医生处理。

(4)若老人意识清醒，则问如何跌倒、哪个部位先着地、哪个地方最痛，判断受伤部位。若背部着地、脊柱部位疼痛明显，则有可能脊柱受伤，让老人躺原地不动，等待医生处理。

(5)老人没有明显的脊柱损伤，再依次活动上肢、下肢，检查肢体情况。

(6)在没有脊柱损伤、骨折等情况下，扶老人起来，处理局部伤情、检查有无内脏损伤可能，必要时送医院检查、观察。

(7)怀疑脊柱骨折者，在医护人员指导下多人合力搬动老人，要让脊柱保持一直线，不扭曲，防止骨折端移位。

(8)注意留现场证据，可以拍照和留下人证，避免纠纷。

(9)在养老服务机构内跌倒，伤情重者，在救护的同时向上级报告。记录跌倒及处理过程，分析原因，跟进处理，预防再次跌倒。

2.服务步骤

(1)遇老人跌倒，首先不扶起。

(2)轻拍肩部，呼叫老人，检查意识。

(3)意识不清者，呼叫同事和周围人帮助拨打“120”或者寻找机构内医生，检查颈动脉搏动情况，若心脏停搏立即心肺复苏。若心搏存在，则检查老年人情况，保持呼吸道通畅，等待医生处理。

（4）意识清醒者，问跌倒方式、着地和疼痛部位，检查伤情。怀疑脊柱骨折者，等待医生处理，整体搬运防止骨折端移位。

（5）然后检查四肢活动情况，在无明显脊柱和其他部位骨折的情况下，扶老人起来，检查并处理局部伤情，疑有内脏损伤者送医院就医。检查、观察。

（6）向上级报告，及时与家属联系。

（7）记录跌倒及处理过程，反馈促进。

3.服务流程

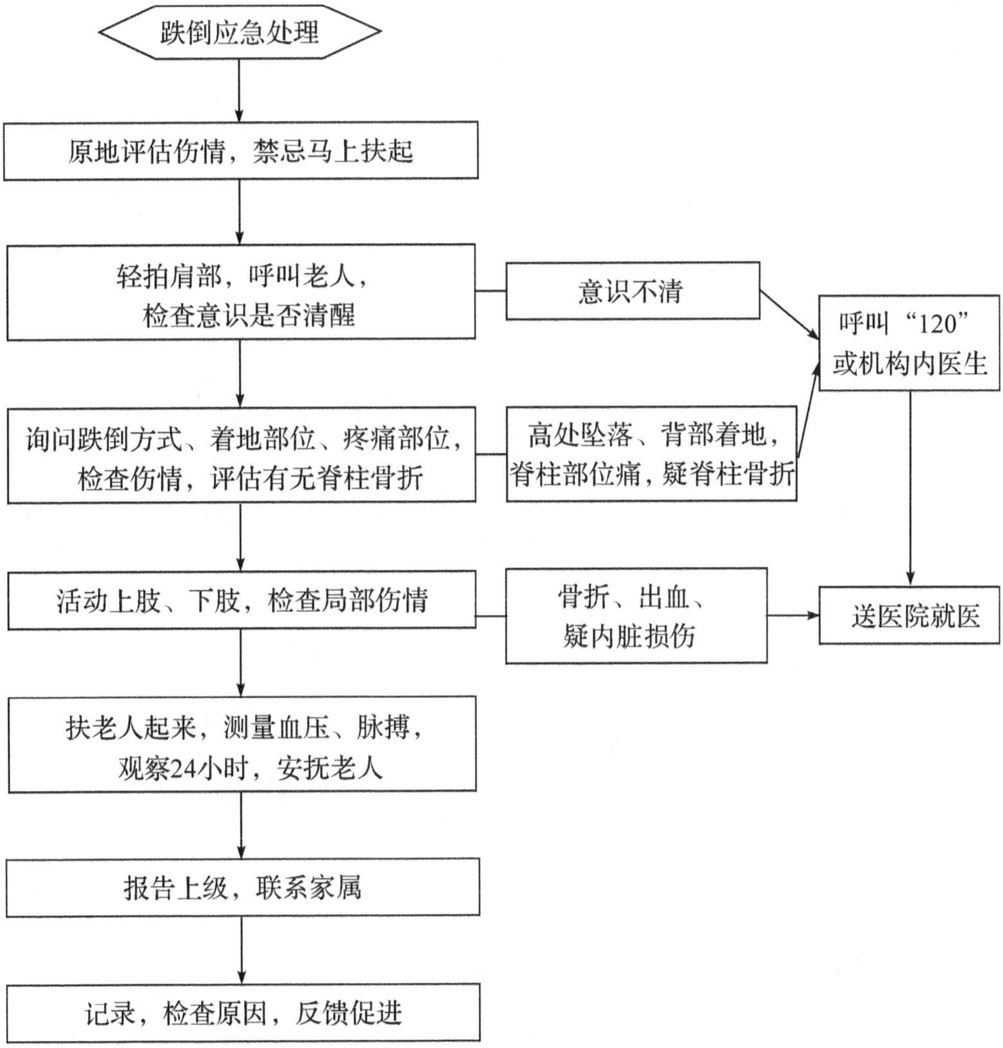

附 7-1 跌倒应急处理科普图片

附 7-2　跌倒应急处理(视频)

二维码 1

跌倒应急处理

附 7-3　脊柱损伤搬运方法

疑脊柱损伤者，整体搬运避免脊柱扭曲。三人搬运时，一人托头颈部、肩背部；另一人托腰部、臀部，第三人托膝部、足部。一人喊口令，多人协同搬运。

三、噎食预防

噎食是指进食过程中突然发生的食物堵住咽喉部，堵塞呼吸道，导致窒息的紧急事件，是老年人常见意外事件。如不能及时清除堵塞的食物，老人会因此很快失去意识，甚至死亡。老年人唾液分泌减少、咀嚼能力下降、吞咽功能变差、咽喉部肌肉的协调性降低，容易发生噎食。噎食预防措施适用于所有的老年人，也适用于其他人群。

1.服务要求

(1)设专人管理膳食服务，制定规章制度、膳食服务规范、就餐期间巡视制度等。

(2)定期培训所有员工，掌握噎食表现、预防知识与急救措施。

(3)噎食预防措施落实：老年人尽量坐位进食，小口进食，细嚼慢咽；每餐备汤类食物，干食、汤类交互食用；安静的进食环境，不催促老人进食，避免大口喂食；避免过于粗糙、过于黏稠、大块状的食物；避免边看电视边进食、边谈笑边进食；卧床老人抬高床头、头侧转，避免仰卧位进食；管理、登记家属送的食物；进食期间专业人员巡视。

(4)通过各种不同的传播途径对噎食的危害与预防知识、急救技能进行普及，如社区电视、墙报、宣传资料等，创新传播方式与策略，提高传播效果。服务机构内有噎食预防与急救的宣传图片或资料。

(5)对接受服务的老年人进行噎食风险评估，对老年人、家属及照护者进行噎食预防教育，照护者按照操作规范提供服务。

(6)老年人就餐时间，服务机构应调动资源，安排经过培训的员工分别巡视餐厅和其他老年人就餐的区域，发现问题及时跟进处理。

(7)定期对食堂膳食加工、就餐及失能老人喂食等情况进行总结，建立反馈促进机制。

(8)建立噎食的应急救护预案。

2.服务步骤

(1)设专人管理膳食安全，科学选择和烹饪适合老年人的食物。

(2)定期对员工进行膳食安全教育。

(3)通过各种传播媒介向老年人及家属开展噎食预防的普及教育，服务机构餐厅及老年人集中就餐区域有相关宣传图片或资料。

(4)对接受服务的老年人进行噎食风险评估，按规范提供膳食服务，指导老人及家属正确就餐，预防噎食。

(5)专业人员就餐期间巡视。

(6)每餐巡视，每月总结，反馈促进。

(7)建立噎食急救的应急预案。

3. 服务流程

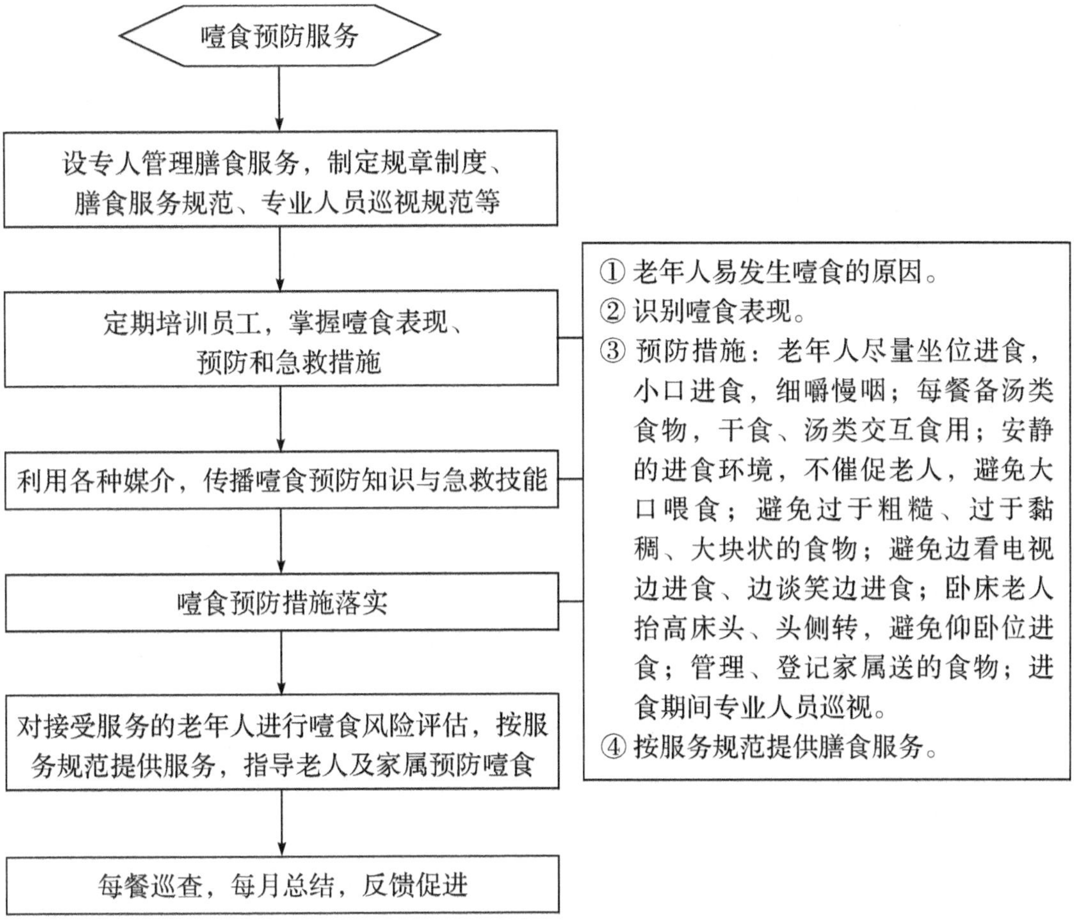

四、噎食急救

噎食是老年人常见意外事件，是老年人意外死亡的重要原因。大块食物或食团堵住咽喉部，堵塞呼吸道，若不能及时处理，可使老人很快失去意识、心跳呼吸停止而死亡。若能及时发现，就地立即进行急救，可挽救老人生命。噎食急救是所有为老服务人员必须掌握的技能。

1.服务要求

(1)就餐期间，专业人员巡视。

(2)识别噎食，准确判断。噎食表现：进食过程中突然停止进食，不能说话，惊恐表情，一手抓喉部，一手指向口腔(意在表达食物堵在咽喉部)。如不能及时清除食物，则会迅速出现发绀、意识丧失和心跳停止。

(3)呼救，清除口腔内食物。服务机构内发生噎食立即呼叫机构内医护人员；居家或其他场所，立即呼叫“120”。意识清醒者立即询问是否噎食，帮助清除食物。

(4)立即施救：①意识清醒者行立位腹部冲击法：施救者站在老人身后，双臂环绕老人腰部，一手握拳，大拇指的掌指关节紧贴顶住上腹部(脐与剑突连线中点)，另一手抓住拳头，双手合力往后往上冲击5～6次，直至异物排出。②意识不清者行卧位腹部冲击法：老人平卧头转向一侧，清除口腔内食物，双手掌重叠紧贴上腹部，手指上翘，向下向后上方冲击5～6次，直至异物排出。

(5)施救的同时联系家属，送医院观察。

(6)若老人心跳呼吸停止，行心肺复苏术，直到“120”急救人员赶到。

(7)记录噎食发生及急救过程。

(8)分析原因，反馈促进，预防噎食。

2.服务步骤

(1)专业人员就餐期间按规定巡视。

(2)发现老人噎食，立即呼救(机构内医生或“120”)，就地抢救。

(3)清除口腔内食物，意识清醒者向老人解释并立即行立位腹部冲击法施救；意识不清者行卧位腹部冲击法施救。

(4)联系家属，送医院观察。

(5)记录，分析原因，反馈跟进。

3. 服务流程

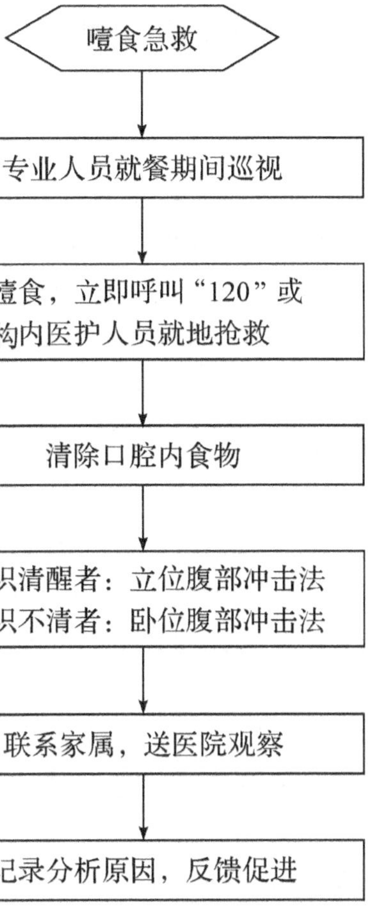

附 7-4　噎食急救（视频）

二维码 2

噎食急救

五、误吸预防

误吸是指在吞咽过程中有数量不一的液体或固体食物进入声门以下的气道。随着年龄的增长，老年人咽喉部感知觉减退，神经肌肉的协调功能变差，吞咽反射减弱，吞咽过程中防止异物进入气道的反射性动作减退，容易发生误吸。高龄老人及脑卒中、帕金森病等慢性病患者更易发生误吸。误吸可引起剧烈咳嗽、吸入性肺炎，甚至窒息死亡。误吸预防措施适用于所有老年人和其他人群。

1.服务要求

(1)设专人管理膳食服务，制定规章制度、膳食服务规范、就餐期间巡视制度。

(2)定期培训所有员工，传播误吸表现、预防知识等。

(3)误吸预防措施落实：老年人尽量坐位进食，集中注意力小口进食，细嚼慢咽；营造安静的进食环境，不催促老人，避免大口、快速进食和饮水；避免边看电视边进食、边谈笑边进食；卧床老人抬高床头、头侧转，避免仰卧位进食进水；按服务规范提供膳食服务。

(4)通过各种不同的传播途径对误吸危害与预防的知识进行普及，如社区电视、墙报、宣传资料等，创新传播方式与策略，提高传播效果。服务机构内有误吸预防的宣传图片或资料。

(5)饮水、喝汤呛咳明显者，可将食物加工成糊状。对老年人及家属进行误吸预防方法的指导。

(6)老年人就餐时间，专业人员巡视餐厅和其他老年人就餐的区域，发现问题及时跟进改善。

2.服务步骤

(1)设专人管理膳食安全，科学选择和烹饪适合老年人的食物。

(2)定期对员工进行膳食安全教育。

(3)通过各种传播媒介向老年人及家属开展误吸预防的普及教育，服务机构餐厅及老年人集中就餐区域有相关宣传图片或资料。

(4)指导正确就餐，老人宜坐位、安静、小口、缓慢进食进水，避免仰卧位喂食喂水。

(5)饮水、喝汤呛咳明显者，将食物加工成糊状。

(6)老年人就餐时间专业人员巡视。

3.服务流程

误吸预防服务

↓

设专人管理膳食服务，制定规章制度、膳食服务规范、专业人员巡视制度

↓

定期培训员工，掌握误吸表现、危害及预防措施

↓

利用各种媒介向社区普及误吸预防知识

↓

误吸预防措施落实，坐位、小口、缓慢进食，避免仰卧位喂食

↓

饮水、喝汤呛咳明显者，将食物加工成糊状。按服务规范提供服务，指导老人及家属预防误吸

↓

老年人就餐时间专业人员巡视，反馈促进

---

① 误吸原因：高龄及疾病因素使吞咽反射减低，吞咽协调性变差及不良的进食习惯。
② 误吸表现：少量误吸表现为呛咳，量多时可引起窒息，甚至死亡，吸入食物可堵塞小气道引起反复肺部感染（常见右下肺）。
③ 预防措施：坐位进食，小口缓慢进食；安静的进食环境，旁人不催促，避免大口快速进食；避免边看电视边进食、边谈笑边进食；卧床老人抬高床头、头侧转，避免仰卧位进食；进食期间专业人员巡视。
④ 按服务规范提供膳食服务。

六、预防心脑血管意外

心脑血管意外是指心脏血管和脑血管疾病，是导致心脏、大脑组织发生缺血性或出血性变化的疾病总称。心脑血管意外是临床常见危急病症，是一种严重威胁人类特别是老年人健康的常见病，是引起死亡的首位因素。这种意外的发生常常有明显的诱因，避免这些诱因可预防意外发生，这对于有高脂血症、动脉粥样硬化和高血压的老年人尤其重要。

1.服务要求

(1)设专人管理老年人健康档案及日常保健工作，高血压、糖尿病患者遵医嘱服药，定期监测血压、血糖、体重等健康指标。

(2)梳理心脑血管意外的预防知识和日常保健知识，定期培训员工，促进员工建立健康生活方式。

(3)促进员工和老年人落实养成健康生活方式的措施：生活有规律，保持心态平和；坚持适宜的体育锻炼或体力活动；平衡膳食；禁烟限酒。

(4)落实预防心脑血管意外的措施：避免任何使血压突然增高导致出血或者饮水不足使血液黏稠度增高引起血栓形成的所有因素，如：剧烈活动、屏气运动、负重；用力排便、排尿；受寒冷刺激；紧张、激动、生气、大喜大悲；饮酒过量、饮食过饱；大量出汗、饮水不足等。

(5)通过各种不同的传播途径对心脑血管意外的危害与预防知识进行普及，如社区电视、墙报、宣传资料等，创新传播方式与策略，提高传播效果。服务机构内有健康生活方式及心脑血管意外预防的宣传图片或资料。

(6)营造健康的生活环境，合理安排老年人的生活起居，指导并安排适宜的康复锻炼活动、社区活动等。

(7)日常保健等活动有计划、有记录，有每周活动及重要活动公示栏，包括健康讲堂等。

(8)建立心脑血管意外应急处理预案。

2.服务步骤

(1)设专人管理老年人及员工的健康保健工作。

(2)制订健康活动计划，定期开展老年人及员工的健康教育。

(3)对接受服务的老人进行心脑血管意外风险评估，建立老人的健康档案，按要求监测血压、血糖、体重等健康指标，指导服药。

(4)按服务规范提供各项服务，避免各类诱发因素，预防心脑血管意外。

(5)建立心脑血管意外的应急处理预案。

(6)定期总结，不断反馈促进。

3. 服务流程

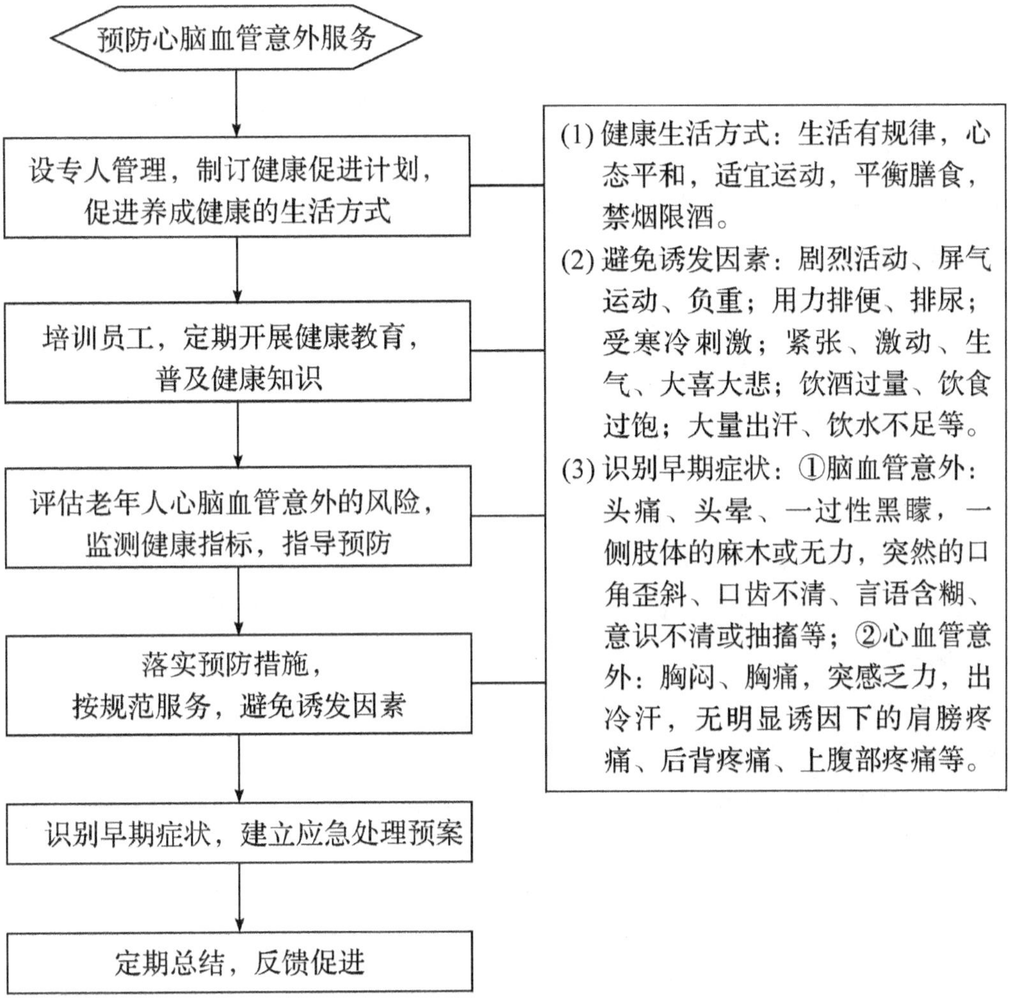

七、心脑血管意外的应急处理

心脑血管意外是老年人常见健康事件，也是人类致死、致残的主因。心脑血管意外重在预防，发生后早期发现、早期正确处理可以挽救生命，避免残疾或者减轻残疾程度，特别是脑血栓、冠状动脉血栓形成初期，若能早期进行溶栓治疗(6小时内)，可以避免大脑和心肌组织的缺血坏死；若是出血性的血管意外，则保持安静、放松，保持呼吸道通畅，固定头部减少震动，这对于减少出血和挽救生命也十分重要。

1.服务要求

(1)心脑血管意外重在预防。不管是否患有高血压、糖尿病等慢性疾病，老年人的血管老化是生物衰老的必然趋势，在日常照护中每一位工作人员都必须知道并避免引起心脑血管意外的诱发因素——剧烈活动、屏气运动、负重；用力排便、排尿；受寒冷刺激；紧张、激动、生气、大喜大悲；饮酒过量、饮食过饱；大量出汗、饮水不足等。

(2)制订心脑血管意外应急处理预案，与老人及家属签订协议，确定发生脑血栓、心肌梗死先兆症状时的处理流程。

(3)对员工和老年人进行健康教育，识别早期症状，及时发现。出现下列症状，及时就医：突然发生眩晕、肢体无力、半身麻木、言语不清、视物不清、复视、头晕、步态不稳、步态异常、饮水呛咳、吞咽困难、哈欠不断、血压大幅度改变(升高或下降)、剧烈头痛、意识不清等；突发心绞痛或原有心绞痛者疼痛加重，心绞痛性质改变、时间延长、硝酸甘油不能缓解，疼痛伴恶心呕吐、大汗或明显心动过缓或过速，心绞痛伴呼吸困难，突发不明原因的心律失常、心力衰竭、休克或晕厥等。

(4)发现先兆症状，呼叫“120”，争分夺秒送达具备溶栓治疗的医院，进入绿色通道，优先检查救治。血管内血栓形成，若在6小时这一黄金时间以内进行溶栓治疗，可以挽救生命，预防残疾发生。一般80岁以下、70岁以上分别是进行脑血栓、冠状动脉血栓溶栓治疗的年龄适应证。

(5)意识不清者平卧，头偏向一侧，解开衣领和裤带，上身略抬高，促进脑部血液回流，减轻脑内压，防呕吐误吸，保持呼吸道通畅，禁食禁水，等待救护车到达。等待和送医过程中注意保持头部固定，防震动。

(6)通知家属。注意安抚患者，放松心理。

(7)详细记录发病过程和处理措施。

2.服务步骤

(1)平时做好预防，开展健康教育，普及早期表现知识及正确处理方法。

(2)制订预案,早期发现先兆症状:肢体无力、肢体麻木、言语不清、视物不清、复视、头晕、步态不稳、饮水呛咳、吞咽困难、意识不清等。

(3)呼叫“120”,联系家属,送医院急救。

(4)平卧,放松衣领、裤带,意识不清者头偏向一侧,保持呼吸道通畅。上身略抬高,促进脑部血液回流,减轻脑内压。禁食、禁水。观察患者呼吸、脉搏、血压、意识等情况。

(5)安抚患者,放松心理。

(6)记录发病情况和处理过程。

3.服务流程

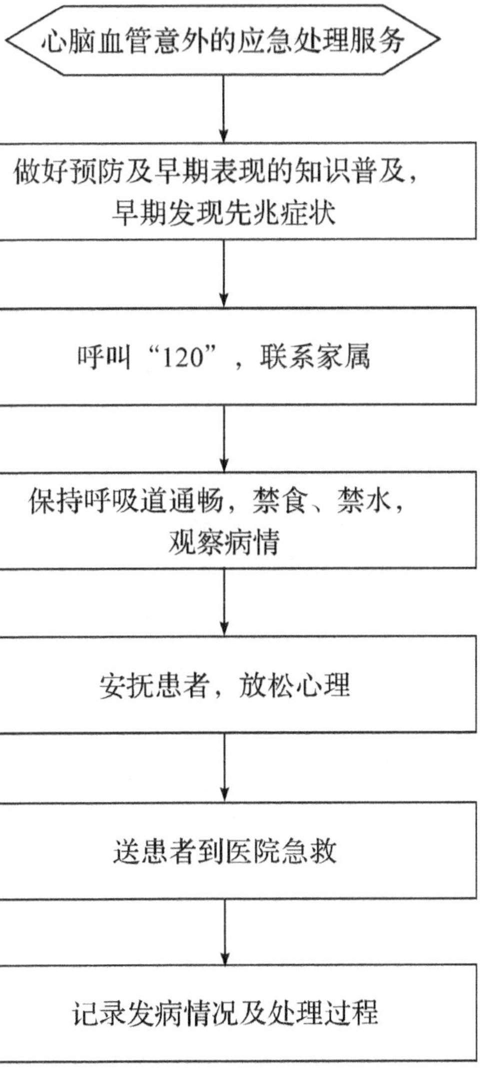

八、骨质疏松预防

老年性骨质疏松症又称退行性骨质疏松症，是生物衰老在骨骼方面的特殊表现。骨质疏松是一种以骨量减少、骨组织微结构破坏为特征，导致骨强度下降，骨脆性增加，易于骨折的全身性骨代谢疾病。女性在40岁以后，男性在50岁以后都有不同程度的骨质丢失。老年人骨质疏松多见，同时又容易发生跌倒，容易发生骨折。

1.服务要求

（1）设专人管理老年人日常保健工作，制订服务机构内和居家老年人的健康计划。

（2）梳理骨质疏松的表现、危害及预防知识。老年人骨质疏松主要表现：骨痛、骨折、身高缩短、腰背疼痛是出现较早的症状，也是最常见主诉，身高缩短和驼背是老年人骨质疏松症的重要临床表现。骨质疏松的危害：易发生骨折，常见的骨折部位为椎体、股骨、前臂等，其中椎骨骨折最常见，髋部骨折的后果最为严重。骨质疏松的预防知识：运动，经常保持骨骼的应力锻炼，减少骨质流失，增强骨强度；奶类及其制品含钙量高且易吸收，是补钙的最好食品，1毫升牛奶相当于补钙1毫克，鱼、虾、蛋、豆类含钙量亦较高；阳光中的紫外线照射皮肤，使皮肤中的7-脱氢胆固醇转变为维生素D，可促进钙的吸收。

（3）定期员工培训。通过各种途径将骨质疏松的危害与预防知识向社区人群传播，如社区电视、墙报、宣传资料等，创新传播方式与策略，提高传播效果。服务机构内有健康生活方式及骨质疏松预防的宣传图片或资料。

（4）落实预防骨质疏松的措施：适宜运动，卧床者进行有针对性的床上锻炼；每天喝一杯牛奶；晒太阳，可在上午9时以前和下午4时以后，坐在阳台上晒太阳或外出活动；减少影响因素，如戒烟限酒，少食精制糖类食物及食盐，餐后不马上喝咖啡、浓茶及碳酸饮料，牛奶或补钙剂不宜在饱餐后服用，宜餐间服用。

（5）评估接受服务的老年人骨质疏松程度（骨密度测量）及骨折风险，告知老人及家属，制订骨折预防及应急处理预案。

（6）预防跌倒骨折，避免长期卧床。

2.服务步骤

（1）专人管理，定期员工培训，普及预防骨质疏松的科普知识。

（2）评估老人的骨质疏松程度及骨折风险，制订照护计划。

（3）指导老人坚持适宜的户外运动，卧床者实施床上锻炼并每天协助户外活动，保持一周内平均每天至少有 20 分钟的日照。

（4）每天喝一杯牛奶或酸奶或其他奶制品，遵医嘱补充钙剂。戒烟、限酒，少喝咖啡、浓茶。

（5）预防跌倒。

3.服务流程

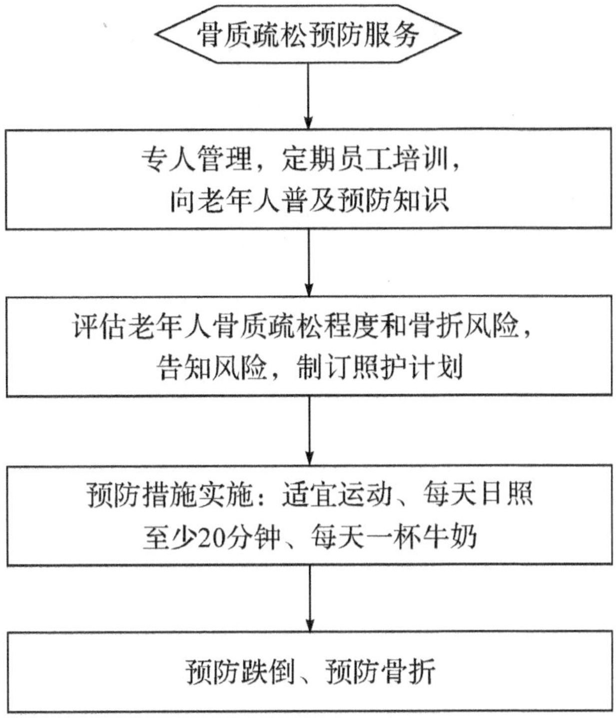

附 7-5　骨质疏松预防科普图片

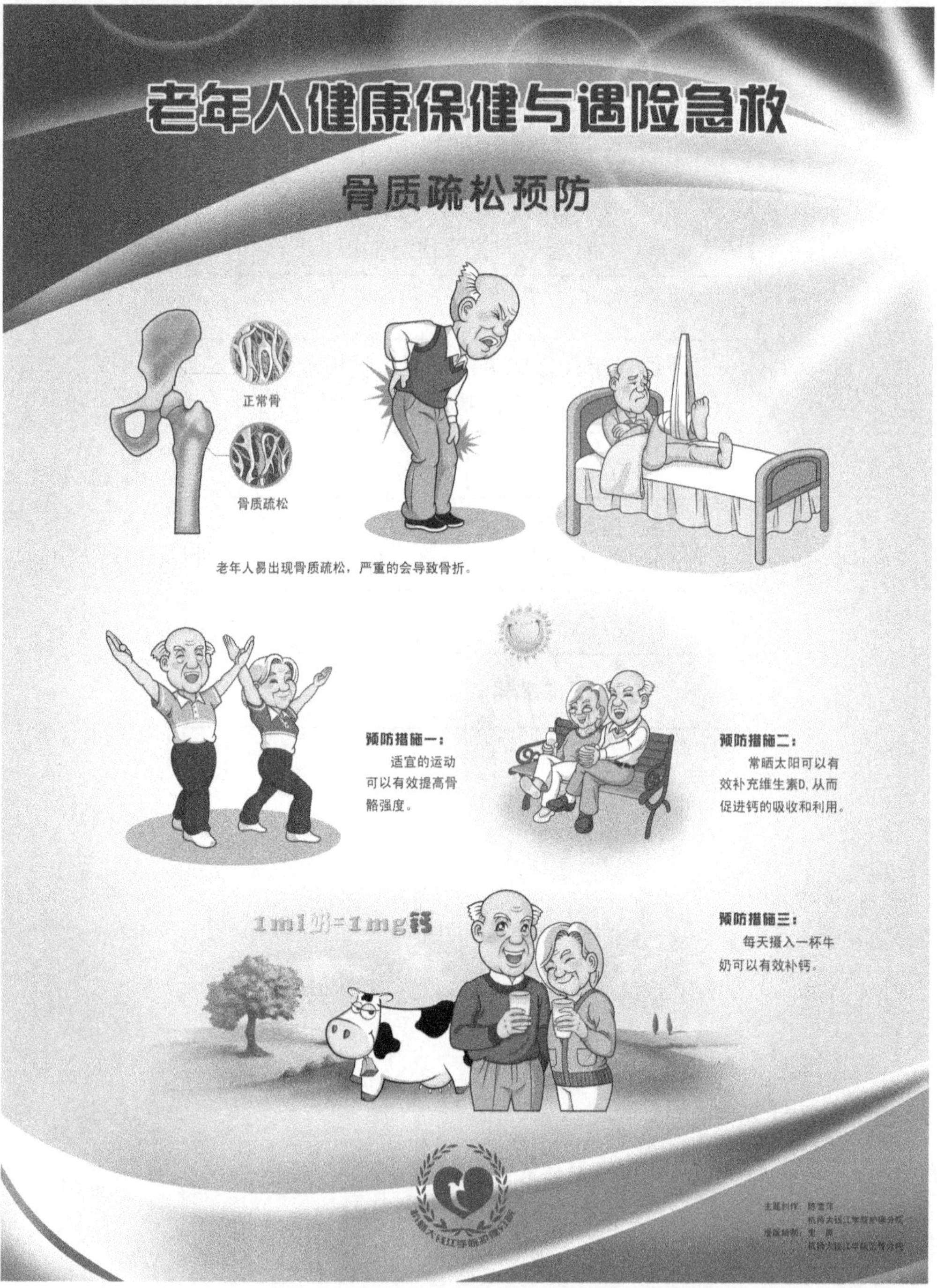

九、直立性低血压的预防

直立性低血压是指在体位突然变换为直立时发生头晕、乏力，甚至跌倒、晕厥的一组临床综合征，可因此导致骨折及心脑血管意外事件。直立性低血压的发生与年老体弱，长期卧床，心脏病，高血压等慢性病及使用降压药、利尿药、催眠药、抗精神病药、抗抑郁药等因素有关。老年人活动少，器官老化，心血管调节功能下降，容易发生直立性低血压。

1.服务要求

(1)设专人管理老年人日常保健工作，制订服务机构及老年人个体的健康计划。

(2)梳理直立性低血压的表现、危害及预防知识。主要表现：从卧位、蹲位甚至坐位到站立发生头晕、眼花、乏力，重者晕厥、跌倒，收缩压下降20毫米汞柱或舒张压下降10毫米汞柱以上。危害：发生跌倒骨折或其他组织损伤事件、不适体验。影响因素：①体位改变速度过快，卧位、蹲位或坐位情况下突然快速站立，特别是早晨起床过快更易发生直立性低血压；②长期卧床者心血管反应性降低，自我调节功能减退；③昼夜节律及利尿剂和降压药常规在早上服用，故上午容易发生直立性低血压；④环境温度过高引起外周血管扩张而引发直立性低血压；⑤胸膜腔内压升高：用力排尿、排便及剧烈咳嗽等使胸膜腔内压增高，影响心血管的反射活动而引发；⑥饱餐或饮酒；⑦长时间的向前弯腰、腹部受压、盘腿、下蹲等动作后突然站立；⑧长时间站立，过度体力活动。

(3)定期员工培训，通过各种不同的传播途径普及直立性低血压预防知识，如社区电视、墙报、宣传资料等，创新传播方式与策略，提高传播效果。服务机构内有健康生活方式及直立性低血压预防的宣传图片或资料。

(4)落实直立性低血压预防措施：起床特别是清晨起床缓慢；从蹲位、坐位到站立的速度要慢；厕所设坐坑，坐位如厕；室内备拾物钳，尽量避免蹲位和弯腰拾物；少食多餐，避免过饱，餐后休息1小时后再活动；经常于晨间起床时发生直立性低血压者，晚间将床头抬高5°～20°；避免长时间站立，必要时使用齐腰长筒弹性袜或腹带；避免洗澡时水温及室温过高、过低；降血压的药物尽量在休息时间内服用；坚持适宜的体育锻炼。

(5)评估老年人直立性低血压发生的风险，指导老年人及家属正确预防，按服务规范提供各项服务。

(6)保持扶手等设施稳固。

2. 服务步骤

(1)专人管理,定期员工培训,普及科普知识。

(2)评估老年人发生直立性低血压的风险,指导老人及家属预防。

(3)厕所设坐坑,保持扶手等稳固。

(4)每天安排老人参与适宜的活动,卧床老人协助离床活动或者床上坐位、半坐位片刻。

(5)按服务规范提供各项服务,落实各项预防措施。

3. 服务流程

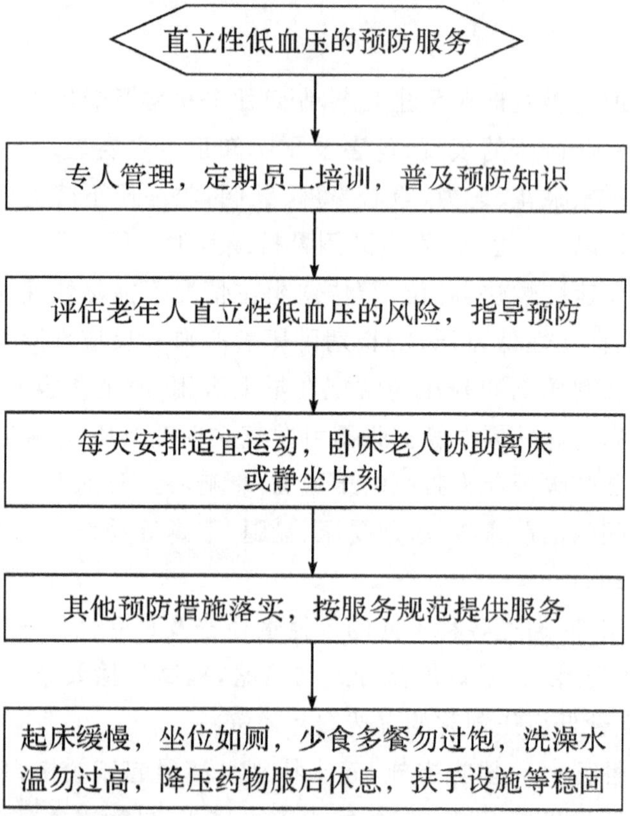

附 7-6　直立性低血压预防科普图片

十、独居老人死亡事件的预防

老年人容易发生跌倒、心脑血管意外等健康事件。独居老人发生急症时常因不能与外界取得联系而得不到及时救助，进而发生死亡，或者发生猝死且没有得到及时发现。老年人死亡而没有及时得到发现，容易成为社会事件。因此，社区及社区为老服务单位都有责任预防类似事件的发生。此项服务侧重于与居家独居老人的信息沟通，及时发现意外情况，及时处理，预防死亡事件。

1.服务要求

(1)社区建立辖区老年人健康档案，了解独居老人信息。

(2)建立社区信息沟通平台，根据各地条件，独居老人的探访或者其他信息沟通纳入公共服务范畴，如智慧养老服务信息平台、呼叫设施、智能手机应用等。

(3)定期评估独居老人健康及自理能力状况，与老人及家属商议，确定信息沟通方式，填写服务单。

(4)教会老人信息沟通的方法，如老人应急联系电话及智能手机、呼叫铃等使用方法；如电话探访、定期入户探访，服务人员与老人见面，与老人相约探访和通话时间；如老人因听力等原因需要服务人员持钥匙入户者，需另外签订钥匙保管、使用协议。

(5)发挥社区互助组织的作用，组织、管理社区老年志愿服务队伍，实行无偿、有偿或者低偿的服务，如志愿者或其他互助人员提供探访服务，要先接受培训。

(6)定期维护应急呼叫设施，呼叫服务线路不得挪作他用或者用于聊天，保持信息联系通畅。

(7)按服务要求每天定时与老人沟通，记录联系信息，下班前再次检查独居老人信息联系情况，发现异常及时上报。

(8)必要时根据老人及家属申请，在居家合适位置安装老年人活动监测探头，或者让老人佩戴远程生命信息监测仪。

(9)制订独居老人意外死亡的应急处理预案，约定无信息应答时的处理方式。

2.服务步骤

(1)了解辖区独居老人相关信息，建立社区老年人信息沟通平台。

(2)组织、管理社区老年志愿者队伍，提高社区互助组织在社区老年人信息沟通中的作用。

(3)教会老人应急呼叫设施的使用方法。

(4)老人或家属提出探访申请，优扶对象由社区提出，评估老年人健康与自理能力现状，商议、确定信息沟通方式、服务内容，填写服务单。根据老年人身心健康变化，定期再评估，根据评估结果调整服务方式。

(5)服务者与老人见面，约定服务时间、联系方式，确认无应答时的处理方式。

(6)按规范提供服务，保持信息沟通渠道通畅。

(7)记录各种途径的联系信息，每天下班前检查。

3.服务流程

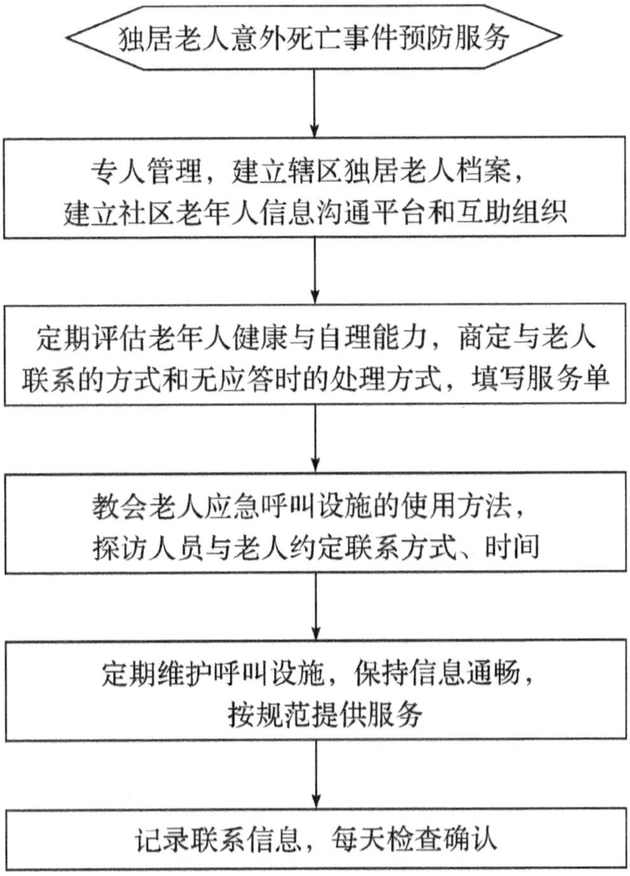

十一、走失预防

走失是指外出后迷了路，回不到原地或下落不明。现在的城市日新月异，老年人印象中的居住地、从业周边景象早已没有了原来的参照物，如道路、树木、周边商店等，独自外出的老人容易迷失方向，找不到回来的路。有不同程度认知功能障碍者更易发生走失情况。此处走失预防服务主要适用于社区日间照料中心。

1.服务要求

(1)对入托老人进行身体、心理和认知评估，与家属沟通，了解老人生活习惯，评估走失风险。与家属商定对失智老人及情绪失常(如抑郁)老人等预防走失的管理方式。

(2)设专人管理日间照料中心(以下简称“中心”)老人出入，一般“中心”入口处即接待处，对老人出入“中心”进行登记，有条件者设立智能门禁系统。

(3)根据服务协议，限制失智老人、情绪失常老人单独外出，需要外出者有专人陪伴。

(4)“中心”定制专用联系卡，注明“中心”名称、地址及联系人、联系电话，老人随身携带，可随时求助别人。根据老人情况及服务协议，于合适部位佩戴定位装置，可于失智老人的手环、手镯、手表或者手机上安装GPS定位装置。

(5)对“中心”入托特别是有走失风险的老人定期巡视，按服务规范提供各项服务。

(6)在“中心”出入处安装监控系统。对于监控和安装定位装置要注意符合伦理要求。

(7)发挥志愿服务或社区互助服务组织的作用，提供老人外出的陪同服务。

(8)制订走失的应急处理预案。

2.服务步骤

(1)做好入托老人的身体、心理和认知评估，评估走失风险，商定服务内容和外出管理方式。

(2)做好出入“中心”的登记、管理工作，根据条件，于出入口安装智能门禁系统和监控系统。

(3)“中心”设有定制的联系卡，注明地址、联系人、联系电话。与老人沟通，将联系卡放于老人衣袋或者其他合适位置，以备用。

(4)根据条件和服务协议，有走失风险的老人需佩戴合适的GPS定位装置。

(5)定时巡视,观察入托老人情况,按服务规范提供服务。

(6)发挥志愿者队伍的作用,提供老人外出的陪同服务。

(7)制订老人走失的应急处理预案。

3.服务流程

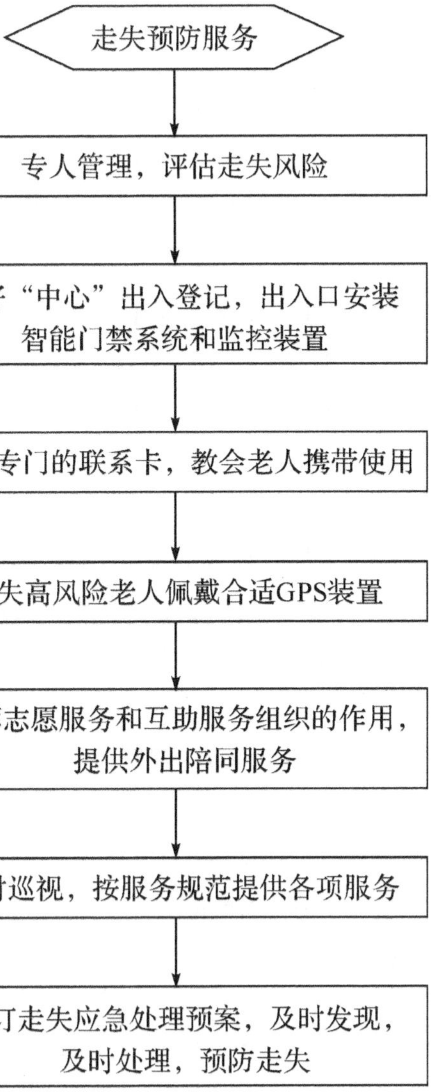

十二、人际冲突的预防

人际冲突是指两个或更多社会成员间，由于反应或希望的互不相容性而产生的紧张状态。人际冲突可导致老年人产生激动、生气、愤怒等不良情绪，而老年人的情绪调节能力下降，容易因不良情绪强度大、持续的时间长使血压升高，导致心脑血管意外，也易因此引发焦虑、抑郁、失眠等心身问题，影响健康。因此，在居家、社区、服务机构内都应预防老年人之间、服务人员与老人之间的人际冲突。

1.服务要求

(1)培训员工、社区为老服务的志愿者及其他为老服务人员，了解老年人心身特点及心理疏导的基本方法。

(2)定期组织老年人学习保健知识，传播心理自我调节、放松的方法。

(3)营造良好的互敬、互助、互谅的人际氛围，学会尊重别人的看法和意见，求同存异，用欣赏的眼光多看别人的长处。不在人前讨论别人的是非，不在人前说人短。

(4)老年人之间发生争吵，先将双方分开，分别耐心倾听事由，不刻意去评定对与错，体会、理解和回应老年人的情绪，关注事件背后的意义，疏导、安抚情绪，静心对待，引导谦让、礼让，平息事件。

(5)服务人员避免与老年人发生冲突，不与老人辩是非，与老年人有不同看法不刻意求同。服务过程中发生冲突，先回避，请同事出面协调，平复老年人情绪后再慢慢解释。

(6)不介入老人家庭纠纷中，服务的重点在于疏导老年人情绪，退一步海阔天空，让老年人的心理处于平和状态，预防心脑血管意外。

(7)组织各类活动和体育锻炼，丰富老年人的生活，培养大爱情怀。在各类活动中安排经过培训的志愿者或心理工作者参与，协助将兴趣、爱好相似的老人安排在一起，便于他们的沟通和交流，使老年人结识志同道合的朋友。

(8)建立老年人心理求助途径。设立心理交流室，也可建立老年人的微信、QQ等网络心理交流室。利用志愿者或者社会工作者的资源，及时疏导老年人情绪。

2.服务步骤

(1)建立心理求助通道，设立心理交流室或网络交流平台，利用社区资源促进有序运行。

(2)培训所有为老服务人员，懂得老年人的心身特点和心理疏导的方法。

(3)向社区老年人及家人传播保健知识和心理调适、自我放松的方法。

(4)营造良好的社区互助、友爱、礼让氛围，表扬、欣赏优点、长处，不在人前说人短。

(5)组织社区各类老年人活动，使老人交往志同道合的朋友，培养、发展兴趣爱好，拓展视野，开阔胸怀，维持心理健康。

(6)发生老年人之间、老年人与服务人员及其他人之间的冲突，首先将双方分开，安抚平复老年人情绪，再慢慢疏导。

(7)建立老年人心理应激处理的预案。

3.服务流程

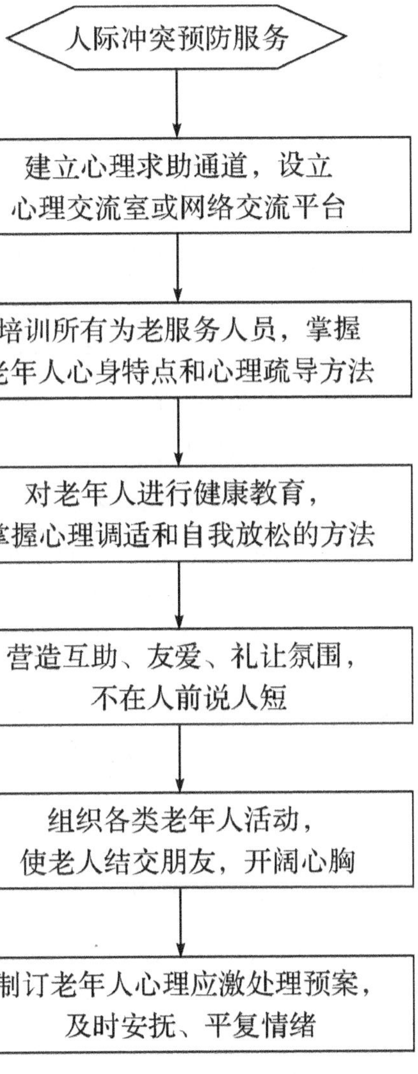

十三、意外伤害的预防

意外伤害是指外来的、突发的、非本意的、非疾病的使身体受到伤害的客观事件。老年人意外伤害预防服务主要是指在日常工作中，预防因老年人的心理、认知异常而导致的自伤或伤人事件，也包括服务人员受到认知和精神异常老人的伤害。此项服务主要适用于日间照料中心，也适用于居家和其他服务机构。

1.服务要求

(1)保障居室环境安全，设施完好。

(2)定期培训员工，进行安全知识教育。

(3)普及老年人健康知识，认识精神异常和认知异常患者的表现，及时发现、及时正确治疗。

(4)对入托、入住老人进行精神和认知评估，了解生活习惯和异常行为，评估意外伤害风险。

(5)精神异常、失智老人分区域管理，有异常行为者宜单人居住，专人照护。室内避免放置刀、剪等利器，避免绳索、铁锤、打火机、火柴等物品，避免自伤和伤人。

(6)重度抑郁症、明显精神症状有暴力、自杀、伤人等行为者，应及时就医治疗。

(7)提升员工的服务能力，按服务规范提供专业服务，了解每位老人行为表现和其背后的含义，在日常照护工作中如环境设计、声音、服装、语言等方面都要注意避免激惹老人。避免与老年人发生冲突，正确处理老年人之间的矛盾。

2.服务步骤

(1)定期检查居室内设施，保障环境安全。

(2)定期培训员工，普及健康知识，认识精神异常和失智老人认知行为异常的表现。

(3)做好入托入住老人的精神、认知评估，了解异常行为。

(4)及时发现重度抑郁症、失智老人异常精神症状，及时就医。

(5)按服务规范提供专业服务，不与老人发生冲突，妥善处理老人之间的争议和矛盾，安抚老人，避免激惹。

(6)制订意外伤害事件的应急预案。

3.服务流程

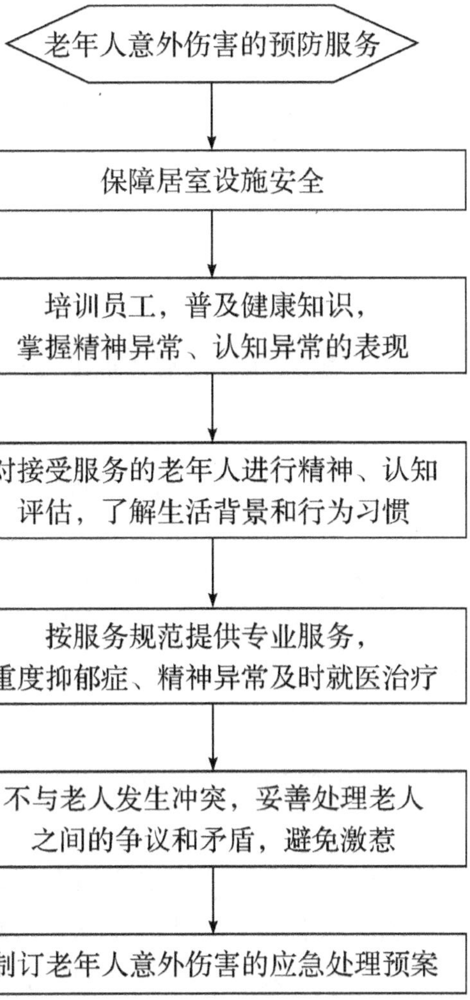

（胡叶文　陈雪萍）

第八部分　健康与治疗服务规范

一、日常保健咨询服务

日常保健咨询服务主要是指为社区老年人提供的健康咨询服务，由社区健康咨询人员和老人共同参与，老年人提出他们关心的健康问题，咨询人员为老人提供健康信息，双方共同交流、探索和研究有关健康问题，老人则从这一特定的交流过程中得到帮助，不仅获得了健康相关知识，而且获得了促进健康的方法。适用于社区老年人，也适用于其他人群。

1.服务要求

(1)日常保健咨询由专业的医护人员或者具备健康管理师资格证书的人员负责。

(2)根据条件，设立咨询室或者利用社区卫生服务中心资源，安排专业咨询人员，也可利用社区志愿服务资源为老年人提供咨询服务。可以是在日间照料中心咨询，也可以根据条件入户为居家老人提供咨询服务，亦可通过电话、微信等方式咨询。

(3)咨询服务定期开展，制订周计划或者月计划、季计划，提前发布信息，包括人员、时间、地点及咨询的主要内容等。用电话或微信等方式咨询的，约定好时间，方便老年人选择。

(4)咨询环境安静，维持好秩序。

(5)咨询人员利用专业知识和沟通技巧为老年人服务，按服务规范提供咨询。

(6)根据条件可以安排预约咨询服务，可结合老年人的共性需求，安排集体的、专项咨询服务。

(7)咨询服务也可以与社区专项的健康讲座相结合，可以根据老年人的一些共性问题，提供健康教育资料，普及健康知识，通过不同的途径促进健康生活方式的建立。

(8)遵守职业道德，保护老人隐私。遇特殊情况，则在维护与老人信任的基础上与家属、社区联系，跟进处理和回访。

(9)记录咨询信息。

2.服务步骤

(1)设立咨询室，列出咨询服务目录。

(2)根据条件，安排咨询服务周计划或者是月计划、季计划，提前公示咨询服务的人员、内容、时间、地点和咨询方式等信息。

(3)提供预约咨询服务，如个别入户咨询服务，老年人及家属预约，商定咨询服务方式，填写服务单。

(4)按服务规范有序开展咨询服务。根据共性需求，可以开展集体的专项咨询服务，也可以与专项的健康讲座相结合。对共性问题开展健康知识普及工作。

(5)咨询结束，征询老人意见和建议，反馈促进。

(6)记录咨询信息，特殊情况作回访登记。

3.服务流程

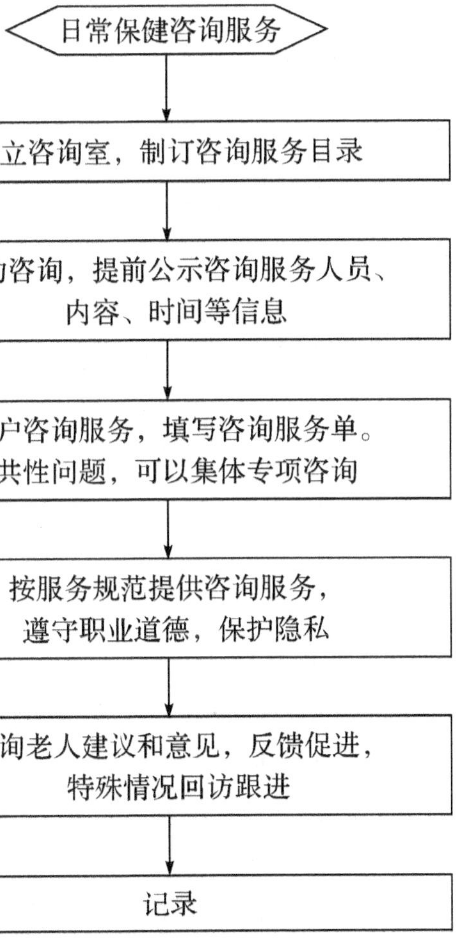

二、其他咨询服务

其他咨询服务是指老年人关心的非共性问题的咨询服务，如遗产继承、遗嘱公证等涉法问题的咨询服务，也可以是政策、旅游、社团参与等问题的咨询服务。适用于社区老年人，也可根据条件为其他人群服务。

1.服务要求

(1)根据条件设立咨询室，安排专业咨询人员。服务单位制订服务目录，列出服务范围、咨询专家及其专长，也可利用社区志愿服务资源为老年人提供咨询服务。

(2)根据服务范围，结合需求情况，确定咨询服务的方式、内容。

(3)预约咨询服务，填写服务单，服务结束再征求老人及家属意见与建议，建立反馈促进机制。

(4)专项咨询服务由相关行业的专家担任，外请的咨询专家要注意其专业资质，避免保健品及其他商业推销行为，约定为社区老年人提供咨询服务的内容，遵守职业道德。

(5)咨询服务信息提前公示，可以按每周、每月或每季度公示服务项目。列出定期的咨询服务信息，包括人员、时间、地点及咨询的主要内容等；不定期的咨询服务提前进行公示。有电话或微信等方式咨询的，约定好时间，方便老年人选择。

(6)协助开展咨询，环境安静有序。

(7)咨询专家利用专业知识和沟通技巧为老年人服务，按行业服务规范提供咨询。

(8)遵守职业道德，保护老人隐私。遇特殊情况，与家属、社区联系，跟进处理和回访。

(9)记录咨询信息。

2.服务步骤

(1)设立咨询室，列出咨询服务目录。

(2)根据条件，结合需求，按每周、每月或者每季度安排咨询服务内容，公示咨询服务的人员、内容、时间、地点和咨询方式。

(3)提供预约咨询服务，如入户咨询服务，老年人及家属预约，商定咨询服务方式，填写服务单。

(4)按服务规范有序开展咨询服务，保护老人隐私。

(5)咨询结束，征询老人意见和建议，反馈促进。

(6)记录咨询信息,特殊情况作回访登记。

3.服务流程

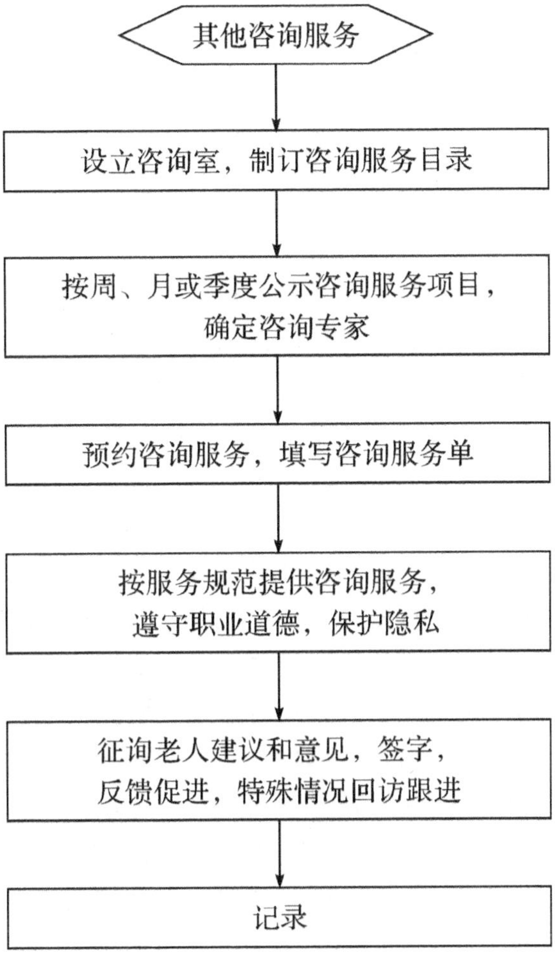

三、协助服药

协助服药服务主要指为不同程度失能、失智老人提供的专项辅助治疗服务，包括按医嘱协助准备药物及按要求正确服用，也包括定时提醒服药。此项服务主要适用于：①日间照料中心的老年人；②不同程度失能、失智的居家老年人；③记忆力减退，需要按时提醒服药的老年人。

1. 服务要求

（1）设专人管理，安排具备执业资质的护士担任专职岗位，制定协助服药的制度和岗位职责，协助发药、摆药。经过培训的养老服务人员可以协助老人口服药物或者使用外用药物。

（2）制订并告示协助服药的服务目录，包括药物保管、发药、提醒服务等，根据条件提供相应的用药辅助服务，如测量血糖、血压，提供雾化吸入、拍背排痰、碾碎药物、鼻饲灌入等。

（3）老人及家属提出申请，根据医嘱，商定协助的内容，填写服务单。

（4）严格按医嘱执行用药，根据服务单，按服务规范提供服务。①按“三查七对制度”做好核对工作，根据病历核对所服药物的药名、浓度、剂量、用法等，确保正确服药。②正确取药：固体药用药匙取，必要时研碎；液体药先摇匀，用量杯取后倒入药杯，如液体药不足1毫升需用滴管吸取；配油剂时，先在药杯倒少量水，再用滴管吸取药物。③协助老人取坐位或半卧位，服药后保持该体位10～15分钟。④协助正确服药：先用温开水湿润口腔，再逐片分次用温开水送服；服药后，无特殊禁忌者，一般应饮水200毫升左右，以利药物吸收；促进食欲和胃功能的药物（如多潘立酮、甲氧氯普胺等）应在饭前30分钟服用，对胃有刺激的药物（如阿司匹林等）应在饭后服用，以减少刺激；止咳糖浆对呼吸道黏膜有安抚作用，服后不宜立即饮水；磺胺类药物服后宜多饮水，以免药物结晶导致肾小管堵塞；服用强心苷类药物应先测脉率及节律，脉率小于60次/分时不可服用，并及时与医生联系；对牙齿有腐蚀作用或使牙齿染色的药物，如酸剂或铁剂，用饮水管吸服，避免与牙齿直接接触，并于服药后及时漱口。⑤不可用茶水、咖啡或牛奶送服药物。⑥不可将许多药物一口吞入，以免造成老人吞咽困难、误咽或恶心呕吐等。⑦服用多种药物时，注意药物之间的配伍禁忌，必要时分次间隔服用。⑧凡是标签不清楚、变色、受潮、有异味、溶液出现絮状物、超过有效期的药物都不能使用。

（5）按服务单提供个性化的服务。若老人因记忆问题经常忘记服药，则按约定时间提醒服药；若因视力及失能状况无法记住药物的服用方法及自行准备药物困难，可以为老人定制药盒，将每餐用药集中放置，做好标记，方便老人取用。

（6）协助服药、接触药物前洗手。

(7)对老人进行相关健康教育，观察用药后反应及病情变化。

(8)特殊用药和需要特殊服务者，在日间照料中心提示牌上予以记录，护士每天检查、核对服务单，避免遗忘事件发生。

(9)做好记录。

2.服务步骤

(1)设专人管理，制订和展示协助服药服务的服务目录。

(2)老人及家属申请，遵医嘱商定协助内容，填写服务单，同时服务人员与老人见面，详细填写约定时间、协助方式、联系电话、地点等。

(3)按提醒服务、入户协助等分类整理服务内容。日间照料中心的服药服务，按姓名、床号列清用药的药名、剂量、用法、服用时间等信息。特殊用药服务在提示牌上标出。

(4)按服务规范提供服药服务：服药前询问老人情况，核对医嘱、核对药物，正确取药，正确服用，服后检查核对。

(5)无禁忌者，服后喝水200毫升左右。

(6)对老人进行健康教育，观察服药后的反应和病情变化。

(7)建立定时检查制度，注意特殊服务落实情况，异常情况及时与医生联系。

(8)记录。

3.服务流程

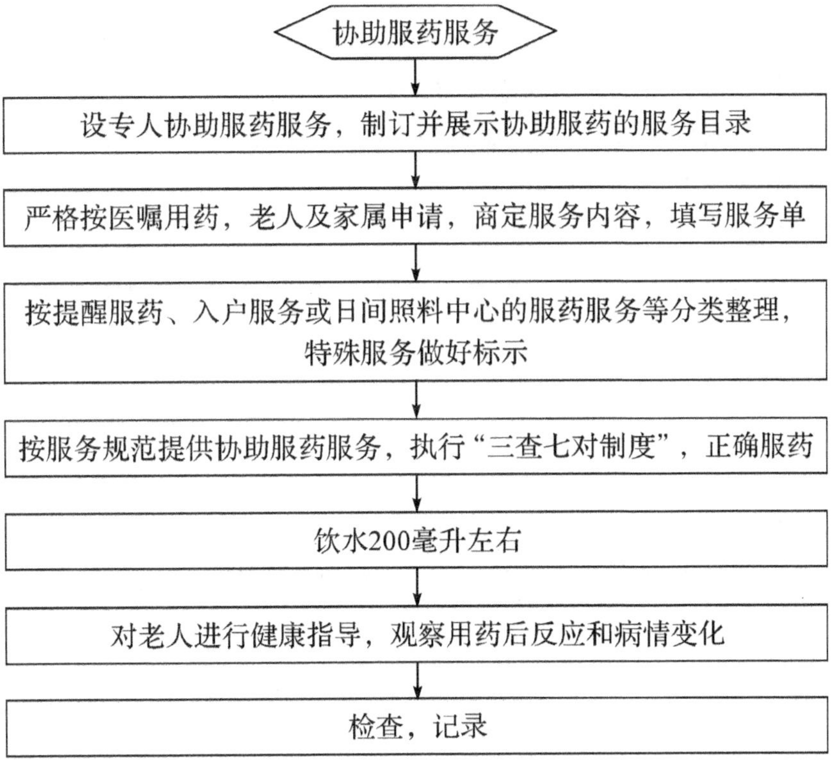

四、滴眼药

滴眼药是指通过将眼药滴入结膜囊，达到相应治疗作用的一种用药方式，常用于眼部疾病的治疗，也辅助用于眼屈光情况的检查。此处滴眼药服务主要是为失能失智老人提供的专项协助用药服务。此项服务主要适用于：①日间照料中心的老年人；②失能、失智的居家老年人。

1.服务要求

（1）按协助服药规范提供服务，经过培训的养老服务人员可以为老年人滴眼药。

（2）遵医嘱用药，给药前仔细核对药名、用法，检查药液有无过期、变色、沉淀等，滴药后再次核对。

（3）滴眼药前洗手，观察眼部情况，询问老人感受。

（4）正确滴入眼药：①老人取坐位或仰卧位，坐位时背靠椅背或床头，头后仰，颈肩部垫软枕；②核对药物；③服务人员站在老人右侧，左手拇指和食指轻轻分开上下眼睑，嘱老人眼睛向上看，右手持眼药水距离眼睑 2～3 厘米，将药液滴入眼睑和眼球之间的间隙（下穹隆）1～2 滴；④滴完眼药后将上眼睑轻轻提起后松开，压迫内眦 2～3 分钟，减少药液经鼻泪管流入鼻腔。

（5）滴眼药水时滴管应距眼睛一定距离，避免触及睫毛污染滴管或碰伤眼球。需滴两种及以上眼药时，至少应间隔 3 分钟。

（6）药液用后妥善保管，切忌与滴鼻药、滴耳药及其他外用药混放，以免误用。

（7）如有异常情况，及时与医护人员联系。记录。

2.服务步骤

（1）老年人及家属提出滴眼药服务申请，按医嘱商定滴眼药服务的内容与方式，填写服务单。

（2）根据服务单，列入当天的服务项目中，分类执行。

（3）洗手，检查老人眼部情况，询问病情及用药情况，清洁眼部。

（4）核对医嘱，检查药液。

（5）正确滴入眼药 1～2 滴，轻按内眦 2～3 分钟。

（6）用毛巾或纸巾擦干面部外溢的药水，整理用物，再次核对。

（7）记录。

3. 服务流程

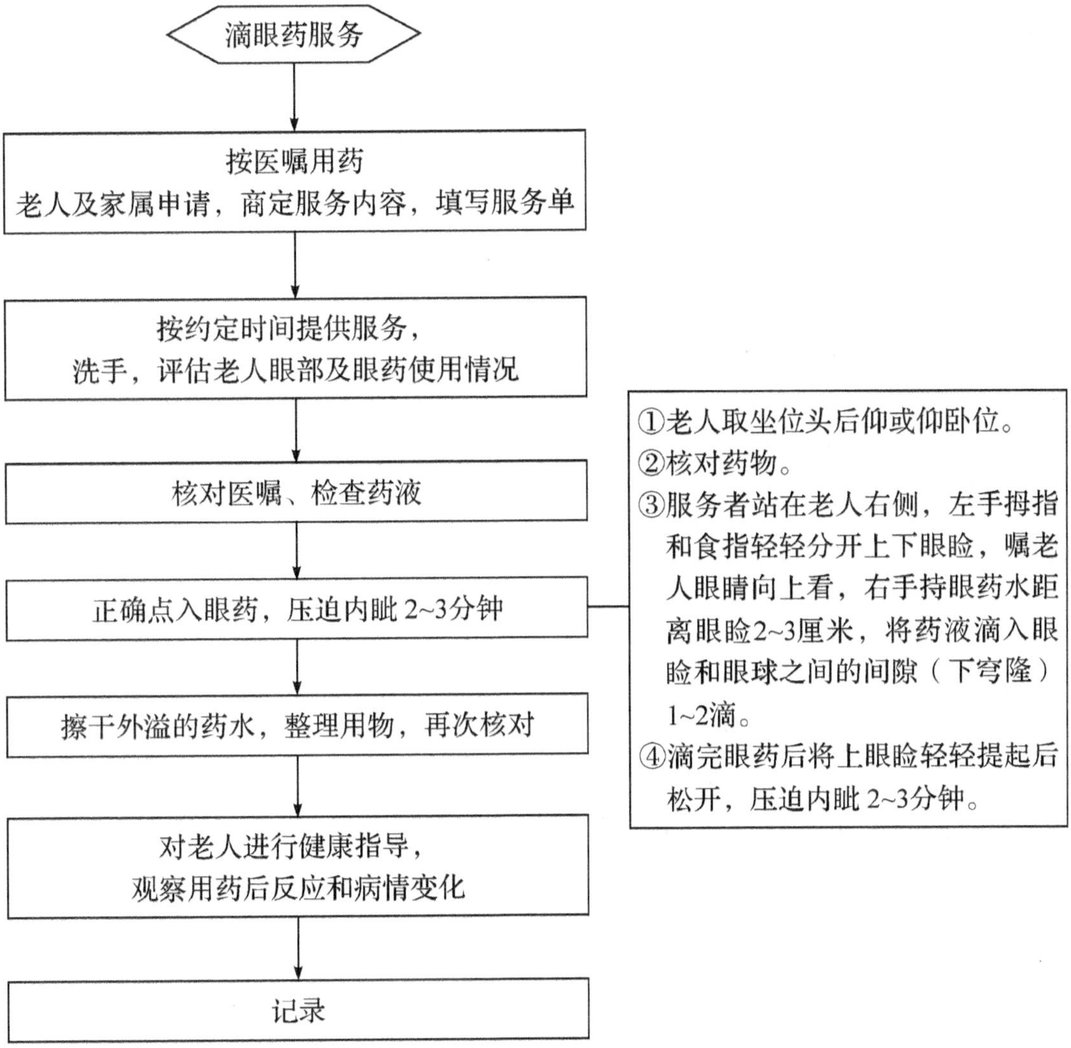
滴眼药服务
按医嘱用药
老人及家属申请，商定服务内容，填写服务单
按约定时间提供服务，
洗手，评估老人眼部及眼药使用情况
核对医嘱、检查药液
正确点入眼药，压迫内眦 2~3分钟
擦干外溢的药水，整理用物，再次核对
对老人进行健康指导，
观察用药后反应和病情变化
记录
①老人取坐位头后仰或仰卧位。
②核对药物。
③服务者站在老人右侧，左手拇指和食指轻轻分开上下眼睑，嘱老人眼睛向上看，右手持眼药水距离眼睑2~3厘米，将药液滴入眼睑和眼球之间的间隙（下穹隆）1~2滴。
④滴完眼药后将上眼睑轻轻提起后松开，压迫内眦 2~3分钟。

五、滴鼻药

滴鼻药是指将药液滴入鼻腔，常用于治疗鼻腔和鼻窦疾病的一种用药方式。滴鼻药服务主要是为失能失智老人提供的专项协助用药的服务。此项服务主要适用于：①日间照料中心的老年人；②失能失智的居家老年人。

1.服务要求

(1)按协助服药规范提供服务，经过培训的养老服务人员可以提供为老年人滴鼻药服务。

(2)遵医嘱用药，用药前仔细查对药名，用法及有无过期、变色、沉淀等，滴药后再次核对。

(3)滴鼻药前洗手，观察鼻腔情况，擤去鼻涕，清洁鼻腔，询问老人感受。

(4)正确滴入鼻药：①老人取坐位或仰卧位，头后伸；②核对药物；③一手扶老人头部，另一手持滴药管，距鼻孔2～3厘米，将药液滴入鼻孔3～5滴；④滴后轻捏鼻翼数次，使药液充分和鼻腔黏膜接触。

(5)滴鼻药管不要碰到鼻部，以免污染药管和损伤鼻部。

(6)不能擅自依靠滴鼻药来改善鼻腔症状，避免长期用药。

(7)药液用后妥善保管，忌与滴耳药及其他外用药混放，以免误用。

(8)如有异常情况，及时与医护人员联系。记录。

2.服务步骤

(1)老年人及家属提出滴鼻药服务申请，按医嘱商定滴鼻药服务的内容与方式，填写服务单。

(2)根据服务单，列入当天的服务项目中，分类执行。

(3)洗手，检查老人鼻部情况，擤去鼻涕，清洁鼻腔，询问病情及用药情况。

(4)核对医嘱，检查药液。

(5)正确滴入鼻药3～5滴，轻捏鼻翼数次。

(6)擦干面部外溢的药液，整理用物，再次核对。

(7)记录。

3. 服务流程

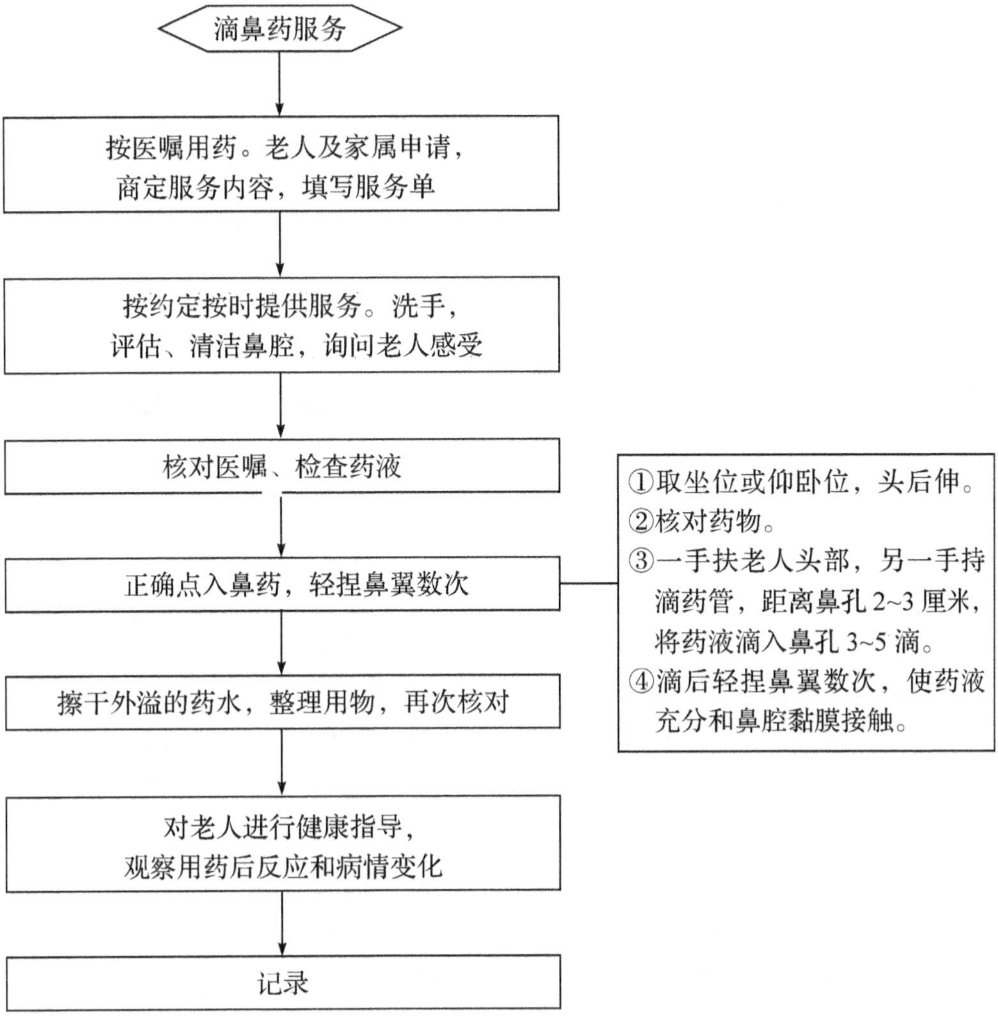

滴鼻药服务
按医嘱用药。老人及家属申请，商定服务内容，填写服务单
按约定按时提供服务。洗手，评估、清洁鼻腔，询问老人感受
核对医嘱、检查药液
正确点入鼻药，轻捏鼻翼数次
擦干外溢的药水，整理用物，再次核对
对老人进行健康指导，观察用药后反应和病情变化
记录
①取坐位或仰卧位，头后伸。
②核对药物。
③一手扶老人头部，另一手持滴药管，距离鼻孔2~3厘米，将药液滴入鼻孔3~5滴。
④滴后轻捏鼻翼数次，使药液充分和鼻腔黏膜接触。

六、滴耳药

滴耳药是指将药液滴入耳道，治疗耳道疾病的一种用药方式。此项服务主要适用于：①日间照料中心的老人；②有需要服务的居家老人。

1.服务要求

(1)按协助服药规范提供服务。经过培训的养老服务人员可以为老年人提供滴耳药服务。

(2)遵医嘱用药，给药前仔细查对药名，用法及有无过期、变色、沉淀等，滴药后再次核对。

(3)滴耳药前洗手，用消毒棉签清洁外耳道，观察外耳道情况，询问老人感受。

(4)正确滴入耳药：①侧卧位患耳向上，或者坐位头侧向一侧肩部；②核对药物；③一手将老人的耳郭向后上方牵拉，使耳道变直，另一手持滴耳药将药液顺外耳道壁滴入 3～5 滴；④滴药后按压耳屏数次，保持原位数分钟。

(5)在滴耳药时药管不要碰到耳郭及外耳道口，滴药时让药液沿外耳道壁注入耳道深部，按压耳屏数次，最好保持在原位 5 分钟。切忌将药直接滴在鼓膜上。滴耳药的温度应与体温接近，避免过冷而刺激耳膜。冬天可将耳药捏在手心加温。

(6)几种药物同时应用时，应间隔 1～2 小时交替滴入。

(7)软化耵聍时，每次药量可适当增加，最好在睡前滴药。

(8)忌与滴鼻药、滴眼药及其他外用药混放，以免误用。

(9)如有异常情况，及时与医护人员联系。记录。

2.服务步骤

(1)老人及家属提出滴耳药服务申请，按医嘱商定滴耳药服务的内容与方式，填写服务单。

(2)根据服务单，列入当天的服务项目中，分类执行。

(3)洗手，用棉签清洁外耳道，检查老人外耳道情况，询问病情及用药情况。

(4)核对医嘱，检查药液。

(5)正确滴入耳药 3～5 滴，按压耳屏数次，保持侧位数分钟。

(6)擦干面部外溢的药液，整理用物，再次核对。

(7)记录。

3.服务流程

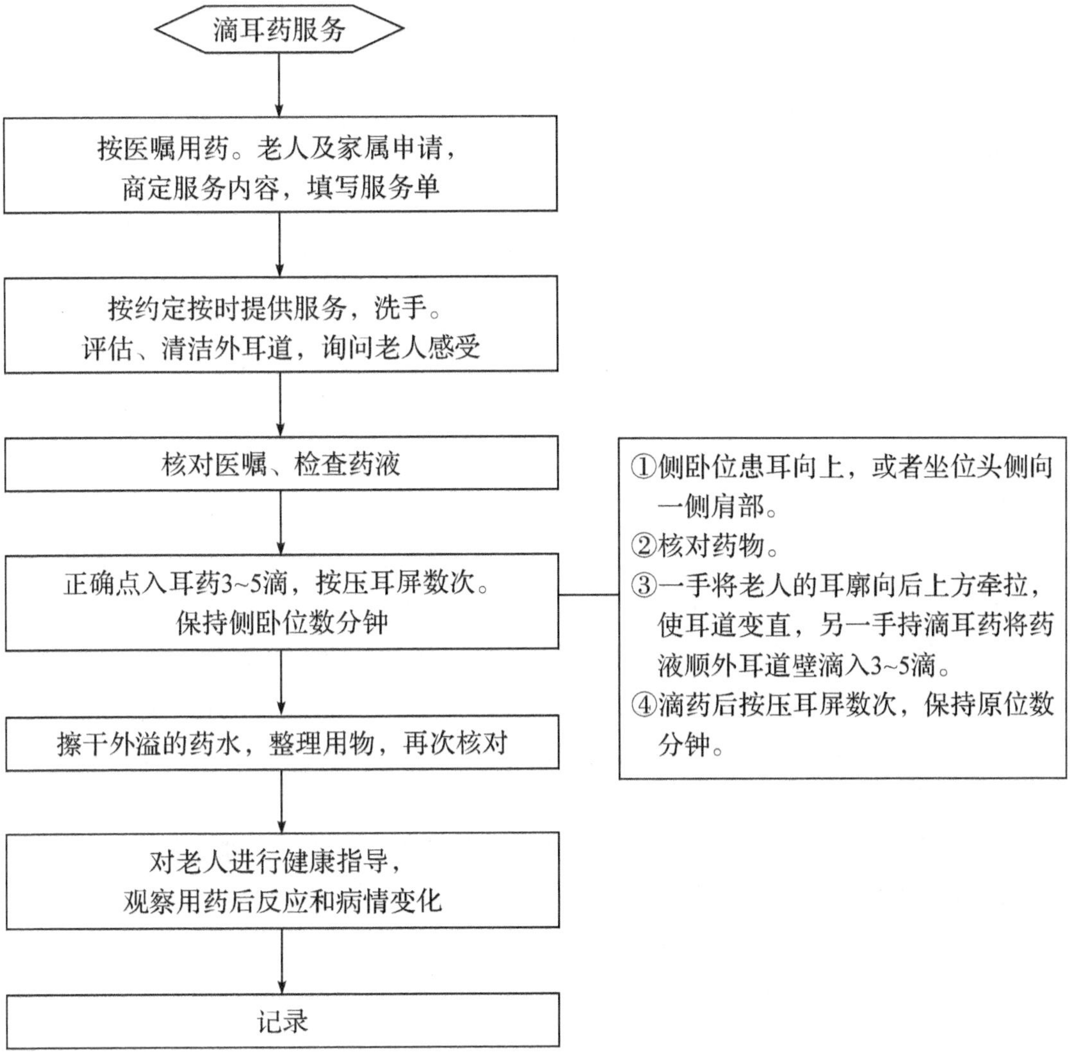
滴耳药服务
按医嘱用药。老人及家属申请，
商定服务内容，填写服务单
按约定按时提供服务，洗手。
评估、清洁外耳道，询问老人感受
核对医嘱、检查药液
正确点入耳药3~5滴，按压耳屏数次。
保持侧卧位数分钟
擦干外溢的药水，整理用物，再次核对
对老人进行健康指导，
观察用药后反应和病情变化
记录
①侧卧位患耳向上，或者坐位头侧向一侧肩部。
②核对药物。
③一手将老人的耳廓向后上方牵拉，使耳道变直，另一手持滴耳药将药液顺外耳道壁滴入3~5滴。
④滴药后按压耳屏数次，保持原位数分钟。

七、皮肤贴剂使用

皮肤贴剂由背衬层、有(或无)控释膜的药物贮库、粘贴层及临用前需除去的保护层几部分组成,通过粘贴在皮肤上,药物可以在局部或者通过皮肤吸收而产生全身作用。皮肤贴剂种类很多,常用的有止痛膏、雌激素皮肤贴剂、硝酸甘油皮肤贴剂等。皮肤贴剂使用服务主要适用于失能、失智老人或者粘贴部位位于背部等处自身无法完成而需要协助使用者。

1.服务要求

(1)遵医嘱用药,协助老人使用。如需要定时入户为老人使用皮肤贴剂者则填写入户服务单。

(2)使用皮肤贴剂前清洁皮肤,评估局部皮肤情况,除了伤口使用的贴剂外,避免贴于破损、感染、皮疹等部位,避免贴于皮肤折皱处。

(3)在使用皮肤贴剂时应使药膜平整,充分与皮肤接触,并按压 2 分钟,必要时可用胶带加固,以免药膜因活动而卷曲、脱落。粘贴时注意技巧,如贴剂较大,可先撕开保护膜一端,平整贴于皮肤,再慢慢撕下保护膜,边撕边将贴剂粘在皮肤上。

(4)保持贴剂处干燥,避免潮湿致脱落。

(5)注意观察局部皮肤及全身反应,如出现局部红、肿、痛、痒等症状或全身异常症状,应立即停止,及时与医护人员联系。

(6)根据所含药物性质确定使用时间。去除贴剂时清洁皮肤,可用松节油去除胶布痕迹。

(7)贴皮肤贴剂时,注意遮挡,保护老人隐私。

(8)记录用药情况。

2.服务步骤

(1)需要多次定时服务或者入户服务者,老年人及家属提出服务申请,按医嘱商定服务的内容与方式,填写服务单。

(2)根据服务单,列入当天的服务项目中,分类执行。

(3)洗手,清洁、评估局部皮肤,询问病情及用药情况。

(4)核对医嘱,检查贴剂。

(5)待皮肤干燥后,将贴剂平整贴于局部皮肤上,按压 2 分钟。

(6)观察用药效果及老人的反应。

(7)记录使用情况。

3. 服务流程

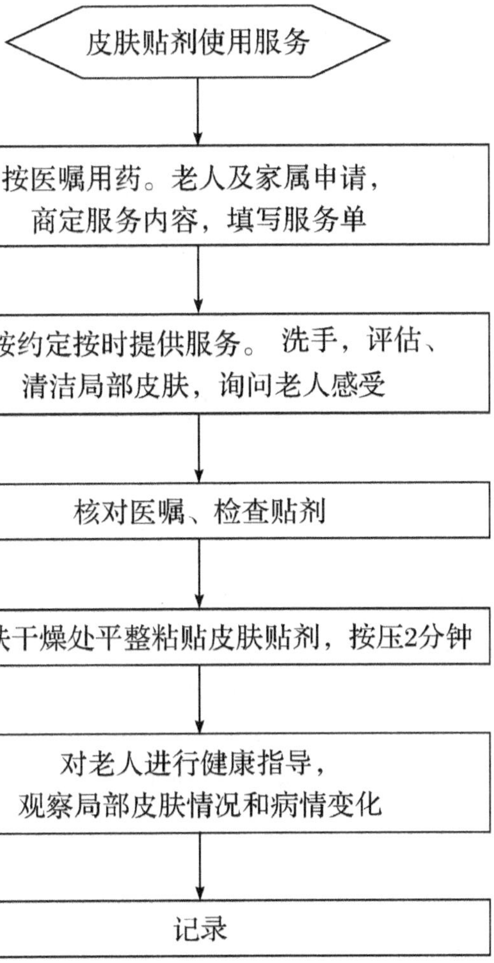
皮肤贴剂使用服务
按医嘱用药。老人及家属申请，
商定服务内容，填写服务单
按约定按时提供服务。洗手，评估、
清洁局部皮肤，询问老人感受
核对医嘱、检查贴剂
于皮肤干燥处平整粘贴皮肤贴剂，按压2分钟
对老人进行健康指导，
观察局部皮肤情况和病情变化
记录

八、开塞露使用

老人由于肠道蠕动功能下降，容易发生便秘，而老人因便秘用力排便易诱发心脑血管意外事件，开塞露塞肛起到润滑、促进排便的作用，是常用的通便方法。此项服务主要适用于日间照料中心失能老人的通便服务，也可以为居家失能老人提供。

1. 服务要求

(1)遵医嘱用药，评估老年人便秘情况，先协助老人排尿。

(2)打开开塞露瓶盖检查开口是否平整，封口用剪刀剪去者注意修剪平整，避免使用时损伤肛周组织。

(3)老人左侧屈膝卧位，露出臀部，用屏风或布帘遮挡，保护老人隐私。

(4)操作者戴一次性手套，挤出少量液体润滑开塞露开口处，一手持卫生纸分开老人臀裂露出肛门，另一手将开塞露插入肛门，挤入全部药液，退出开塞露瓶，顺势用卫生纸擦净肛周。嘱老人深呼吸，放松，保留5～10分钟后再排便。

(5)开塞露使用时注意开口处保持光滑，插入肛门时动作轻稳，防损伤。

(6)指导老年人养成良好的排便习惯，多饮水，多食富含膳食纤维的蔬菜水果，坚持适宜运动，保持良好的健康状态，预防便秘。老人也可以根据体质情况食用一些寒性食物促进排便。

(7)观察老人排便情况，记录。

2. 服务步骤

(1)老人或家属提出服务申请，按医嘱使用，填写服务单。

(2)用屏风或布帘遮挡，保护患者隐私。

(3)先协助老人排尿，协助取左侧屈膝卧位，褪下裤子，露出臀部。

(4)取下开塞露顶端帽盖，检查开口处是否平整。

(5)戴手套，先挤出少许药液润滑开口，正确将开塞露插入肛门，挤入开塞露内全部药液。退出开塞露空囊，保留5～10分钟后排便。

(6)嘱老人耐心排便，观察排便情况。

(7)记录。

3. 服务流程

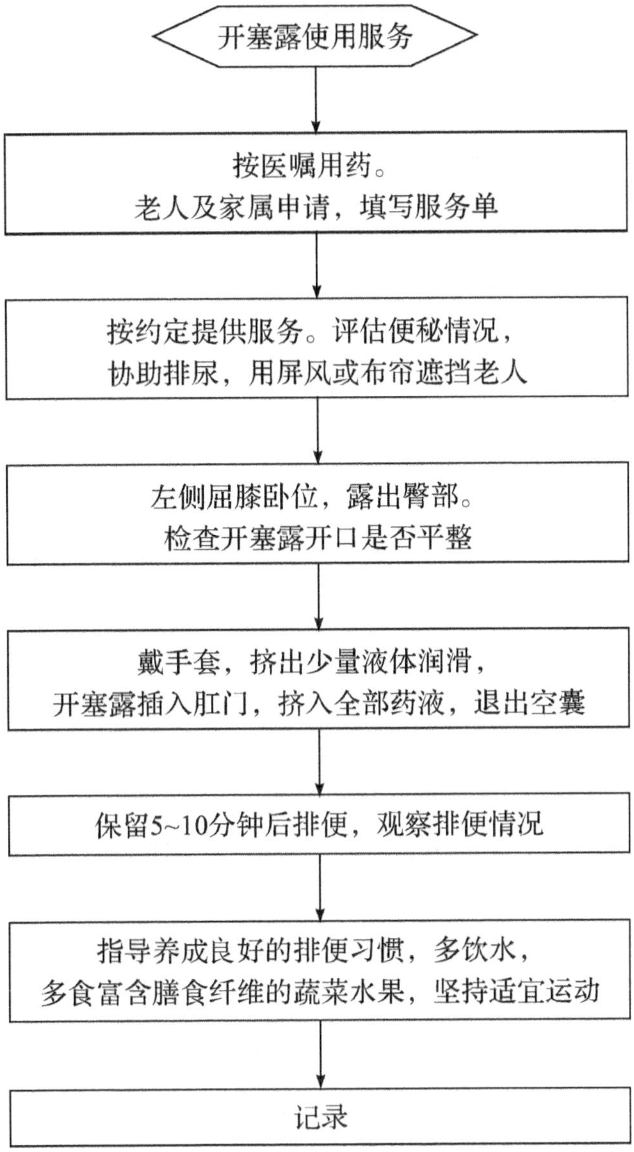
开塞露使用服务
按医嘱用药。
老人及家属申请，填写服务单
按约定提供服务。评估便秘情况，
协助排尿，用屏风或布帘遮挡老人
左侧屈膝卧位，露出臀部。
检查开塞露开口是否平整
戴手套，挤出少量液体润滑，
开塞露插入肛门，挤入全部药液，退出空囊
保留5~10分钟后排便，观察排便情况
指导养成良好的排便习惯，多饮水，
多食富含膳食纤维的蔬菜水果，坚持适宜运动
记录

九、输液观察与照护

输液治疗一般在医院进行，日间照料中心及家庭中老年人因特殊情况需要输液治疗时由医疗服务机构护士按医嘱执行，养老服务人员在护士指导下观察与照护老人。此项服务主要适用于有一定医疗条件的日间照料中心。

1.服务要求

(1)输液治疗由医疗机构的医护人员执行，养老服务人员在护士指导下对输液治疗的老人进行观察和照护。

(2)居家老人输液治疗期间需要照护者由老人和家人提出申请，商定服务时间、内容、地点，填写服务单。

(3)与老人沟通，嘱老人输液前先如厕，放置好呼叫器，确认输液期间的联系方式。

(4)请护士详细告知输液期间要观察的内容，并记录注意事项，留下护士的联系方式，并确认什么情况下呼叫护士。有医疗资质的日间照料中心，输液期间的观察、巡视由护士执行，养老服务人员主要照护老人日常生活。

(5)保持输液管道通畅：输液处肢体尽量避免屈曲、伸展等活动，翻身、如厕时先固定输液管道，避免输液针头滑出、输液管道折叠。同时，输液处肢体勿过高，防回血致堵塞。

(6)保持环境清洁，输液半小时前结束室内卫生工作，输液期间不进行铺床、梳头等操作，预防输液反应。

(7)注意观察老人输液部位有无肿胀、疼痛，注意输液是否通畅及输液的速度是否符合要求，老人有无出现发冷、发热、气急等异常反应，如有异常，随时向护士反映，及时处理。

(8)做好输液期间老人的生活照料。

(9)按要求做好巡视记录。

2.服务步骤

(1)老人及家属提出服务申请，填写服务单。

(2)输液半小时前结束室内清洁工作，协助老人先如厕。

(3)安置好老人体位，协助护士进行输液操作。详细了解输液过程中的注意事项和观察内容，同时也与老人详细沟通，留下护士联系方式，放好呼叫器并教会老人应用。

(4)按服务要求定时巡视或专职照护，观察并保持输液通畅，观察老人反应和输液部位是否肿痛。

(5)保持室内环境清洁，协助照护老人生活，翻身、如厕等注意固定输液处，防针头脱落和管道折叠。

(6)遇输液不畅，针头滑出，输液处肿胀，老人出现胸闷气急，发冷发热等情况，呼叫护士。输液结束，呼叫护士拔除针头，按压穿刺点3～5分钟止血。

3.服务流程

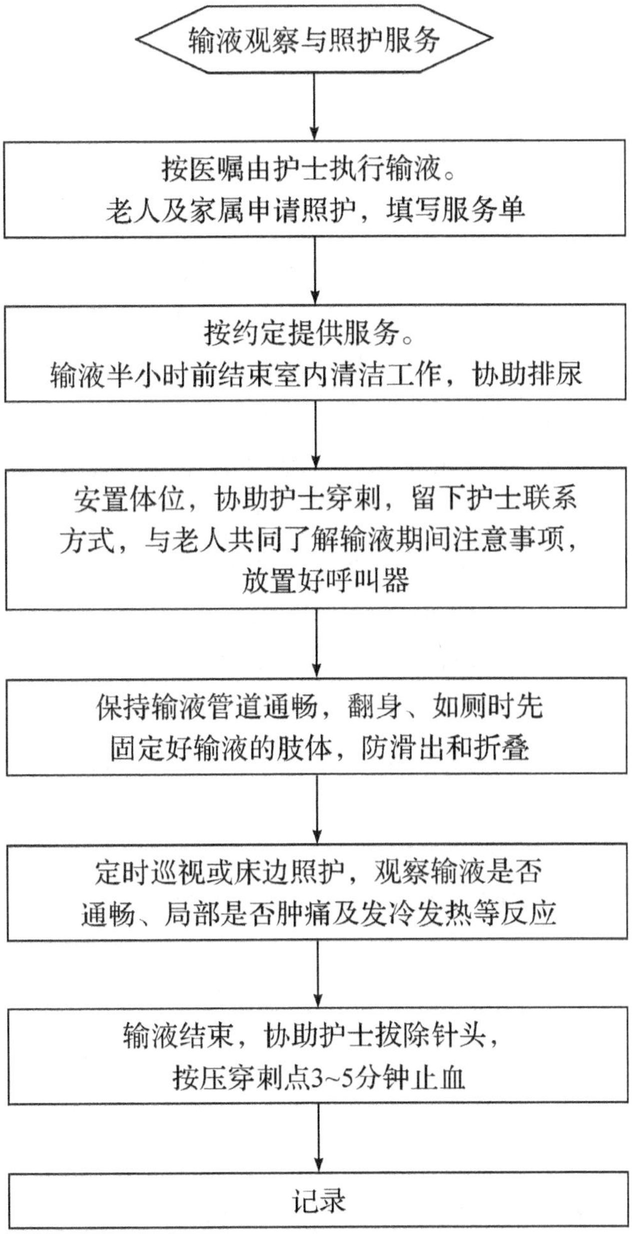

十、热　敷

热敷可以促进局部组织血液循环，促进炎症消散，减轻疼痛。热敷服务主要适用于软组织损伤后期的康复及疼痛的辅助治疗。

1.服务要求

(1)按医嘱执行热敷治疗。软组织损伤、关节疼痛、腹痛等，征求医生建议后可行热敷治疗，由老人或家属提出服务申请后执行。

(2)评估老人受伤部位或者疼痛部位情况，与老人沟通，交流热敷作用、过程和注意事项。

(3)关门窗，先协助老人如厕。准备物品、50～55℃热水(水温计测量)。

(4)正确热敷：①安置合适的体位，暴露局部皮肤，下垫干毛巾或一次性垫布，受敷部位皮肤涂凡士林(大于受敷部位)，上盖一层纱布；②敷布(或者大小合适的毛巾)浸于热水中，用两把长钳将浸于热水中的敷布拧至不滴水，抖开敷于患处的纱布之上，或者操作者戴橡胶手套拧干敷布；③每3～5分钟更换一次敷布，持续热敷15～20分钟；④热敷结束，撤去敷布和纱布，擦去凡士林。

(5)热敷时注意观察并询问老人感受，观察体温变化，注意观察局部皮肤，严防烫伤。老人皮肤感受性降低，夏天适当降低水温，冬天注意关门窗，防受凉。

(6)若老人感觉过热，可将敷布一角掀起散热。

(7)若热敷部位为开放性伤口，应按无菌原则操作，同时由护士处理伤口。

(8)面部热敷后30分钟内不外出，防受凉感冒。

(9)也可用热水袋热敷，热敷部位盖棉垫或毛巾，上置热水袋进行热敷。注意热水袋温度不过高。

(10)以下情况禁忌热敷：局部皮肤破损、湿疹、原因不明的急腹症、急性软组织损伤48小时以内、面部三角区感染及怀疑内脏出血者。

2.服务步骤

(1)遵循医嘱或者征求医生建议，进行热敷治疗。

(2)评估局部皮肤及病情，与老人沟通，协助如厕，冬天关门窗防受凉，必要时用屏风或布帘遮挡。

(3)倒好热水，测量并调节水温至50～55℃。

(4)受敷部位下垫干毛巾或一次性垫布，暴露局部皮肤，涂凡士林，上盖一层纱布。

(5)敷布于热水中浸湿，拧至不滴水，抖开敷于患处，每 3～5 分钟更换一次敷布，持续热敷 15～20 分钟。注意观察皮肤情况，询问老人感受。

(6)热敷结束，撤去敷布和纱布，擦去凡士林，休息 30 分钟后再外出。

(7)记录。

3.服务流程

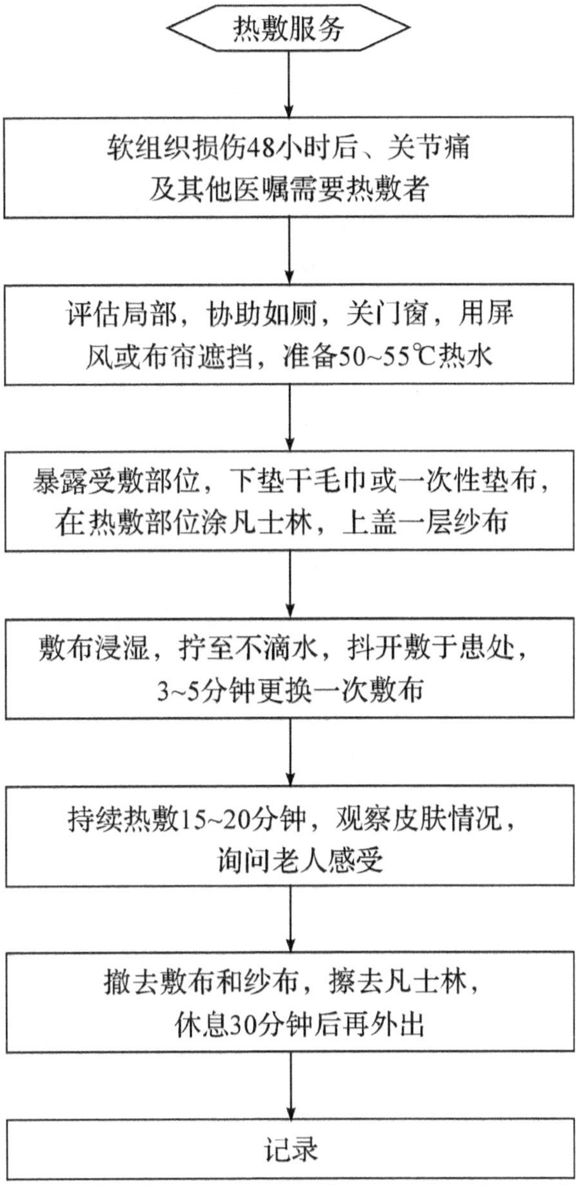

十一、冷　敷

冷敷可以促进皮肤散热，降低体温，同时使局部血管收缩，减少局部充血或出血，减轻水肿和疼痛。冷敷常用于高热患者的物理降温及软组织损伤早期、鼻出血等的辅助止血治疗。这里所指的冷敷主要适用于日间照料中心老人或者居家老人的物理降温和局部软组织挫伤、关节扭伤早期，以减轻水肿和止痛。

1.服务要求

(1)冷敷用于发热老人的物理降温，可敷于额部及颈部、腋下、腹股沟、腘窝、肘窝等大血管通过的地方，促进散热，降低体温。由于冷湿敷容易弄湿衣被，操作也不便，大血管处的冷敷常用冰袋，详见物理降温。

(2)冷敷也常用于软组织挫伤、关节扭伤的早期(肢体闭合性损伤12小时以内，头皮闭合性损伤24～48小时内)，局部冷敷促进血管收缩，减少局部组织的出血、水肿并可止痛。

(3)目前临床上应用各类冷敷贴，它主要是以高分子凝胶为基础制备的透皮给药系统(transdermal drug delivery system，TDDS)。TDDS以新型药物释放系统为核心，由背衬层、凝胶层、防粘层组成。冷敷贴除了冷敷效应以外，还有药物的作用，可根据需要选择。冷敷贴应用按医嘱执行，在护士指导下使用。

(4)冷敷适用于皮肤完整处，不宜用于开放性伤口。

(5)日常生活中可将毛巾于冷水中浸湿用于冷敷，也可用冰袋冷敷。

(6)冷敷过程中注意观察局部皮肤情况，防止冻伤，注意观察体温，冷敷过程中询问老人感受，如出现皮肤紫斑及畏寒等不适，停止冷敷。

2.服务步骤

(1)评估老人情况：①发生局部软组织挫伤或关节扭伤者，先评估伤情，怀疑骨折、内脏损伤者送医院就医；②伤肢制动，抬高，促进血液回流，减轻水肿；③发热老人评估体温及病情，轻度发热不需特殊降温处理，中度发热者于额头冷湿敷辅助降温，高热者遵医嘱服用降温药物或使用冷敷贴。

(2)暴露受敷部位，下垫干毛巾或一次性垫布，可用冷湿敷或者用冰袋冷敷。①冷湿敷：用毛巾或敷布浸于冷水或者冰水中，拧至不滴水，抖开敷于患处；每3～5分钟更换一次敷布，持续15～20分钟。②冰袋冷敷：受敷部位盖干毛巾，冰袋内装冰水，包好布套，敷于毛巾之上，持续冷敷。

(3)注意观察局部皮肤情况及老人感受，冷湿敷更换敷布时观察皮肤情况，持续冷敷时每5～10分钟观察皮肤情况一次，冷敷降温半小时后测量体温。老人若出现畏寒、皮肤发紫等情况，及时停止冷敷。

(4)冷敷结束后，撤去用物，擦干皮肤。

(5)记录。

3.服务流程

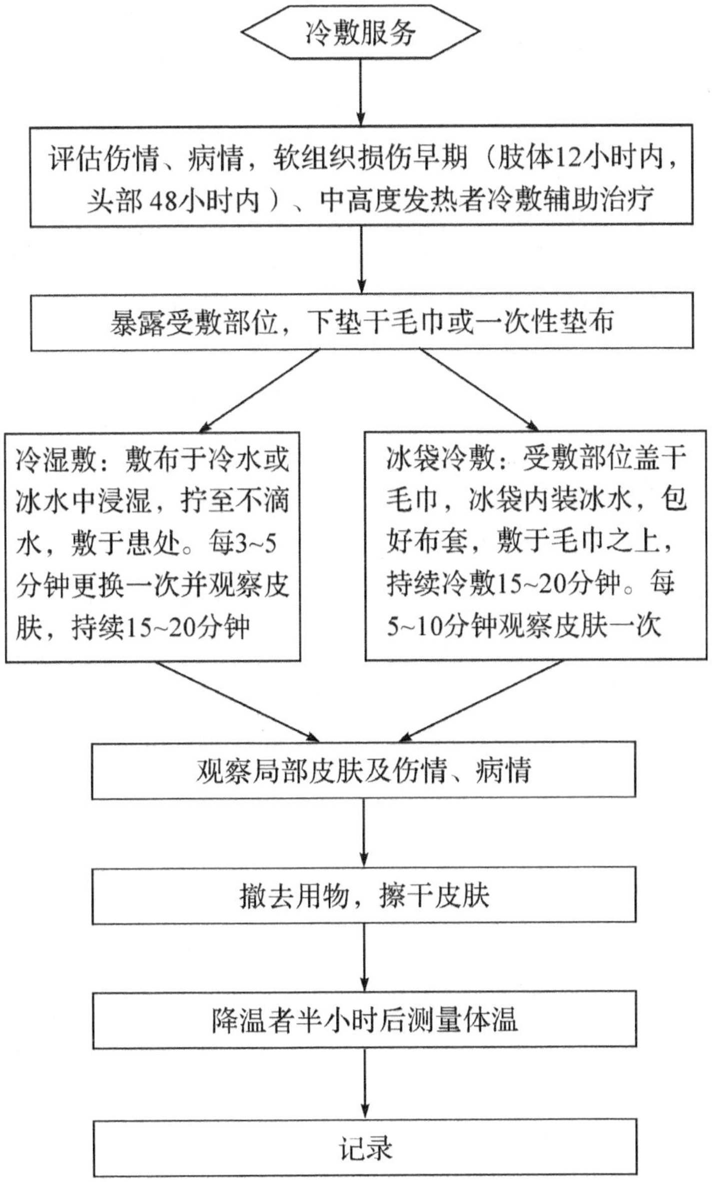

十二、物理降温

人体正常体温为36.3～37.2℃，体温超过正常值称发热，发热分为：①轻度发热：37.3～38.0℃；②中度发热：38.1～39.0℃；③高热：39.1～41.0℃；④超高热：＞41℃。物理降温是简易、有效、安全的降温方法，老人发热以物理降温为主，避免体温骤降而产生不良反应。

1.服务要求

(1)评估老人病情，测量体温。

(2)发热是机体的一种防御性反应，轻度发热不需作特别的降温处理，遵医嘱对因治疗，多饮水；中度以上发热需积极降温处理，但要避免体温骤降、虚脱等并发症；超高热者则危及生命，要及时送医院救治，配合医护人员迅速降温。

(3)根据老人病情和发热程度选择降温的方法。物理降温方法有降低环境温度、增加通风、减少衣被、冷敷、温水擦浴、酒精擦浴等，前三种方法可用于所有的患者，尤其是中暑发热者，后三种主要用于中度以上发热者。若患者有明显的畏寒情况，则注意保暖，避免冷敷等刺激，观察体温，遵医嘱治疗。

(4)物理降温过程中注意观察患者反应，如出现寒战、面色苍白、脉速等症状，应立即停止擦浴，联系医护人员及时处理。

(5)监测体温，物理降温后半小时测量体温并记录。

(6)指导老人多饮水，多食新鲜蔬果补充维生素。向社区人群传播有关物理降温的知识和方法。

2.服务步骤

(1)老人发热，遵医嘱服药治疗和监测体温。

(2)指导老人多饮水，多食新鲜蔬果，饮食清淡，发热期间卧床休息。

(3)根据病情和发热程度，结合医嘱，选择合适的物理降温方式。

(4)正确实施物理降温(具体方法详见冷敷、温水擦浴)。

(5)降温后半小时测量体温并记录，观察老人情况，遇老人畏寒、体温不降或升高、大量出汗等情况，及时与医护人员联系。

3.服务流程

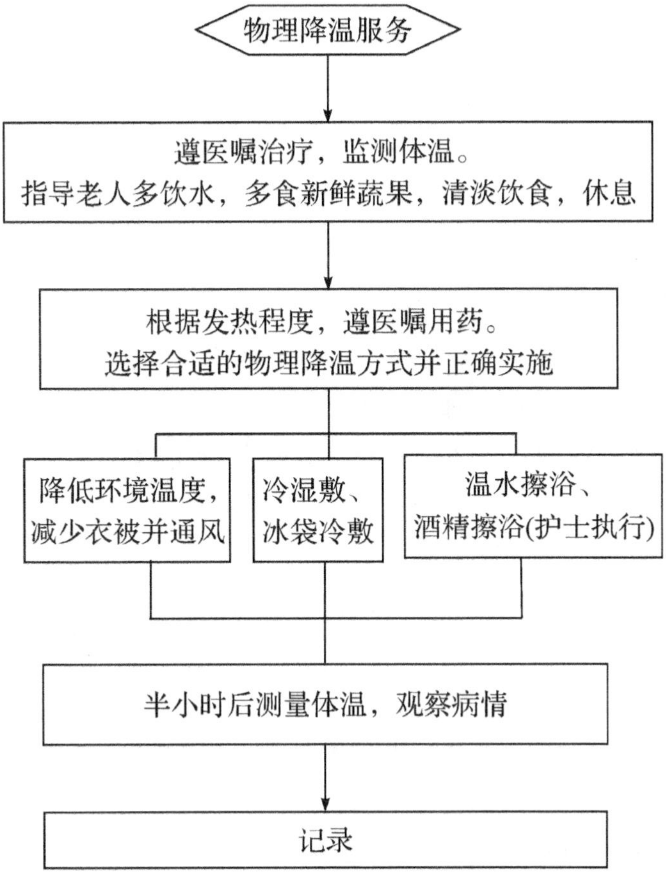
物理降温服务
遵医嘱治疗，监测体温。
指导老人多饮水，多食新鲜蔬果，清淡饮食，休息
根据发热程度，遵医嘱用药。
选择合适的物理降温方式并正确实施
降低环境温度，
减少衣被并通风
冷湿敷、
冰袋冷敷
温水擦浴、
酒精擦浴(护士执行)
半小时后测量体温，观察病情
记录

十三、温水擦浴

温水擦浴是物理降温常用方法，降温作用较为温和，适合中度以上发热老年人。用低于体温的温水擦拭皮肤，通过直接传导和水分的蒸发带走热量。擦拭时配合按摩，可使高热患者的皮肤血管扩张，增进皮肤的散热效应，使体温下降。

1.服务要求

（1）评估老人发热程度，轻度发热不作特别的降温处理，中度以上发热，按医嘱对因治疗的同时，选择合适的物理降温方法。

（2）通常水温为32～34℃，老年人降温宜温和，水温不宜过低，以略低于体温即可，避免温差过大刺激皮肤而引起寒战，反而不利降温。

（3）擦拭时用屏风或布帘遮挡老人，保护隐私。

（4）擦拭颈部、腋下、腹股沟、腘窝、肘窝等大血管通过的部位时，稍用力并按摩，停留时间稍长，促进散热。

（5）从上到下有序擦拭，避免过多地翻动老人。一侧擦拭结束擦拭对侧，上身擦拭完毕换干净衣服再擦拭下身。每组擦拭2～3分钟，全部擦拭时间以20分钟左右为宜。

（6）在足底放热水袋，防血管反射性收缩。同时头部放置冰袋，增加降温效应。

（7）擦浴过程中要注意老人全身情况，如出现寒战、面色苍白，应立即停止。

（8）禁忌擦拭后项部、胸前区、腹部、足心等处。

（9）协助老人多饮水，多食新鲜蔬果，饮食清淡，卧床休息。

（10）根据季节，利用空调、电扇降低环境温度，增加通风，减少衣被，以增加身体热能的散发，促进降温。但要预防对流，防受凉，同时防冷刺激引起寒战。老人有明显的畏寒等情况，不宜温水擦拭，应做好保暖，监测体温，按医嘱采用其他降温方法。

（11）擦拭结束半小时后测量体温，记录。

2.服务步骤

（1）评估老人体温及病情，遵医嘱用药，选择合适的降温方法。

（2）与老人沟通，协助如厕，关门窗，用屏风遮挡，准备物品及温水。

（3）老人头部放冰袋，足部放热水袋。

（4）正确擦拭。①擦拭顺序：侧颈→肩→上肢外侧→手背；侧胸→腋窝→上肢内侧→肘窝→前臂前侧→手心；肩部→背部→臀部；髋部→下肢外侧→足背；腹股沟→下肢内侧→内踝；臀下沟→下肢后侧→腘窝→小腿背侧→足跟。②擦拭时间：每组2

～3 分钟，擦拭 20 分钟左右。③边擦边按摩，在颈侧、腋下、腹股沟、腘窝、肘窝等处，稍用力按摩和停留时间稍长，促进散热。④在擦拭部位下垫干浴巾，擦拭后用干毛巾擦干，换上干净衣服，防受凉。⑤禁忌擦拭后项部、胸前区、腹部、足心等处。

(5)边擦拭边观察老人情况，协助老人多饮水，对老人进行健康指导。

(6)半小时后测量体温并记录。

3. 服务流程

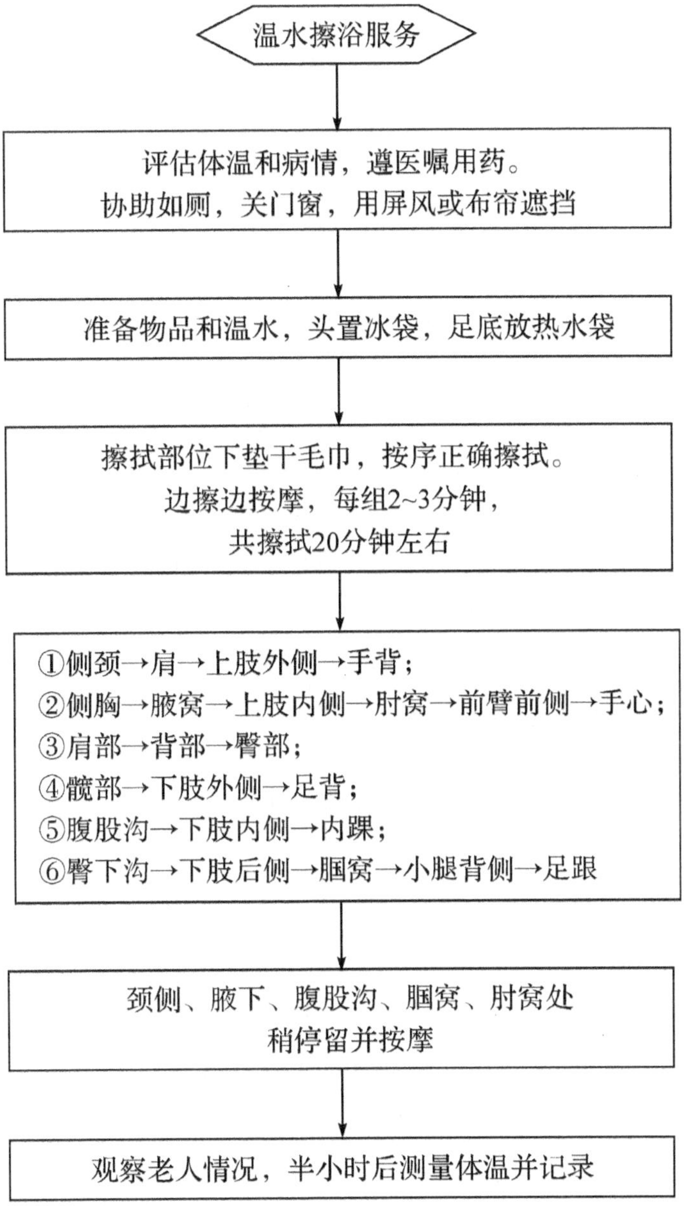

十四、中医适宜技术服务

中医适宜技术是指在中医理论指导下总结出来的治疗技术，具备“简、便、验、廉”等特点，常见的适宜技术有针灸、推拿按摩、拔火罐、熏洗、穴位注射等。在老年人慢性疾病预防、治疗、康复及日常养生中，中医适宜技术有其独到的应用效果，受到老年人欢迎。养老服务机构可以根据国家中医适宜技术服务目录，创新服务项目，满足老年人的不同需求。

1.服务要求

(1)根据国家中医药管理局规定的中医适宜技术目录，结合人员配备，制订并展示服务目录，设专人管理中医适宜技术服务与推广。

(2)注意中医适宜技术执行的权限，养老服务人员不得执行创伤性的服务项目，有资质的医护人员执行针灸、穴位注射等项目注意无菌操作，并尽量于符合条件的医疗机构内执行。

(3)评估老年人的病情，充分沟通，选择合适的中医适宜技术。

(4)结合中医理论，在现有的适宜技术目录基础上，研究、设计、总结适合养老服务机构应用的适宜技术，创新服务项目。当前各种版本的养生操、保健操、康复操等，可以结合机构条件和老年人现状，因地制宜地提供相应的技术服务。

(5)向老年人普及中医适宜技术，结合老年人情况，指导老年人开展穴位按摩、拔火罐、养生操、康复操等自我服务或互助服务。

(6)注意预防不良反应，中医适宜技术服务过程中应注意观察老人反应，如出现不适症状及时停止。同时要注意预防并发症，如老年人骨质疏松多见，应用按摩技术就需要注意用力适度，预防骨折。

(7)服务结束征求老人意见，建立不断反馈促进机制。

2.服务步骤

(1)根据中医适宜技术目录，结合条件，制订并展示服务目录。

(2)评估老年人情况，选择中医适宜技术服务项目。

(3)正确实施各类中医适宜技术，按规范提供服务，预防并发症和不良反应。

(4)研究、设计、总结适合养老服务机构应用的适宜技术，在实践中创新服务项目。

(5)向老人普及中医适宜技术，指导老人根据具体情况开展穴位按摩、拔火罐、养生操、康复操等适宜技术的自我服务或互助服务。

(6)征询意见,不断反馈促进。

3.服务流程

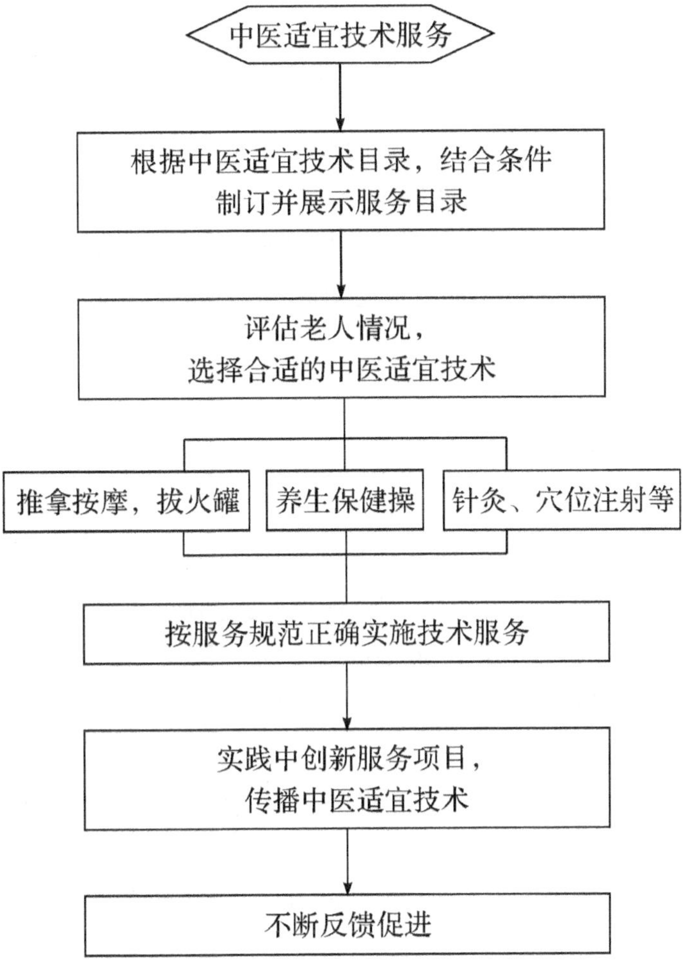

十五、康复护理服务

尽可能长地延长老人自理生活能力的时间，是养老服务的重要目标。康复护理理念贯穿在养老服务的始终。康复护理的范围非常广，如指导健康老人采纳健康的生活方式，预防心脑血管意外、预防跌倒、预防失智和心理疾病，保持心肺和肢体于良好功能状态，防止残疾发生；对于慢性病及残疾老人，开展康复训练、提供辅具、改善环境、减轻痛苦，最大程度恢复生活自理能力，使老人重新回归社会，提升生活品质。

1.服务要求

(1)根据人员配备情况，结合相应的服务权限和老年人需求，制订并展示康复护理服务目录。

(2)评估老年人情况，与老人及家属充分沟通，制订康复计划，建立档案，并在康复过程中定期再评估，不断修正计划，促进康复目标达成。

(3)因人因地制宜，选择合适的康复护理措施。老年人个体情况各不相同，康复护理措施要与老年人具体情况及家庭条件、环境设施、社区氛围等相结合，促进老年人和家庭主动参与和坚持。

(4)按服务规范正确实施康复护理服务。康复活动注意循序渐进，如出现不适症状及时停止。老年人主动锻炼避免过于剧烈，预防心脑血管意外；康复活动中预防跌倒，被动活动用力适度，预防骨折及组织损伤；辅具适宜、设施无破损、方法正确等，注意预防并发症。

(5)利用社区资源，发挥志愿者、社会工作者及社区互助组织在老年人心身康复活动中的作用。

(6)传播康复理念，充分发挥老年人自身的主观能动性，指导老年人自我康复，提高康复护理的效应。

(7)研究、设计适合养老服务机构应用的康复护理技术，在实践中创新康复护理服务项目。

(8)每次服务结束征求老人意见，建立不断反馈促进机制。

2.服务步骤

(1)根据自身环境、设施和人员条件，结合老人需求，制订并展示康复护理服务目录。

(2)评估老年人情况，与老人和家属充分沟通，制订康复计划，建立健康档案。

(3)循序渐进,规范实施各项康复护理技术。

(4)传播康复护理理念,发挥老人主观能动性,利用各方资源,持之以恒,提升老人的健康水平。

(5)研究、设计适合养老服务机构应用的康复护理技术,在实践中创新服务项目。

(6)征求意义,不断反馈促进。

3.服务流程

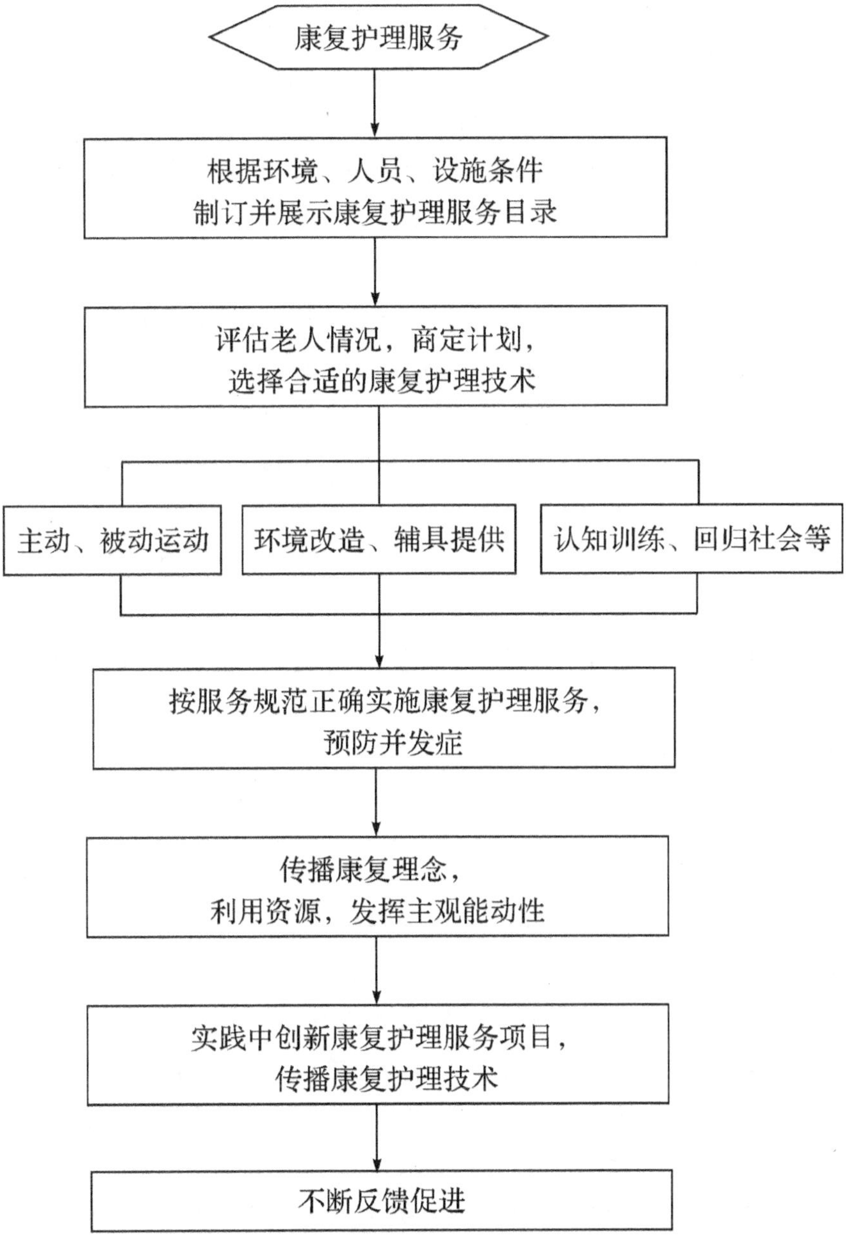

十六、预约第三方服务

预约第三方服务主要是指为社区老年人提供其他服务单位的服务预约，例如预约家政服务、预约医院挂号服务、预约心理咨询服务等。适用于有需要的老年人。

1.服务要求

(1)根据自身资源，设专人管理，制订并展示预约服务目录。

(2)医院预约挂号服务，利用远程挂号系统，根据老年人病情需要及医疗保险要求，商定具体医院具体医生的预约挂号服务。

(3)其他服务单位的预约服务，按正规程序选择、确定为社区老年人提供服务的具备资质的相应服务单位，并与该服务单位签订服务协议。要求为老年人服务的所有服务人员须经过相应的培训，掌握为老服务过程中老年人安全保护的基本要求。通过网络或纸质等媒介，告知为社区老年人服务的单位名称、项目和价格表等。

(4)老年人或监护人提出申请，填写预约服务内容、时间、要求和需要提供的配合、协助方式与内容等，留下三方联系方式。医院预约挂号要商定是否需要协助取号和陪伴就医，其他服务是否需要协助服务人员入户或者是否需要陪伴老人到服务单位接受服务。

(5)在约定服务时间之前一天再次确认，联系老年人与服务单位，避免违约情况发生。

(6)需要协助者做好老年人与服务单位的沟通，对服务过程进行必要的监督管理。

(7)服务结束征询老人意见，签字记录。

(8)预约下一次服务。

2.服务步骤

(1)根据自身条件，制订并展示预约服务目录，确认并展示具有资质的第三方服务单位的服务项目、价格及服务方式，预约挂号服务则列出医院名称及挂号范围等。

(2)老人或家属填写服务申请单，约定服务内容、时间和要求。

(3)按商定的要求，通过网络、电话或者其他方式向第三方服务单位预约服务。

(4)在约定服务时间的前一天，联系老人及第三方服务单位，再次确认，避免违约。

(5)按约定协助、监督第三方服务单位提供服务，在服务过程中与老人沟通，辅助老人接受服务。

(6)服务结束,征求意见,预约下次服务,签字。

(7)记录。

3. 服务流程

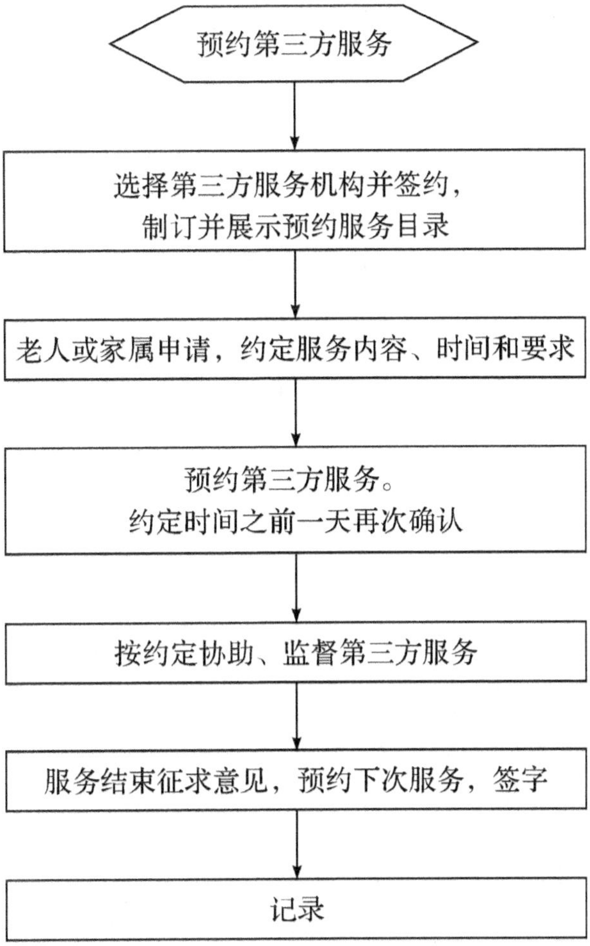

(孙利华　陈雪萍)

第九部分　协助老年人参与社区活动的服务规范

一、协助参加聚餐活动

有些社区每年定期开办大小不等的老年人聚餐活动，主要是为了增加老年人之间的交流，营造氛围，增强凝聚力。但老年人聚餐存在一定的风险，应尽量避免大型的聚餐活动，并加强管理。协助参加聚餐活动主要适用于：①协助配合所在社区组织的聚餐活动；②根据需要协助部分失能老年人参加各类就餐活动。

1.服务要求

（1）聚餐活动由举办单位按照各地区食品卫生管理要求上报，接受食品安全宣传员或信息员现场检查、指导。

（2）社区组织大型的老年人聚餐活动，应成立安全小组，由社区负责人、医务人员、聚餐服务人员组成。梳理老年人参加聚餐可能发生的不良事件，制订用餐安全紧急预案。

（3）按食品卫生要求加强膳食加工的安全管理。聚餐活动宜在正规的餐饮饭店举行，不宜在临时搭建的工棚、露天场所举办，不具备条件的社区食堂亦不宜举办大型的聚餐活动。

（4）协助社区举办的聚餐活动，对老年人膳食加工、进食意外预防等提出建议，并对管理人员、服务人员、老年人进行培训，传播老年人就餐意外事件预防与处理的知识与技能，重点内容是：避免饮酒过量，避免过饱，避免心理应激事件，预防心脑血管意外；维持好秩序，防跌倒损伤；加强食品卫生管理，防中毒事件和消化道传染病传播；预防误吸、噎食等。

（5）协助老人参与就餐活动，根据服务要求，协助老人安排交通工具，就餐过程中督促控制情绪，注意就餐安全。

（6）用餐过程中派专业人员巡视，及时发现、处理就餐相关事件。

2. 服务步骤

（1）老人或家属提出服务申请，商定服务内容，填写服务单。社区组织的聚餐活动由社区提出服务申请，提醒按食品卫生管理规定上报，制订膳食意外事件应急处理预案。

（2）向社区传播老年人就餐意外事件预防与处理的知识与技能，培训聚餐活动组织者、管理者及服务人员，对老年人及家属进行健康指导。

（3）对老年人的膳食选择和加工提出建议。

（4）按服务要求，协助接送老年人。

（5）派专业人员在就餐过程中巡视，预防就餐意外事件发生。

（6）记录。

3. 服务流程

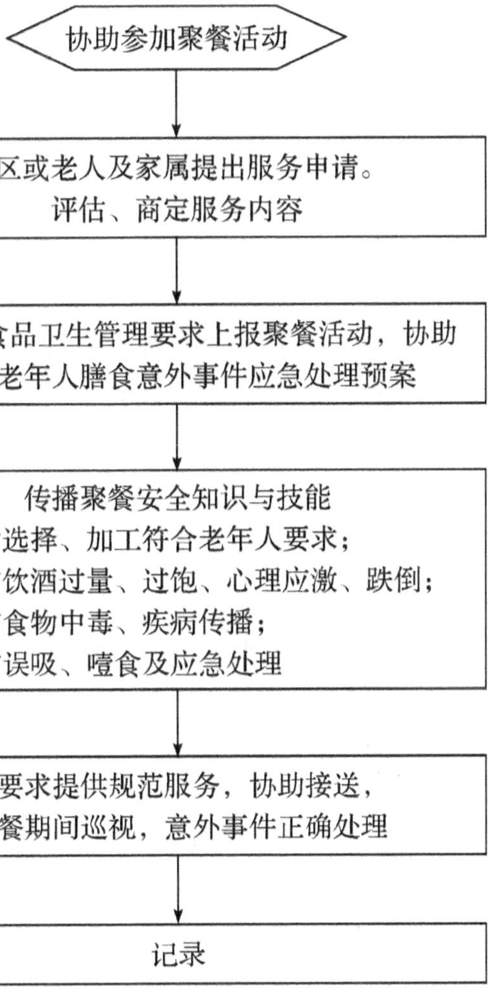

二、协助参加聚会活动

聚会活动可以使新老朋友相聚，回忆过往，畅谈当前和未来，使老年人结交朋友，交流信息，促进老年人回归社会，增进健康。有条件的日间照料中心可以设立相应的场所，经常组织各类老年人活动，包括老年人的互助活动等。此项服务主要是指协助不同程度失能、失智老年人参与各类聚会活动。

1.服务要求

(1)鼓励老年人参与各类活动，制订并展示协助老年人外出的服务目录，如帮助上下楼、接送、外出陪伴等服务项目。

(2)老人或家属提出申请，评估老人身心状况及活动地点、时间、内容等，商定服务内容，填写服务单。

(3)做好老年人的准备工作，主要有：准备好外出的衣服，防受凉，让老人穿便于活动的鞋子；嘱老人坐车前先如厕，尿失禁者建议使用护垫或纸尿裤，并注意保护老人隐私；带好饮水杯，注意足量饮水；外出时间较长者，提醒带上服用的药物，有心绞痛发作史者带上应急救护的药品；带上活动需要的其他必要物品。

(4)留足够的时间，避免匆忙赶路，尽量避免上下班高峰时段外出。

(5)聚会过程中协助老人与老朋友相聚，不喧宾夺主。尊重老人意愿，不轻易干扰和阻止老人活动。注意接送途中、活动过程中的有序、安全。

(6)提醒老人勿过于激动、疲劳和剧烈活动，给予必要的协助，防跌倒、心理应激等意外事件。

(7)如果组织日间照料中心的聚会活动，则要将活动内容、时间、要求详细说明，制订活动和安全保障的方案，活动过程中专人维护秩序。

2.服务步骤

(1)老人或家属提出服务申请，评估老年人及聚会活动，商定服务内容，填写服务单，留下双方联系电话和聚会活动组织者的电话。

(2)向老年人和家属进行健康指导，避免聚会活动意外事件的发生。

(3)协助做好外出活动的准备工作。

(4)按服务要求做好接送或者陪伴服务，避免老年人过于激动和参与剧烈的活动，足量饮水，预防跌倒和心脑血管意外事件。

(5)记录。

3.服务流程

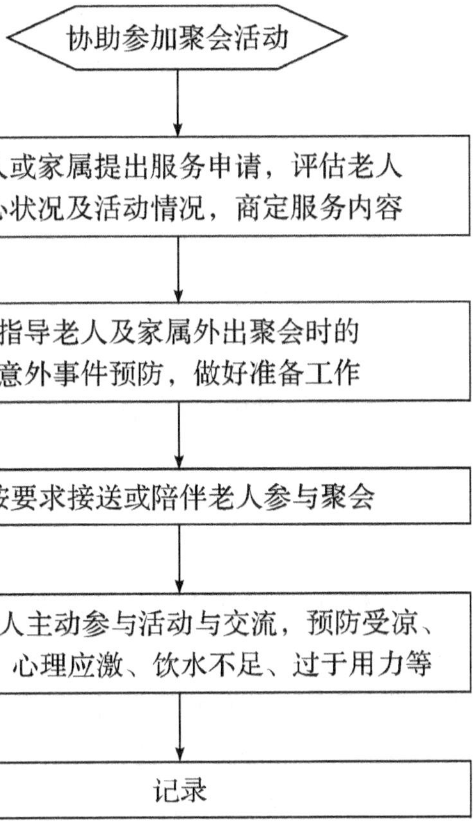
协助参加聚会活动
老人或家属提出服务申请，评估老人身心状况及活动情况，商定服务内容
指导老人及家属外出聚会时的意外事件预防，做好准备工作
按要求接送或陪伴老人参与聚会
协助老人主动参与活动与交流，预防受凉、跌倒、心理应激、饮水不足、过于用力等
记录

三、协助参加竞赛活动

老年人参与各类竞赛活动可以丰富老年人的文化生活，促进交流，培养兴趣，增进健康。有条件的日间照料中心可以设立相应的场所，经常组织老年人开展各类文化娱乐、健身等竞赛活动，提升老年人的生活质量。协助竞赛活动的服务主要是指协助不同程度失能、失智老年人参与各类竞赛活动。

1.服务要求

（1）鼓励老年人参与各类文化娱乐、健身的竞赛活动，制订并展示协助老年人竞赛的服务目录，如帮助失能老人上下楼、接送、外出陪伴等服务项目，有条件者可以开办一些集体培训班或进行个人指导服务。老年人的竞赛活动避免各类剧烈的竞技体育活动。

（2）老人或家属提出申请，评估老年人身心状况及竞赛活动地点、时间、内容等，商定服务内容，填写服务单。

（3）做好准备工作：准备好外衣和竞赛服装，防受凉，让老人穿便于活动的鞋子；嘱老人坐车前先如厕，尿失禁者建议使用护垫或纸尿裤，并注意保护老人隐私；带好饮水杯，注意足量饮水；外出时间较长者，提醒带上服用的药物，有心绞痛发作史的老年人带上应急救护的药品；带上竞赛活动需要的物品；健身、娱乐类竞赛活动，竞赛前做好预备活动，预防损伤。

（4）做好老年人及家属的安全指导，并说明重在参与，不要过于在乎竞赛的成绩和名次，避免剧烈活动和大喜大悲。

（5）留足够的时间，提前到达，避免匆忙赶路，尽量避免上下班高峰时段外出。

（6）竞赛过程中予以必要的帮助，指导放松，避免过于紧张，预防跌倒。

（7）如果组织日间照料中心的竞赛活动，要注意选择适合老年人的竞赛项目，制订竞赛细则、安全保障的方案，营造良好的氛围。竞赛过程中专人维护秩序。

2.服务步骤

（1）老人或家属提出服务申请，评估老年人及竞赛活动，商定服务内容，填写服务单，留下双方联系电话和竞赛活动组织者的电话。

（2）向老年人和家属进行健康指导，并说明重在参与，避免竞赛活动过程中意外事件的发生。

（3）协助做好外出竞赛活动的准备工作。

（4）按服务要求做好接送或者陪伴服务，避免老年人过于紧张、激动和参与剧烈的活动，嘱其足量饮水，注意预防跌倒和心脑血管意外事件。

(5)记录。

3.服务流程

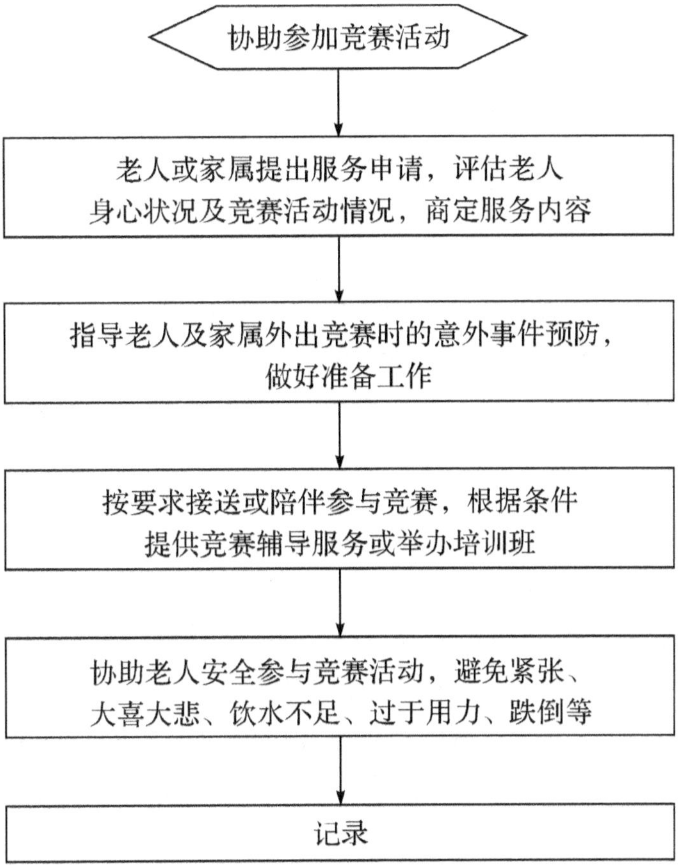

四、协助参加兴趣活动

老年人参与各类兴趣活动可以丰富文化生活，促进交流，锻炼身心功能，增进健康。日间照料中心应设立相应的活动场所，经常组织老年人开展各类文化娱乐、健身等兴趣活动，提升老年人的生活质量。此项服务主要包括两个层面：①组织各类兴趣活动；②协助不同程度失能、失智老人参与各类兴趣活动。

1.服务要求

(1)根据社区条件及老年人情况，设立固定的活动场所，定期开展文化娱乐、健身等兴趣活动，鼓励、协助老年人参与各类兴趣活动。

(2)根据条件及老年人需求开办培训班，如书法、画画、音乐、摄影、手工等。

(3)协助失能、失智老人参与兴趣活动，由老人或家属提出服务申请，评估老人身心状况及兴趣活动地点、时间、内容等，商定服务内容，填写服务单。

(4)协助做好准备工作：准备好外衣，防受凉，让老人穿便于活动的鞋子；嘱老人坐车前先如厕，尿失禁者建议使用护垫或纸尿裤，并注意保护老人隐私；带好饮水杯，注意足量饮水；外出时间较长者，提醒带上服用的药物，有心绞痛发作史的老年人带上应急救护药品；带上兴趣活动需要的物品等。

(5)按服务要求安全接送或者陪伴服务，做好老年人的安全指导，避免老年人过于紧张、激动和参与剧烈的活动，嘱其足量饮水，注意预防跌倒和心脑血管意外事件。

(6)根据条件开展一些展览和评比活动，激发兴趣，促进参与。

2.服务步骤

(1)开设适合老年人的各类兴趣活动，有序组织老人参与，保障环境和设施安全。

(2)协助失能、失智老人参与兴趣活动，由老人或家属提出服务申请，评估老人及兴趣活动，商定服务内容，填写服务单，留下双方联系电话和兴趣活动组织者的电话。

(3)向老人和家属进行安全指导，做好准备工作，按服务要求做好接送或者陪伴服务。避免焦急赶路、紧张、过于用力，预防跌倒，活动柔和，足量饮水。

(4)开展定期展览和评比，鼓励、促进老人参与。

(5)记录。

3. 服务流程

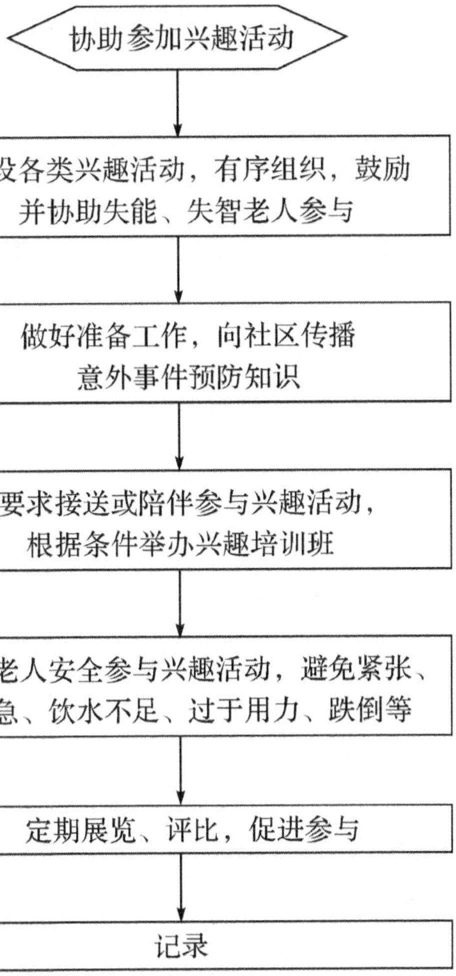
协助参加兴趣活动
开设各类兴趣活动，有序组织，鼓励并协助失能、失智老人参与
做好准备工作，向社区传播意外事件预防知识
按要求接送或陪伴参与兴趣活动，根据条件举办兴趣培训班
协助老人安全参与兴趣活动，避免紧张、焦急、饮水不足、过于用力、跌倒等
定期展览、评比，促进参与
记录

五、协助休闲娱乐活动

老年人参与各类休闲娱乐活动可以丰富文化生活，促进交流，锻炼和愉悦身心，恢复功能，增进健康，提升生活质量。此项服务主要包括两个层面：①组织各类休闲娱乐活动；②协助不同程度失能、失智老人参与休闲娱乐活动。

1.服务要求

(1)根据社区条件及老年人情况，设立固定的活动场所，组织和管理社区志愿组织或者互助组织，发挥有特长老年人的作用，定期开展休闲娱乐活动，鼓励、协助老年人参与各类休闲娱乐活动。

(2)协助失能、失智老人参与休闲娱乐活动，由老人或家属提出服务申请，评估老人身心状况及休闲娱乐活动地点、时间、内容等，商定服务内容，填写服务单。

(3)对于需要通过特定的休闲娱乐活动来促进身体功能康复和认知康复者，帮助制订活动计划，定期评估。

(4)协助做好准备工作：准备好方便活动的衣服和外衣，防受凉，穿运动鞋；正式活动前做好预备运动，防损伤；老人活动前先如厕，尿失禁者建议使用护垫或纸尿裤，照护者注意保护老人隐私；带好饮水杯，注意足量饮水；外出时间较长者，提醒带上服用的药物，有心绞痛发作史的老年人带上应急救护药品；带上休闲娱乐活动需要的物品等。

(5)按服务要求安全接送或者陪伴服务，做好老年人的安全和运动指导，嘱老人不要过于疲劳，避免过于紧张、激动和参与剧烈的活动，足量饮水，注意预防跌倒和心脑血管意外事件。

(6)作为康复锻炼的休闲娱乐活动按康复计划实施，活动循序渐进。

2.服务步骤

(1)开设适合老年人的各类休闲娱乐活动，有序组织老人参与，保障环境和设施安全。

(2)协助失能、失智老人参与休闲娱乐活动，由老人或家属提出服务申请，评估老年人及兴趣活动，商定服务内容，填写服务单，留下双方联系电话和休闲娱乐活动组织者的电话。

(3)向老年人和家属进行安全指导，做好准备工作，按服务要求做好接送或者陪伴服务。避免焦急赶路、紧张、过于用力，预防跌倒，活动柔和，足量饮水。

(4)作为康复活动者，定期评估老年人身心功能。

(5)记录。

3.服务流程

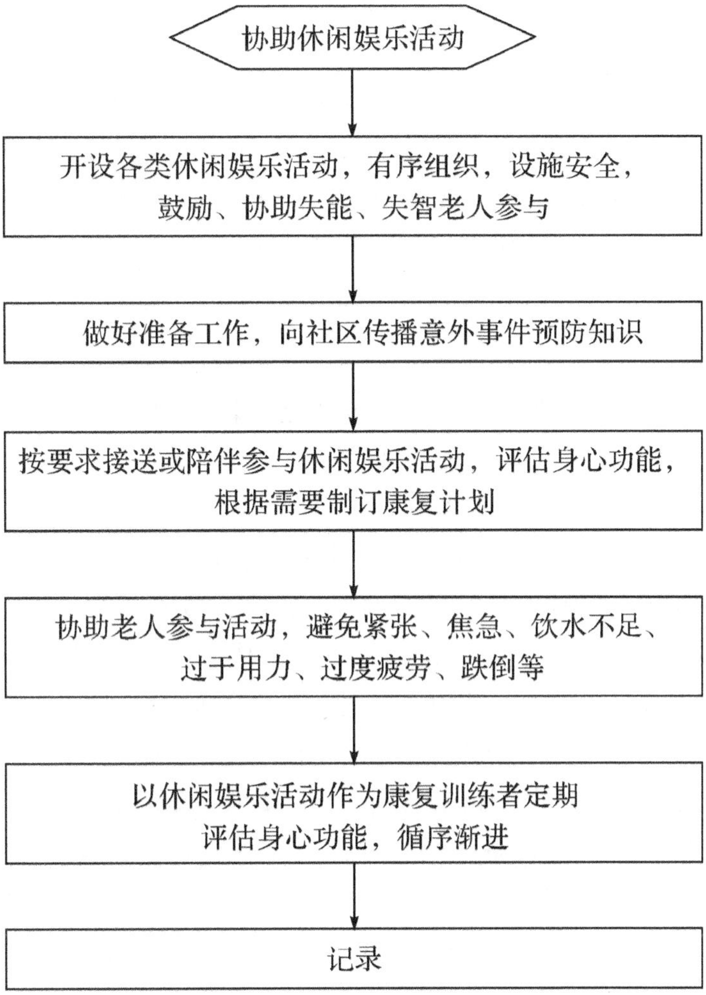
协助休闲娱乐活动
开设各类休闲娱乐活动，有序组织，设施安全，鼓励、协助失能、失智老人参与
做好准备工作，向社区传播意外事件预防知识
按要求接送或陪伴参与休闲娱乐活动，评估身心功能，根据需要制订康复计划
协助老人参与活动，避免紧张、焦急、饮水不足、过于用力、过度疲劳、跌倒等
以休闲娱乐活动作为康复训练者定期评估身心功能，循序渐进
记录

六、协助各类培训活动

参加各类培训活动可以结交朋友，交流信息，培养兴趣爱好，拓展视野，提高知识水平，满足老年人精神文化生活需要。培训活动可以是老年人参加各类学习班，也可以是利用自身的特长发挥余热，作为培训老师或指导老师为其他老年人服务。此项服务主要包括两个层面：①组织各类培训活动；②协助不同程度失能、失智老人参与培训活动。

1.服务要求

(1)培训活动可以是社区公共卫生服务的健康教育、志愿者提供的专业知识、政策形势和国际性事件分析的讲座，也可以是有偿的培训活动；可以是系统性的知识性培训班，也可以是方法、技能的学习班；可以是日常生活用品的应用学习，也可以是某项保健操、运动方法的学习等。可以根据社区条件及老年人情况而开设不同活动。

(2)社区设立固定的培训学习场所，制订月、季度或者年度计划，组织和管理社区志愿组织或者互助组织，发挥有特长老年人的作用，定期组织和开展培训活动。鼓励、协助老年人参与各类学习活动。培训用到的设施、辅具安全稳固。

(3)协助失能、失智老人参与培训活动，由老人或家属提出服务申请，评估老人身心状况、学习能力以及培训活动地点、时间、内容、要求等，商定服务内容，填写服务单。

(4)协助做好准备工作：准备好学习用品；嘱老人上课前先如厕，尿失禁者建议使用护垫或纸尿裤，并注意保护老人隐私；嘱老人带好饮水杯，注意足量饮水；需要一整天或者一段时间学习者，提醒带上服用的药物，有心绞痛发作史的老年人带上应急救护的药品。

(5)按服务要求安全接送或者陪伴服务，做好老年人的安全指导，嘱老人学习活动张弛有度，避免过于紧张和参与剧烈的活动，足量饮水，注意预防跌倒和心脑血管意外事件。

(6)培训期间遵守纪律，在教室内不开手机，不抽烟，不大声喧哗，不影响他人学习。

(7)组织培训活动，注意安排高素质的专业能力强的老师，做好培训管理，保证培训效果。

(8)避免组织推销产品的讲座，预防老年人受骗和发生不必要的纠纷。

2.服务步骤

(1)开设适合老年人的各类培训活动，有序组织老人参与，保障环境和设施安全。

(2)协助失能、失智老人参与各类培训，由老人或家属提出服务申请，评估老年人身心功能和学习能力，根据培训活动要求，商定服务内容，填写服务单，留下双方联系电话和培训组织者的电话。

(3)向老年人和家属进行安全指导，做好准备工作，按服务要求做好接送或者陪伴服务。避免焦急赶路、紧张、过于用力，预防跌倒，足量饮水。

(4)管理培训过程，安排高素质的师资，维护秩序，保障培训效果。

(5)培训结束，征求意见，反馈促进，记录。

3.服务流程

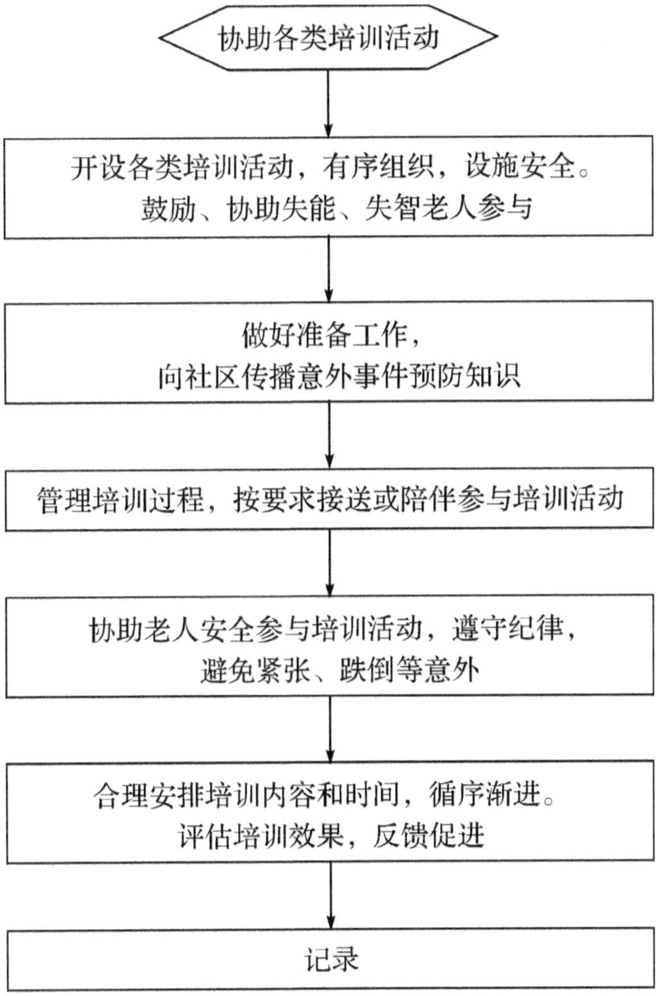

（郭莎莎　唐浥云　陈雪萍　黄惠娟）

第十部分　陪伴服务规范

一、陪伴就医

老年人常常因为各种急慢性疾病而需要去医院就医。陪伴就医是指陪伴高龄或者行动不便的老年人前往医院，协助就诊、检查、配药和治疗的过程。

1. 服务要求

(1)设专人管理，梳理本地区主要医院的特色和网络挂号系统，制订并展示服务目录。

(2)陪伴就医者须了解医院的就医程序。①预约挂号：通过电话和网络两种途径提前预约(急诊除外)，预约成功后，按预约时间到达医院取号就诊，也可以从老年人优待窗口挂号；②协助看病：挂号或取号后，带领患者到达候诊室，按序就诊；③协助检查：根据医嘱陪同检查，及时取回检查和化验报告单；④协助配药：付费后至取药窗口取药，特殊用法的药物要向药剂师或医护人员仔细咨询，向老人详细交代；⑤协助治疗：需要在医院注射、输液等，还需到相应的治疗室治疗。

(3)老人或家属提出服务申请，根据就医流程及老人情况，商定服务内容，确认就医的医院、医生、就诊时间、交通方式及是否需要网上预约挂号等，填写服务单，留下联系电话。

(4)协助整个就医过程，注意观察病情，防老人疲劳。在挂号、候诊、检查、取药各环节的排队等候中，注意让老人休息，协助沟通、协助安置体位、协助脱穿衣服等，并观察老年人情况，当其出现头晕、胸闷、气急、心悸、脉速、高热、晕厥等异常情况，及时与医护人员联系。

(5)做好必要的准备：就医前帮助老人备好病历及必要的检查报告；准备饮水杯，糖尿病患者宜带点点心；做B超等检查需空腹前往者事先准备并带上早餐。

(6)注意安全问题。①预防交通意外：如医院较远，最好预约专车前往。乘坐公交车或步行、轮椅代步等，要特别注意交通安全，预防来回途中及整个就医过程中出现摔倒、碰撞、走失等。②预防疾病意外：病情重者应呼叫“120”，就医过程中避免让老人长时间站立、焦急和过于疲劳，随时让老人坐下休息、多饮水，耐心等待。③注意财物安全：协助保管随身财物，谨防丢失。④谨防受骗：到正规医院就诊，正规渠道配药，防止“医托”或保健品、药品推销骗局等。

(7)书面记录注意事项。帮助老人书面记录医生的医嘱，对饮食、活动、用药等方面的注意事项应详细记录，注意字体要大些，以方便老人阅读，并在事后仔细交代，确认老人已经理解并掌握。

(8)避免违约。帮助老人电话或者网络预约就医，要提醒并帮助老人记住时间，按时就诊，避免造成违约记录而给老人后续就医带来不便，也给别人造成不便。

2.服务步骤

(1)老人或家属提出申请，商定就诊医院、时间、科室、交通方式等，填写服务单。

(2)按服务要求提前预约挂号，提前一天再与老人确认，准备好病历卡、医保卡、检查单等。

(3)就诊当天，提前一些时间出发，避免焦急赶路。出发前带好水杯，检查携带物品，根据气候情况带上雨伞或太阳帽等。行动不便的老人根据需要带上手杖等助行器。

(4)陪伴整个就医过程(挂号取号、候诊、检查、取药、治疗)，协助协调，观察病情，注意安全。排队时让老人休息，避免长时间不喝水、焦急不安、碰撞跌倒等，并观察老年人病情，如有异常及时与医护人员联系。

(5)问清治疗、用药等详细情况，向老人交代清楚，嘱其按医嘱治疗。

(6)安全送回，签字确认。

3.服务流程

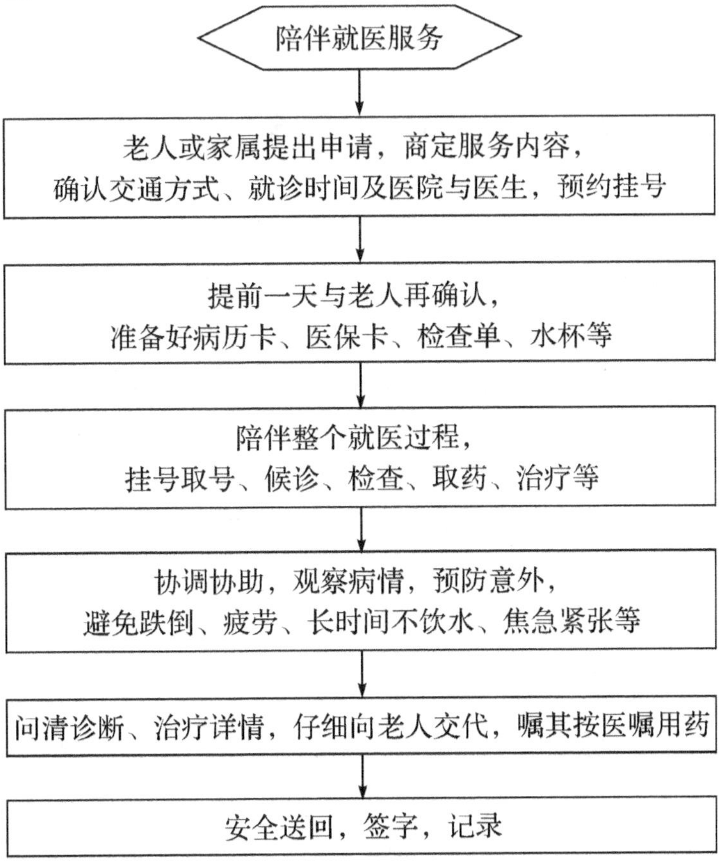

二、陪伴聊天/读报

陪伴聊天/读报服务为老年人提供信息，与老人交流想法和感受，提供心理支持，促进身心健康。此项服务主要是为高龄、独居而行动不便或者视力障碍的居家老人提供的专项服务。

1.服务要求

(1)设专人管理，制订并展示服务目录。

(2)陪伴者有一定的文化素养，接受专门的培训，懂得老人身体、心理特点，掌握基本的心理沟通技巧。

(3)老人或家属提出服务申请，商定服务内容、时间，填写服务单。

(4)评估老人身心状态、性格特点、生活经历等，选择老人感兴趣的话题和读报内容。

(5)与老人交流，耐心倾听。与老人交流的重点是促进老人多表达，使之倾诉内心的任何想法，不是去简单地评价对与错。陪伴者多从老人角度去看待，多鼓励。

(6)保守老人秘密，不在人前议论别人，不追问老人不愿说的话题。

(7)交流过程中遇老人情绪激动，应安抚老人，平复情绪，预防心脑血管意外事件。

(8)尽量发挥社区志愿者的作用，协助老人多参与各类活动，促进交流，减轻寂寞感。

2.服务步骤

(1)老人或家属提出服务申请，商定服务内容、地点、时间等。

(2)评估老人身心状况、性格特点及其生活背景，选择老人感兴趣的话题。

(3)应用沟通技巧，促进交流，鼓励老人表述内心想法。保守老人秘密。交流时，先倒好茶，让老人坐于舒适位置，放松身心。

(4)耐心倾听，保障安全。关注老人的情绪变化，避免过于激动、生气或其他不良情绪；如同时陪伴外出活动，则注意预防跌倒等意外。

(5)通常陪聊天与帮助读报、陪伴散步等活动相结合。发挥社区志愿者的作用，促进老人参与社区活动。

(6)服务结束，征询老人意见，预约下次服务。

(7)签字确认。

3.服务流程

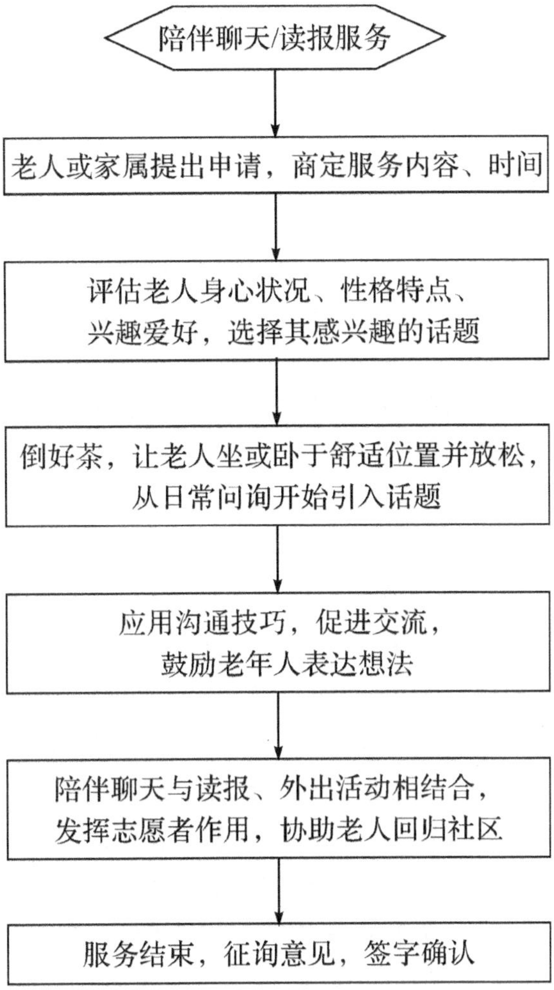
陪伴聊天/读报服务
老人或家属提出申请，商定服务内容、时间
评估老人身心状况、性格特点、
兴趣爱好，选择其感兴趣的话题
倒好茶，让老人坐或卧于舒适位置并放松，
从日常问询开始引入话题
应用沟通技巧，促进交流，
鼓励老年人表达想法
陪伴聊天与读报、外出活动相结合，
发挥志愿者作用，协助老人回归社区
服务结束，征询意见，签字确认

三、陪伴旅游

旅游活动可以开阔视野，促进交往，锻炼身体，增进健康。此项陪伴旅游服务主要适用于高龄或活动不便的老年人。

1.服务要求

(1)设专人管理，陪伴者除接受为老服务相关知识培训以外，还需懂得有关旅游的知识和要求。老人或家属提出服务申请，商定旅游地点、要求、服务内容等，填写服务单。

(2)与老人和家属充分沟通，按要求选择信誉好的旅游公司，安排旅游线路、出行方式并告知旅途的注意事项。

(3)做好行前准备。①备好物品和药品：评估老年人患病及自理能力情况，携带必备的急救药物和用品，如冠心病患者随身携带硝酸酯类药物，一旦心绞痛发作立即舌下含服；糖尿病患者需随身携带糖果或含糖饮料，一旦低血糖发作立即口服补糖；哮喘患者应随身携带缓解哮喘发作的吸入药物，以备哮喘发作时使用，同时了解过敏原，避开不当季节和旅游地；尿失禁老人外出，可带纸尿垫；行动不便者携带轮椅、拐杖等辅具。②随身携带身份证，准备联系卡：冠心病、糖尿病、哮喘患者以及高龄老人和智力障碍老人外出时，应携带注明身份信息、联系方式和疾病名称的卡片，放在口袋里或挂于胸前，以备万一走散时的联系和发生意外时旁人能快速了解情况并给予恰当的帮助。③随身携带手机，留下联系方式：带上手机和充电器，保证每天手机有足够电量，并于手机上留好陪伴者及导游等电话、微信等，方便联系；如果是陪同认知受损的老年人外出，最好能让老年人戴上具备 GPS 定位功能的挂表或手表，防止意外走失；如出境旅游，可租用异地 Wi-Fi 设施。④带好衣物、雨具和防晒用品：根据天气预报、个人习惯和身体素质合理穿戴，老年人应尽量避免在天气炎热、寒冷和其他恶劣天气时外出，视情况准备好雨伞、太阳帽、墨镜、防晒霜等用品。⑤带好饮水和卫生用品：携带水壶或瓶装水，同时带好毛巾、牙刷、牙膏、肥皂、卫生纸等用品。⑥带好银行卡和一定的现金。

(4)全程陪同，保障安全。让老人穿运动鞋和方便活动的衣服；在上下车、过马路、上下台阶时注意防护；每天出行时间略提前，不焦急赶路，不催促老人；长时间乘车乘飞机时，帮老人定时活动肢体，防血栓形成；嘱老人足量饮水，出汗多或尿液深黄者增加饮水量；老人饮食有规律，定时定量进食，避免暴饮暴食或者长时间饥饿而引起低血糖，糖尿病患者少食多餐(携带合适的点心)；嘱老人注意饮食饮水卫生，不在路边小摊进食，不喝生水，不吃不卫生或变质食物，不食从未食用过的野菜、野蘑菇及河豚、鲜黄花菜、未煮透的四季豆等食物；高原、雪地、水上活动嘱老人戴墨镜保护眼睛；量力而行，避免剧烈的活动和长时间行走，不过于疲劳；嘱老人保持心情平和，不和他人发生冲突，避免情绪应激；避免受凉和中暑等意外事件。

(5)促进目标的达成。根据老年人外出目的，陪伴者通过事先联系、准备及外出过程中的管理，帮助老人达成放松心理、锻炼身体或者完成心愿等目的。同时，外出过程中要注意观察，随时询问老人情况，避免过于疲劳。

(6)带上记录本和笔，旅途中的消费和其他特殊情况及时记录。

2.服务步骤

(1)老年人或家属提出服务申请，商定服务内容、出行方式、旅行社选择等，填写服务申请单。

(2)根据要求找合适的旅行社，安排旅游线路，协助老人或家属与旅行社签订协议。

(3)与老人及家属充分沟通，评估老年人身心状况，商量出行前准备及旅途中的注意事项。

(4)全程陪伴，协助老人生活起居，随时询问老人情况，预防意外事件。

(5)随时记录旅程中的消费等情况。

(6)旅程结束，征询意见，签字，记录。

3.服务流程

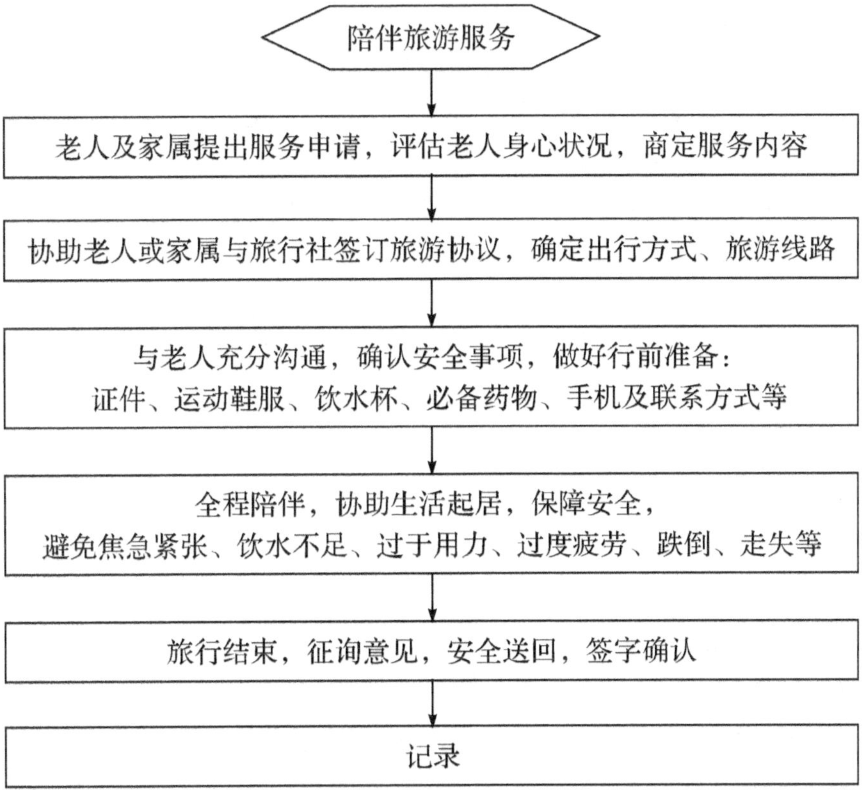

（唐浥云　陈雪萍）

第十一部分　心理健康服务规范

一、心理疏导

老年生活中同样会遇到各种各样的生活事件，老年人自我心理调节能力下降，情绪体验的强度强、持续时间长，容易因此诱发心脑血管意外事件。因此，日常照护工作中的心理疏导就显得很重要。此处的心理疏导服务主要是指一般为老服务人员（非心理专业人员）对老年人的心理的疏导和安抚。

1. 服务要求

（1）对所有员工进行培训，了解老年人心理特点及情绪应急的危害和应对技巧。

（2）结合社区条件，开设并鼓励老年人参与各类社区活动、聚会或者各类兴趣活动，使老人拓展视野，开阔心胸，增强心理调节能力。

（3）发挥社区志愿者作用，与老年人保持日常联系，通过微信、QQ 等各类信息技术建立各类朋友圈，建立沟通平台，促进交流，鼓励倾诉。

（4）注意说话和沟通技巧，避免简单地批评或者评判老年人的对与错，多从正面鼓励和表扬。营造良好的人际氛围，平时不在人前说人短，欣赏别人的长处，减少人际冲突。

（5）平时注意观察老人情绪，及时发现情绪变化。遇争执先分开，找老人信任的人与之交流，鼓励老人交流心理不适，倾诉不快情绪。

（6）利用肢体接触如拥抱、握手等传递关爱、支持的信息，在良好的信任基础上，根据老年人情况及事件性质，应用各类平息应激情绪的方法，如：①改变想法："吃不到葡萄葡萄是酸的、留得青山在不怕没柴烧、生气是对自己的惩罚、死亡是一种解脱"等，学会放下一些东西，找到心理支撑点，促进心理平静。②放松法：深呼吸放松法，选择舒适坐姿，闭上双眼，用鼻深吸一口气（可默数 4 下），憋气（默数 4 下），然后缓慢用嘴呼气（默数 8 下），并在呼气的同时放松肌肉；凝神放松法，静坐后反复默念一个单词如"松""静"等，同时放松全身肌肉，以此来集中意念，从而达到松弛的目的。

（7）尊重老人的应对方式，引导老人发泄情绪。沉默、哭诉、运动、购物、美食等可以减轻情绪应激，引导老人适度表达。对于摔东西、骂人、打人等极端行为要制止，有条件的社区可以利用专门的物品让老人来发泄情绪。

(8)加强专业知识的学习，对入住入托老人做好心理评估，避免激惹认知障碍老人的情绪。严重抑郁、焦虑者求助专科医生。

2.服务步骤

(1)定期培训员工，提高心理工作能力。

(2)设立心理咨询室，传播心理健康知识。

(3)组织、鼓励老人参与各类社区活动和兴趣培训班等，增加其心理调节能力。

(4)建立沟通平台，做好入住入托老人的心理评估，及时发现异常心理。发挥社区志愿者作用，通过微信、QQ等信息技术建立各类朋友圈，与老年人保持日常联系，促进交流，鼓励倾诉。

(5)引导发泄，平息情绪。与老人建立信任关系，利用沟通技巧引导老人以合适的途径发泄情绪，放松心理。

(6)提升服务品质，营造良好的人际氛围，预防人际冲突，提升心理健康水平。

3.服务流程

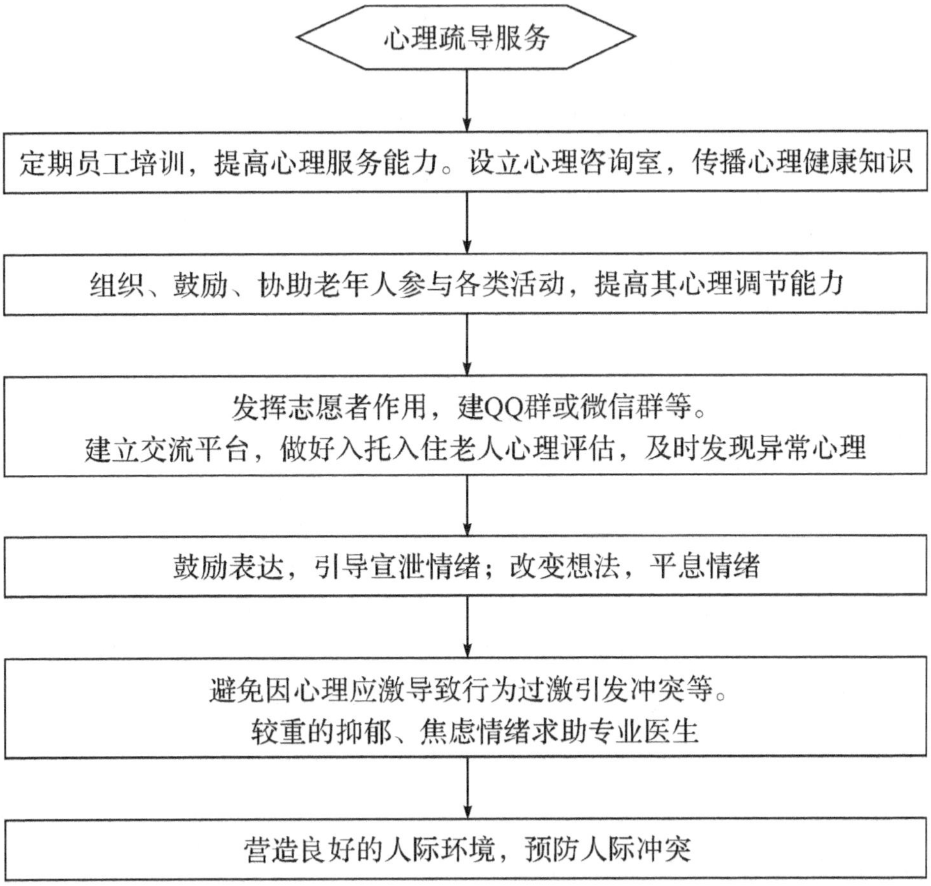

二、精神慰藉

慰藉即安慰、抚慰之意，精神慰藉就是在精神层面给予安慰，在思想上给予鼓励，增添力量，平息内心的不安、担心、恐惧、悲伤、忧伤、无望、失落、愤怒等情绪，获得安宁、满足和信心。《中华人民共和国老年人权益保障法》规定，家庭成员应当关心老年人的精神需求，不得忽视、冷落老年人；与老年人分开居住的家庭成员，应当经常看望或者问候老年人。据此，许多地方将老年人精神慰藉的相关内容纳入当地养老服务之中。精神慰藉的重点对象主要是空巢、独居老年人，重点时机主要是在老年人遭遇丧偶、失独、病痛、失能、临终等重要生活事件的时候。

1.服务要求

(1)接受老人子女、亲朋好友及社区或其他组织的委托，在特定时间内对社区特定老人进行入户慰问，赠送礼物，传递问候。

(2)与社区协同，开展节日慰问。在一些重要的节假日（如春节、端午节、重阳节、劳动节、国庆节）及老年人个人生命中的重要节日（如生日、结婚纪念日、周年忌日）等，在老年人期待的时间里为老年人提供心灵的抚慰，让老人感受政府、社会及他人的关心、关爱，在他人的问候中体会人间温暖。

(3)建立信息沟通平台，定时交流沟通。利用现代信息技术，通过呼叫铃、应急呼叫手机或者居家智慧养老服务信息平台的人机交换平台，协助直观视屏交流，解除顾虑，交流情感，抚慰情绪。

(4)按要求提供定期探访和陪伴服务。发挥志愿者作用，非优抚对象可根据需要，提供有偿的定期探访或陪伴服务。

(5)建立心理援助机制。在老年人丧亲或其他心理应激事件中，组织专业的心理工作者为老年人提供心理服务，或者通过常年设置的热线电话为老年人提供心理服务。

(6)运用心理护理技巧和策略，抚慰老人。在老年人失能、病痛时提供良好的照护，使其身体获得舒适和友好的对待，传递关爱之情；体会、辨识、理解和回应老年人的情绪，关注老年人的感受、内在想法或者事件背后的许多意义，不作简单认知上的调整和想法上的更正，安稳、沉静地陪同和倾听，促进其情绪平静稳定；重建老年期的替代关系、人生目标和生活信心，使老人获得心理上的宁静。

2.服务步骤

(1)建立老年人档案，建立心理援助机制。

(2)提供各类访视、陪伴服务，利用电话、手机、呼叫设施或者智慧养老服务信息平台的可视人机对话系统，建立各种信息沟通渠道。

(3)员工和为老服务志愿者定期培训，学习、掌握老年人心理特点及精神慰藉的方法，向社区传播心理健康知识和技能，发挥社区志愿者的作用，增进社区老年人心理健康水平。

(4)在合适的时机提供规范的探视和陪伴服务，传递关爱，疏导情绪，鼓舞精神，安慰身心，使老人建立自信。

(5)观察情绪变化，记录。

3.服务流程

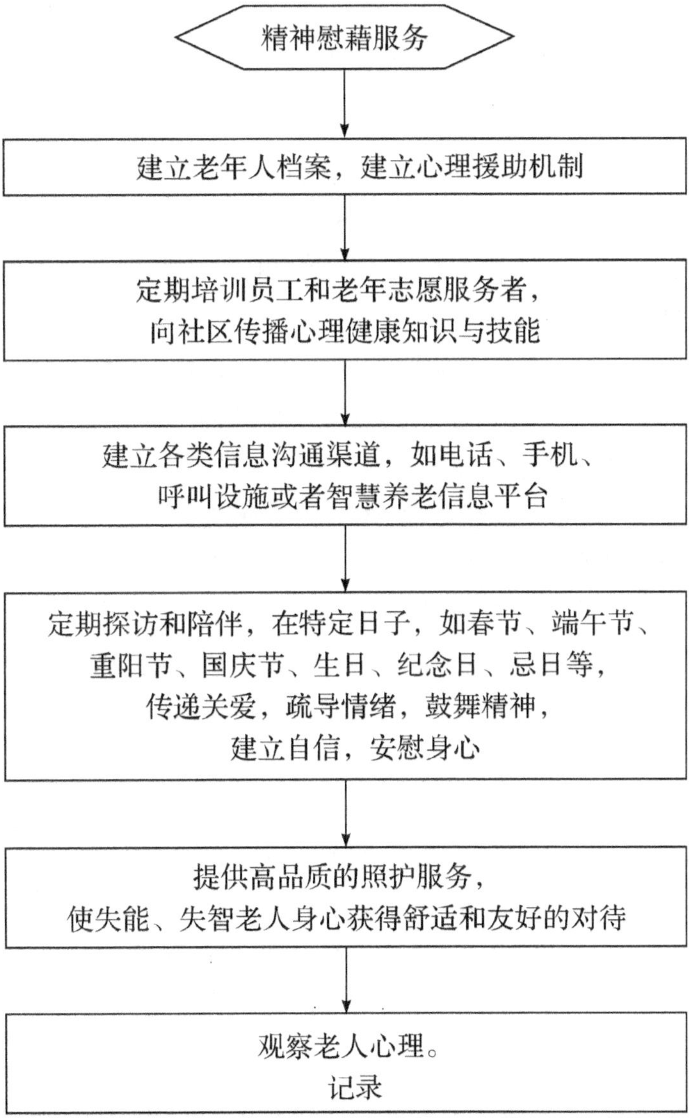

三、丧亲者陪伴

丧亲者陪伴的主要目的是提供心理支持，帮助丧亲者宣泄情绪，减轻哀伤心理。哀伤是人在失去亲近的人或重要的事物之后的一种极度悲伤的情绪反应。面对亲属离世，每个人的哀伤程度并非完全一致，这主要取决于与死者的亲密程度、病程的长短、死者的年龄等，也与文化水平、性格及宗教信仰等因素有关。老年人常遇亲友去世，尤其是面对失偶、丧子，这种丧失至亲的哀伤很难平复，常需要别人的支持和抚慰。

1.服务要求

(1)站在对方的角度理解并允许各种哀伤情绪的表达，如痛哭、愤怒、沉默等。若老人长时间停留在强烈悲伤的情绪中，或没有任何悲伤的表现，应注意安抚，疏导宣泄情绪，必要时寻求专业的心理咨询服务。

(2)在丧亲的整个过程中陪伴老人，提供心理辅导服务。①死亡前，鼓励、帮助参与临终前的照护，为临终者做一些力所能及的事，比如梳头、协助洗漱、完成临终前愿望等；②死亡时，鼓励参与遗体料理，与遗体告别，表达心声；③死亡后，促进哀伤情绪表达并给予心理、生活上的支持，使其适应新的生活。

(3)促进丧亲者哀伤情绪合理表达。在丧亲者悲伤哭泣时，可予握手、拥抱等身体的抚触，表达理解、支持等情感，鼓励表达内心感受。对于一些过激情绪表达(如愤怒、恐惧、摔东西、寻死等行为)进行劝阻和安抚，引导合理宣泄情绪。可与丧亲者谈论死者有关的事情，可以一起回忆、一起承担悲伤，宣泄情绪。

(4)提供必要的生活援助。在死者死亡后到下葬期间，给予一些实际的行动帮助。比如，帮助丧亲者处理一些日常事务、安排丧葬事宜、联系其他亲属等。同时帮助提供丧亲期间的饮食起居服务，维持其身体健康。

(5)特殊日子探访陪伴。在死者的诞辰、忌日、结婚纪念日、重大节日等特殊的日子里，探访问候，共同参与相关的活动，一起回忆和讨论与死者有关的话题。对孤寡老人、失独老人，在这些特殊日子里给予探望和陪伴，减轻他们的孤独感和内心的悲伤。

(6)陪伴者需要具有同理心，但也应学会自我调节，不宜过度陷入哀伤情绪中。

(7)开展死亡教育，向社区人群传播死亡的理念和心理调节知识。

2.服务步骤

(1)建立老年人档案，发挥志愿者及社会工作者的作用，建立老年人重要生活事件的心理援助机制，平时开展死亡教育，在丧亲时期陪伴老人。

(2)陪伴老人,鼓励、参与为死者做力所能及的事,满足愿望,表达感受。

(3)利用沟通技巧,促进哀伤情绪表达与宣泄,控制过度悲伤情绪。

(4)促进社区的互助,在诞辰、忌日等特殊日子中探访和陪伴,提供必要的生活援助。

(5)鼓励参与其他的社会活动或者兴趣活动、旅游活动等,建立其他的生活交往圈,帮助逐渐从悲伤中走出来。

(6)观察老人心理、生活情况,记录。

3.服务流程

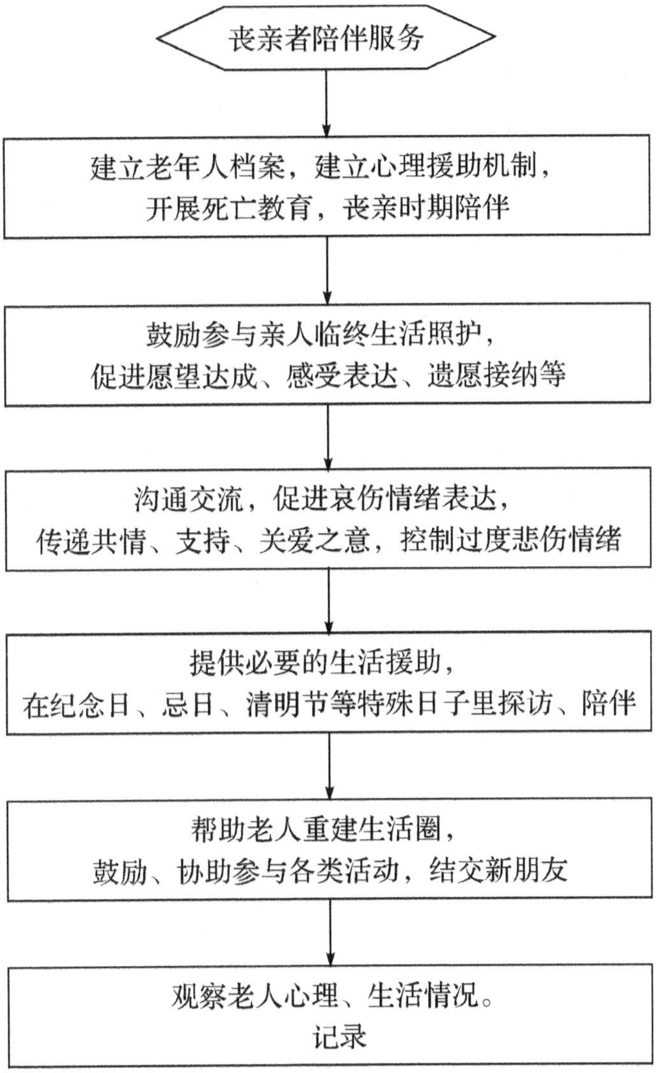

(孙利华　陈雪萍)

第十二部分　培训服务规范

一、培训室/健康教育室管理

日间照料中心宜设置培训室或者健康教育室，供员工、老年人、志愿者、社会工作者等培训，传播保健、护理知识与技能。培训室/健康教育室可以与社区老年活动室等共用空间，有条件者单独设置，也可以与所在的社区卫生服务中心或服务站共享相关资源。培训室/健康教育室既传播健康与照护知识、技能，也开展各类精神文化活动，增强居民健康意识，活跃文化生活，提升健康水平。

1.服务要求

(1)结合条件，设置相应的培训室或健康教育室，或者与其他资源共享。配备必要的设施，并定期检查以保证设施设备完好。配备教学基本设施，如投影仪、计算机、网络；养老服务技能培训设施，如床单位及用品、助行器、清洁护理用具等。这些设施可与日间照料中心的设施共享。

(2)设专人管理，制定培训室/健康教育室使用规章制度并且上墙，培训室/健康教育室门口挂牌。

(3)了解社区老年人及照护者、为老服务队伍现状，制订年度、季度或月计划，每次培训或健康教育活动有计划、记录、总结和评价。制订相应的记录表格。有年度总结。

(4)建立培训室/健康教育室预约借用制度，接受本社区老年人相关活动的预约。居家照护者有针对性的技能学习，根据条件，尽量予以即时安排。

(5)充分利用各类培训资源为社区老年人服务，如网络课程、志愿者社区服务以及公共卫生服务的社区健康教育活动、院校的专业服务基地建设等。共享专家资源，并在各类活动中传播为老服务知识与技能。

(6)不得用于药品、保健品及其他产品营销培训和宣传活动。

(7)向社区传播养老服务的基本知识和技能，根据职能范围，利用宣传橱窗、墙报或者影音文件、宣传资料等开展社区健康教育。

(8)制定各类培训规范,做好协调工作,使培训或健康教育活动有序开展。

2.服务步骤

(1)设立培训室/健康教育室,配置必要的教学和照护技能培训设施,制定规章制度,专人管理。

(2)制订培训和健康教育计划,接受培训等活动预约。

(3)定期对员工进行培训,提升员工为老服务能力。

(4)充分利用各类资源,根据职责范围,开展社区老年人及照护者的培训,以各种形式向社区传播健康知识与技能。

(5)定期检查并保持设施完好,管理、协调培训或者健康教育活动,室内禁止吸烟,上课期间不接听电话,促进各类活动有序开展。

(6)评估培训和健康教育活动,反馈促进,做好活动总结。

(7)做好各类记录,包括培训室使用记录和每次培训的计划、过程、评价和总结等。

3.服务流程

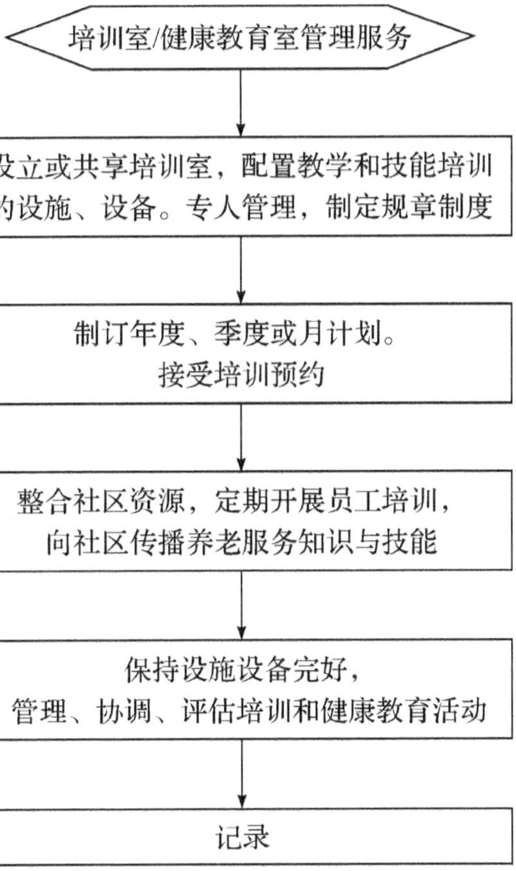

附 12-1　培训室培训/健康教育活动记录表

日期：　　年　　月　　日	时间：点　　分～　点　　分
培训或活动主题：	
培训或活动形式：	
参加人员签到：	
组织者：	
培训教师姓名：　　　　职称：　　　　单位：	
健康教育资料名称：　　　　　　数量：	
活动内容：	
总结评价：	
存档材料请附后 □PPT 等讲义资料　　□教材　　□影音材料　　□图片材料 □其他材料＿＿＿＿＿＿＿＿	

附 12-2　培训室/健康教育室预约单

<table>
<tr><td>日期：　　年　　月　　日</td><td>时间：　点　　分～　点　　分</td></tr>
<tr><td colspan="2">培训或活动主题：</td></tr>
<tr><td colspan="2">培训或活动形式：</td></tr>
<tr><td colspan="2">对培训设施要求：</td></tr>
<tr><td colspan="2">组织者：　　　　　　　　　　预计参与人数：　　　人</td></tr>
<tr><td colspan="2">培训教师姓名：　　　　　职称：　　　　　单位：</td></tr>
<tr><td colspan="2">联系人姓名：　　　　　联系电话：</td></tr>
<tr><td colspan="2">活动资料名称：</td></tr>
<tr><td colspan="2">活动主要内容：</td></tr>
<tr><td colspan="2">活动审核：
(1)是否需要协助活动：□是　　□否
(2)是否涉及产品营销：□是　　□否
(3)组织者、培训者是否接受老年人服务的教育培训：□是　　□否
(4)活动内容是否涉及老年人安全问题：□是　　□否
(5)是否有老年人跌倒、情绪应激等安全问题的应急处理预案：□是　□否
其他说明：

组织者(签章)：
年　　月　　日</td></tr>
<tr><td colspan="2">预约意见：

＊＊＊＊日间照料中心(签章)
年　　月　　日</td></tr>
<tr><td colspan="2">培训室联系人：　　　　　　联系电话：</td></tr>
</table>

二、讲座服务

讲座服务是指利用日间照料中心资源或者外请专家，于培训室为社区老年人或者其他为老服务人员提供讲授形式的养老服务知识传播。此项服务可以适用于社区老年人，也可以是居家老年人的照护者、社区其他为老服务人员等。

1.服务要求

(1)设专人管理，日间照料中心应配备专(兼)职人员开展讲座服务，与日常服务相结合，制订年度讲座计划。

(2)根据社区需求和员工培训需要，整合社区资源，聘请师资进行定期的讲座服务。或者利用高品质的远程教学资源，定期组织社区老年人及为老服务人员学习。

(3)注意讲座教师的专业素质，注意对社区老年志愿服务者资源的利用和员工讲授能力的提升，建立专业素养高、讲授能力好的师资资源库。针对社区人群的讲座宜通俗易懂，并注意讲座的效果，对每次讲座进行过程和效果评价，征求讲座对象的意见，反馈促进。

(4)组织老年人听讲座，时间不宜过久，讲座内容不宜过多，利用图片、影音资料或交流活动，提高老年人参与的积极性和讲课效果。

(5)培训室开展的讲座，做好讲座过程管理，维持良好的纪律，听讲座时不接听电话、不讲话、不吸烟，尊重老师。

(6)每次讲座有完整的过程记录和资料，包括文字、图片、影音文件等，存档保存。

(7)为尽可能久地维持老年人的生活自理能力，利用专业资源，与专业院校或研究机构合作，开展相关健康促进的研究工作，通过购买服务的形式，制订并实施长期的知识和技能传播计划，提升社区老年人的健康水平。

2.服务步骤

(1)设专人管理，利用社区资源，建立师资资源库。

(2)开展目标人群的健康需求评估，结合资源，制订讲座的年度计划。

(3)按计划确定讲座主题，聘请师资，沟通讲座形式、内容，准备学习资料。

(4)落实讲座场地，检查多媒体设备及其他设施。

(5)发放讲座通知，宣传讲座内容，组织人员参与。

(6)管理讲座过程，维持秩序。

(7)评价效果，总结记录。

3. 服务流程

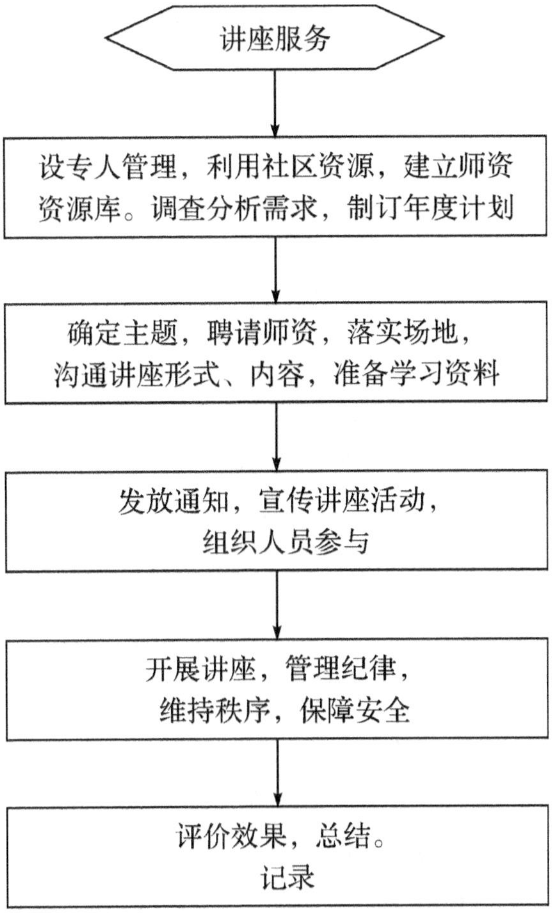
讲座服务
设专人管理，利用社区资源，建立师资资源库。调查分析需求，制订年度计划
确定主题，聘请师资，落实场地，
沟通讲座形式、内容，准备学习资料
发放通知，宣传讲座活动，
组织人员参与
开展讲座，管理纪律，
维持秩序，保障安全
评价效果，总结。
记录

三、技能培训服务

技能培训服务主要是指依托日间照料中心培训室，为日间照料中心员工、社区为老服务人员、老年人照护者及辖区居民提供各类养老服务技能的培训服务，也适用于其他人员健康技能的培训。

1. 服务要求

（1）设专人管理，日间照料中心培训室配置必要的养老服务技能培训设施，如床单位、清洁用品、助行辅具、康复辅具等。

（2）制定常用的养老服务技术操作规范，培训师资接受相关培训，获得培训师资资质。

（3）定期开展社区老年人自护、互助学习的培训活动，向社区宣传，促进培训室成为居家失能失智老年人照护者照护技术学习、求助的场所，形成良好的社区老年人照护的培训氛围。

（4）实行员工定期培训制度，提高指导居家老年人照护者的能力。

（5）有条件的日间照护服务机构，单独或者与专业院校合作，通过申报获得养老护理员培训资质，可以开展居家养老护理员的培训活动。

（6）整合资源，利用社区志愿服务力量及网络课程等，提高培训效率。同时根据当地政策资源，通过政府购买服务的形式对居家失能、失智老人的照护者开展有针对性的培训。

（7）技能的学习需要反复练习，培训结束安排练习。学员可以利用影像教材或者远程课程等，在练习的同时进行自我提升和纠正，也可利用志愿者骨干进行指导。

（8）培训结束进行技能考核，可根据条件对为老年人服务的志愿者、社会工作者、老年人互助服务者等进行培训，考核合格发给相应的证书，作为从事某项技能服务的依据。

2. 服务步骤

（1）设专人管理，配置养老服务技能培训设施设备，制定养老服务技术操作规范。

（2）制订和实施年度员工培训计划，聘请培训师资，按操作规程开展培训。

（3）针对社区为老服务队伍情况，定期举办常用技能培训班。

（4）宣传养老服务技能培训工作，针对居家失能失智老人的照护者，通过政府购买服务或者老年人家庭的申请，开展个性化的培训服务。

(5)整合社区资源,维持培训秩序,保障培训安全,培训结束后指导练习。

(6)培训结束进行技能考核,合格者可发给单项技能培训合格证书。

(7)记录每次培训活动情况,包括师资、参与人数、培训效果和意见建议等。

3.服务流程

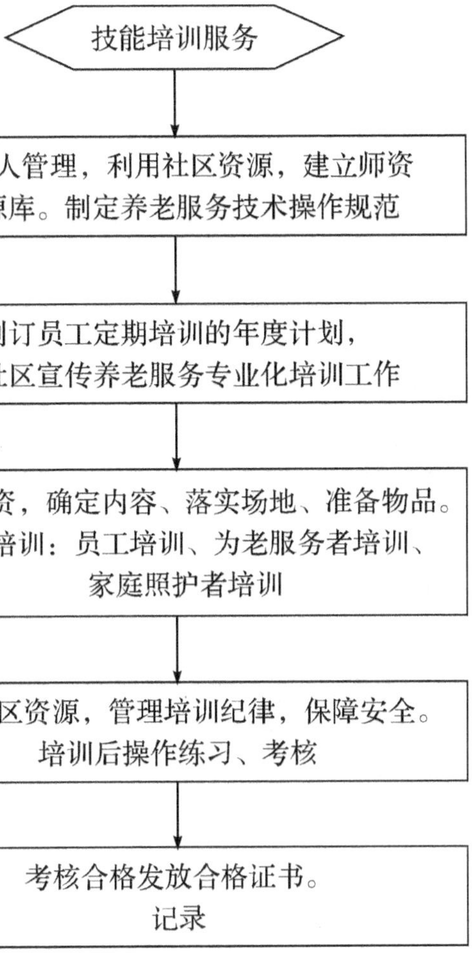

（陈红萍　陈雪萍）

第十三部分　临终关怀服务规范

一、临终关怀室环境设置

良好的环境设置是临终关怀服务的重要内容。临终关怀的环境设置主要是指设立专门的空间，进行环境布置，使之适应临终照护和心理关怀的需要，方便提供临终关怀服务，使临终老人舒适、安详地走完人生最后的旅程。此项服务适用于日间照料中心或其他老年服务机构，也适用于家庭内。

1. 服务要求

（1）有条件的日间照料中心可设立临终关怀室，空间相对独立，与日间照料中心其他老年人的活动空间分开。

（2）尊重当地的文化习俗，利用各种社区资源，开展死亡教育，营造良好的死亡文化氛围。生老病死是人生必经之路，死亡是人的自然归宿，珍惜生命，坦然面对死亡。

（3）传播临终关怀理念。生命的意义重在生命的质量而非单纯的生命长度，临终阶段重在关注生活质量，使老人安详、舒适地度过最后的生命时光。

（4）临终关怀室宜选择朝南的房间，模拟居家设施和格局，温度湿度适宜，光线充足，清洁、安静、温馨。配备多功能的翻身床，方便安置和更换体位；设立会客厅，方便老人与家人、朋友或者志愿服务者的交流；配置电视机或其他播放设施，用于播放老人喜欢的音乐或电影、电视等；墙上可挂老人和亲朋好友的生活照片，室内可放老人过去的相册、用过的物品等，促进其对过去美好生活的追忆，获得心理满足；可摆放合适的花卉、盆景、壁画等，窗帘、被套、床单采用暖色调。

（5）根据老人生活和信仰背景，设置相应的祷告仪式的物品和场所，倡导健康的告别仪式。

（6）结合不同老人的个性化需求，充分利用现有条件，对关怀室进行改装、布置。

（7）结合条件，提供死亡后的服务，制订服务方案。

（8）老人离世后，个人物品根据家人要求处理，室内物品进行终末消毒。

2.服务步骤

(1)制订临终关怀室设置的服务目录,老人或家属提出申请。

(2)评估老人身体、心理状况及家属要求,了解老人的生活经历和信仰背景,充分沟通需求,并商定死后的服务方案。

(3)利用现有条件进行居室的空间调整、装饰和布置,视情况分别设置老人卧室、客厅和祷告场所,并根据实际需求情况进行必要的改进。

(4)充分利用社区资源,为老人提供临终关怀服务。

(5)在医生开具死亡证明后,进行遗体料理,室内物品进行终末消毒。

(6)提供死亡后的家属哀伤辅导服务。

(7)总结,记录。

3.服务流程

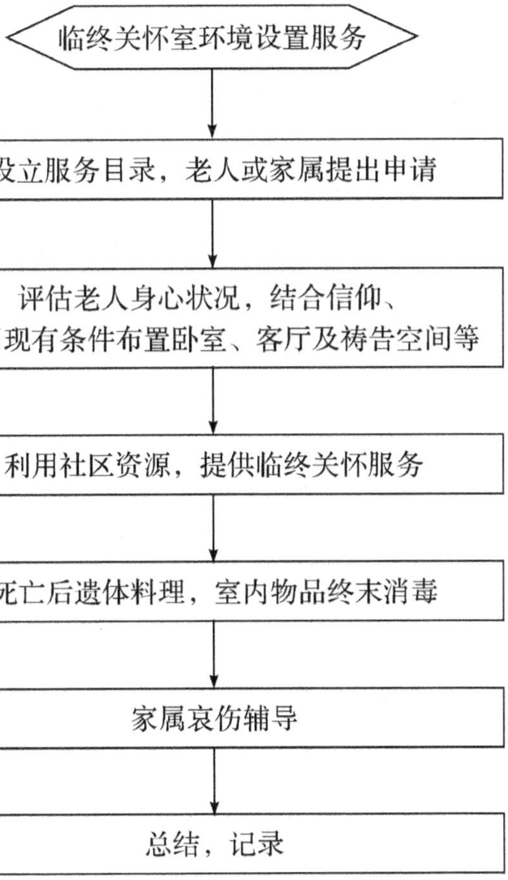

二、协助心愿达成

协助心愿达成主要是指为临终老人完成未了心愿，使老人安详离世，使家属得到安慰。此项服务适用于日间照料中心的老人，也适用于居家服务的老人或者养老服务机构内的老人。

1.服务要求

(1)充分利用社区资源，发挥志愿者、社会工作者的作用，在社区形成相应的互助服务氛围，服务者接受相应的培训。

(2)站在老人的角度理解老人的想法和愿望，尊重老人意愿，保护老人隐私。

(3)协助完成老人未了心愿，不去评价事件之中的对与错，更多地去关注老人从中获得的心理安慰与满足。

(4)协助临终老人心愿达成，强调满足老人心理需求，但对于完成心愿时的老人参与相关活动可能带来的意外，要有充分的评估，对可能的意外事件与老人及家属商定处理方式，避免不必要的纠纷。

(5)临终愿望类型多样，宜设专人管理，协调多方力量，与各类社会组织建立联系，也可借助媒体资源，尽量协助达成愿望。

(6)在心愿达成的整个过程中，注意心理疏导，使老人放下怨恨、愧疚、愤怒、遗憾等不良心理状态。

2.服务步骤

(1)老人或家属提出申请，沟通心愿内容、要求，商定服务内涵及意外状况的处理，制订心愿达成的服务方案。

(2)根据心愿内容，发挥志愿服务者的作用，借助各方力量和社会资源，做好心愿达成的各个环节的沟通、协调。

(3)协助老人参与相应的活动和人际沟通，促进老人完成心愿，做好意外事件的预防与处理。

(4)疏导老人和家属心理，促进老人心理安宁。

(5)总结，记录。

3. 服务流程

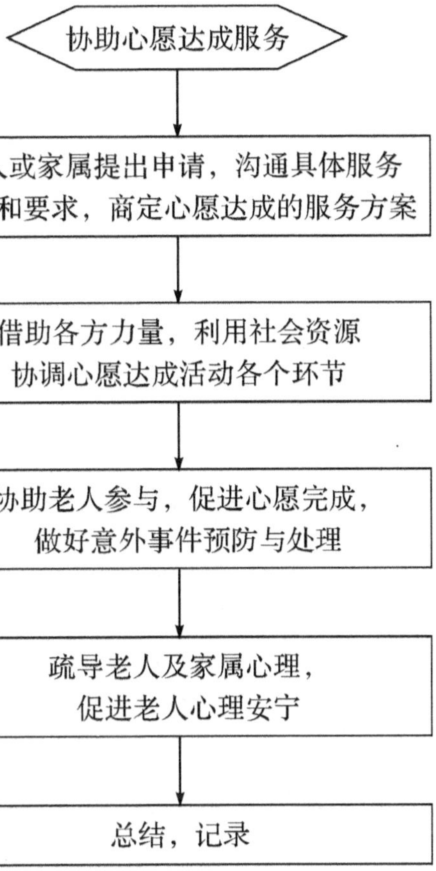
协助心愿达成服务
老人或家属提出申请，沟通具体服务内容和要求，商定心愿达成的服务方案
借助各方力量，利用社会资源协调心愿达成活动各个环节
协助老人参与，促进心愿完成，做好意外事件预防与处理
疏导老人及家属心理，促进老人心理安宁
总结，记录

三、舒缓护理

临终关怀也称善终服务、安宁服务，是由医护人员、心理工作者、社会工作者和志愿服务者等多学科人员组成的团队为临终者及其家属提供包括生理、心理、社会等方面的照护，使临终者生命得到尊重，症状得到控制，家属身心健康得到维护，使临终者能够无痛苦、安宁、舒适地走完人生的最后旅程。这里的舒缓护理主要是指为日间照料中心或者居家临终老人减轻不适、促进安宁的照护，包括对家属的心理服务。

1.服务要求

(1)设专人管理临终关怀服务，开展社区死亡教育，营造良好的死亡文化。

(2)临终老人单独居住，协助做好居室环境设置，床单位整洁、舒适。

(3)减轻痛苦：遵医嘱适度治疗，以支持性、综合性姑息治疗为主，如使用止痛药、减除梗阻、保持引流通畅等，以控制疼痛，减轻痛苦。

(4)增加舒适：室内环境温度、湿度适宜，空气清新，安排舒适体位，呼吸困难者吸氧，肢端循环不佳者保暖，抚触按摩肢体促进老人舒适等。

(5)陪伴临终老人，利用心理护理技巧与老人交流，陪伴老人回忆过往，利用社区资源满足老人未了心愿，疏导老人心理。

(6)协助、鼓励家属参与临终老人的照护工作，促进彼此的交流，鼓励家属表达内心想法，促进情绪宣泄。

(7)协助老人安排遗愿，协助家属安排老人身后事宜。

(8)在照护过程中，传播健康的照护理念，不介入老人及家属有关遗产继承等纠纷中，对于老人及家属的观点不去评述是非，关注的重点是老人和家属的心理是否得到宣泄。

2.服务步骤

(1)老人或家属申请，评估老人身心状况，沟通需求，制订服务方案。

(2)做好日间照料中心临终关怀室的居室环境设置，若是居家服务，则协助家属进行居家环境设置。传递临终照护理念，使老人安详、有尊严地度过最后时光。

(3)遵医嘱治疗，减轻老人痛苦。在医护人员的指导下做好老人的病情观察，按时使用止痛药物，保持引流通畅等。

(4)做好生活照护，增进舒适。调节温湿度，保持舒适卧位，抚触按摩等，增进舒适。

(5)陪伴老人,促进交流,协助完成未了心愿、安排遗愿,促进心理安宁。

(6)做好家属哀伤辅导。协助、鼓励其参与临终老人照护,表达心声,宣泄情绪,协助安排老人身后事宜。

(7)总结,记录。

3.服务流程

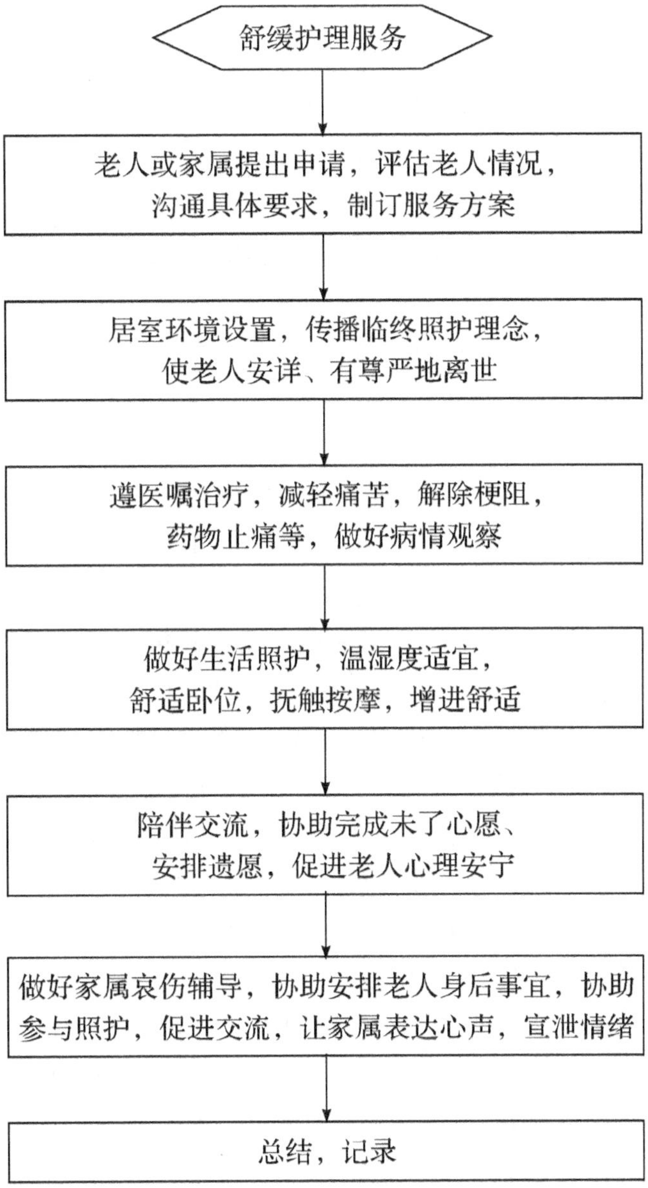

四、死亡教育

死亡教育主要是指帮助人们树立科学、健康的死亡观，坦然面对死亡，消除对死亡的恐惧、焦虑等心理，促进人们思索各种死亡问题，学习和探讨死亡的心理过程以及死亡对人们的心理影响，正视生老病死现象，并将对死亡的认识转化为珍惜生命、珍爱健康的强大动力，进而提高生命质量，达到“优生、优活、优死”的目标。这里的死亡教育主要针对为老年人服务的领域而展开。

1.服务要求

(1)设专人管理，制订年度计划，结合社区服务现状，利用各类资源开展死亡教育。

(2)定期对员工进行培训，传播健康的死亡观念，使其正确理解生与死。死亡是人类自然生命历程的必然组成部分，让老年人安详、舒适、有尊严地死去是日常服务的重要内容。

(3)了解、分析当地的死亡观念，因地制宜开展社区死亡教育，传播正确的死亡观念。①死亡是一种自然归宿。人总有一死，尽量让有限的人生过得有价值、有意义，通过自己一生的努力，给后人留下物质和精神财富，以此存活于人们心中，达到“死而不亡”。②死亡不是一种令人恐惧的事。死的神秘和不可验证性，一些死者临死前的痛苦和死后的“可怕”面目，还有一些宗教理论对死后的恐怖描述，使人们对之充满恐惧感。因此，在临终服务中，要让临终者舒适、安详地离开，对死者的外观进行必要的化妆和修饰，维护死者尊严，树立良好的死亡形象。③生命的意义不在于其长度，而是活得有质量。许多疾病晚期患者，受疾病折磨痛苦不堪，这时用过度的治疗来延长生命毫无意义，因为死亡也是一种解脱。④敬畏生命。生命的宝贵在于它的唯一性和不可逆性，人生就一次，基于对生命的珍惜，需要健康地活，有责任、有担当地活着，尽最大努力使自己、使他人活得有尊严，而不是轻易地结束生命。

(4)在老年人的日常照护工作中，可以利用一些宗教信仰疏导老年人的心理。如基督教认为死亡是接受天使的指引上了天堂，那是他们灵魂的最初居所，是一种回归，也是一件幸福的事；佛教认为死亡和再生是一种轮回，历经磨难，行善积德，才可以脱离苦海，进入极乐世界。宗教通常把死亡当作灵魂的超度和解脱，承受现实苦难是为追求更高价值，宗教对死亡的解释和理解常常容易被老人接受。

(5)引导开展健康的死亡祭奠活动。死后设灵堂，在周年纪念日、清明节等特殊日子里，献一支鲜花，使生者寄托哀思，减轻悲伤，让心理得到安慰。

(6)帮助老年人在有限的生命期限里活得有意义。老年阶段，虽然脱离职业岗位，但仍能在社区中“老有所为”，以积极、乐观的心态面对死亡。

2.服务步骤

（1）设专人管理，制订年度计划。

（2）定期员工培训，树立健康的死亡观。

（3）利用社区资源，通过墙报、微信、电视等各种媒体传播科学、健康的死亡理念。

（4）根据实际情况，举办一些死亡祭奠活动，引导健康的祭奠方式。

（5）在老年人日常照护工作中传播死亡理念，生有价值，死有质量。

（6）做好临终关怀服务，树立良好的死亡形象，建设健康的死亡文化。

（7）总结，记录。

3.服务流程

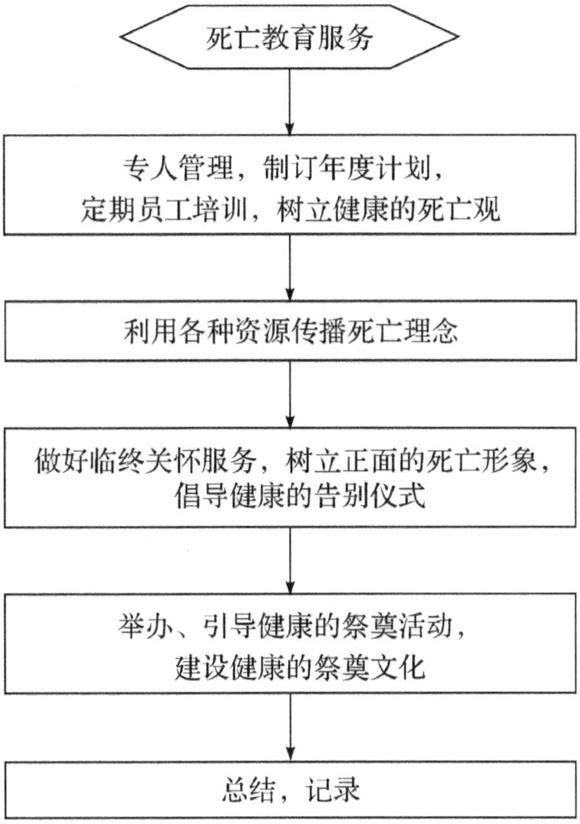

（陈雪萍　詹海娟　张欢）

第十四部分　消毒隔离服务规范

一、洗手法

洗手法是指利用清洁剂清洁后用清水冲洗，去除手部皮肤污垢、碎屑，减少微生物数量，预防交叉感染的方法。手的卫生是预防病从口入的重要环节，洗手是预防疾病传播的重要消毒隔离技术，在日常生活和照护工作中都要用到，需要人人掌握。

1.洗手要求

（1）接触污染物品后、接触清洁物品前洗手：①接触公共场所后，如乘公交车、使用公用电脑鼠标等；②接触钱币后；③如厕后；④打扫卫生后；⑤接触血液、体液、分泌物、排泄物、伤口敷料及擤鼻涕之后；⑥接触动物、垃圾及其他污染物品之后；⑦进餐、服药前；⑧照护婴儿之前；⑨接触皮肤黏膜及伤口之前；⑩接触其他清洁物品之前。

（2）照护老人前后洗手。为老人清洁护理、协助如厕、处理大小便、伤口护理之后要洗手；协助老人备餐、进食、服药、伤口护理及其他治疗之前要洗手。

（3）配备方便的洗手设施，用流动水清洗，最好用感应水龙头或脚踩水龙头，避免用清洁的手去关污染的水龙头。配备一次性干手纸或者感应干手器。

（4）正确洗手，同时向社区人群传播洗手的知识与技术。可于洗手池的墙上张贴七步洗手法的图片。

（5）照护工作不宜戴戒指等饰品。

2.洗手步骤

（1）洗手掌：湿润双手，涂抹洗手液（或肥皂），掌心相对，手指并拢相互揉搓。

（2）洗背侧指缝：手心对手背沿指缝相互揉搓，双手交换进行。

（3）洗掌侧指缝：掌心相对，双手交叉沿指缝相互揉搓。

（4）洗指背：弯曲各手指关节，半握拳把指背放在另一手掌心旋转揉搓，双手交换进行。

(5)洗拇指：一手握另一手大拇指旋转揉搓，双手交换进行。

(6)洗指尖：弯曲各手指关节，把指尖合拢在另一手掌心旋转揉搓，双手交换进行。

(7)洗手腕、手臂：揉搓手腕、手臂，双手交换进行。最后流水冲净，干手器吹干。

3.洗手流程

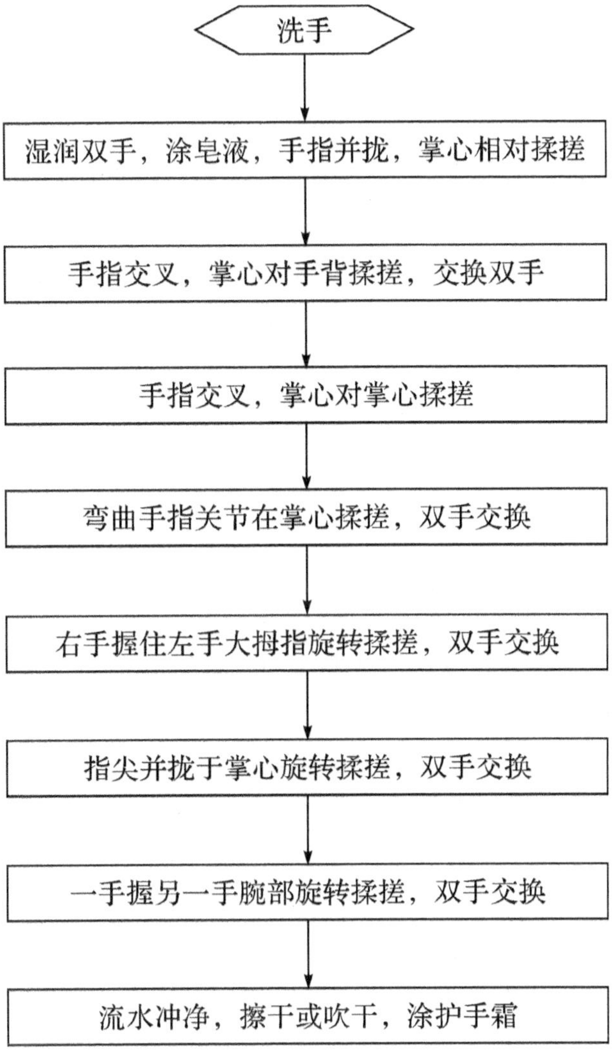

二、空气消毒

空气消毒是指利用物理或化学的方法，减少或者杀灭空气中的有害微生物，预防交叉感染的方法。此项服务适用于日间照料中心和居家老人的居室消毒。

1.服务要求

(1)根据室内污染情况选择消毒方法，居家老人居室一般采用通风消毒；患流感及其他呼吸道传染病者，在医护人员指导下，使用紫外线照射或者其他化学消毒法消毒空气。

(2)老年人居室每天通风1～2次，每次30分钟。冬天注意避免对流，预防老人受凉。通风是一种最为简便、经济的空气消毒方法，可以有效减少空气中微生物数量，减少感染机会，是居家老人居室最常用的空气消毒法。

(3)通风时间一般安排在早晨起床后、如厕后、清洁卫生后、用餐前后、就寝前、人员探视后、紫外线照射或化学消毒剂使用后，达到减少微生物、消除异味、保持空气清新的目的。

(4)紫外线消毒也是常用方法，适用于日间照料中心老人晚间离开后的室内空气消毒或者临终老人居室的终末消毒或者有呼吸道感染性疾病患者探视后的居家消毒。要求：①室内人员离开，眼睛、皮肤不得暴露于紫外线下；②紫外线灯管清洁干燥无污垢、无灰尘，可用95%的酒精擦拭，干后使用；③根据空间大小选择灯管功率和数量，30瓦灯管有效消毒距离2米；④记录灯管照射时间，监测灯管照射强度；⑤打开室内柜门、暴露床垫等，使之直接与紫外线接触；⑥开灯5～7分钟后开始计时，照射30分钟；⑦室内保持清洁干燥，减少尘埃和水雾，湿度大时适当延长照射时间；⑧紫外线室内照射时门口挂标示牌，避免人员在消毒期间进入；⑨消毒结束后通风半小时；⑩操作人员戴墨镜保护眼睛，并尽量减少在紫外线灯下暴露的时间。

(5)其他空气消毒法：化学消毒剂喷雾消毒、中药烟熏消毒、静电吸附式空气消毒器等可以结合条件在医护人员指导下使用。流感流行时，也可用食醋熏蒸消毒空气。

(6)居家老人居室紫外线消毒采用移动的灯管，日间照料中心可以在室内安装固定的灯管，但要注意将紫外线灯开关与照明灯开关分开，并有清晰的标识。

2.服务步骤

(1)设专人管理，制定日间照料中心消毒隔离制度，根据条件制订居家老人居室消毒的服务目录。

(2)日间照料中心早晨接纳老人前半小时打开窗户通风,并在老人午睡后开窗通风,如老人室内如厕后、就餐后或其他状况导致室内异味时,随时进行通风。

(3)湿式清洁室内台面及地面,减少空气中的尘埃。

(4)傍晚老人离开日间照料中心,室内空气用紫外线消毒。或者老人去世、因病住院后对居室进行终末消毒。居家老人居室紫外线消毒,根据居室空间选择合适功率的移动式紫外线灯。

(5)消毒结束,通风半小时后关窗。

(6)记录。

3.服务流程

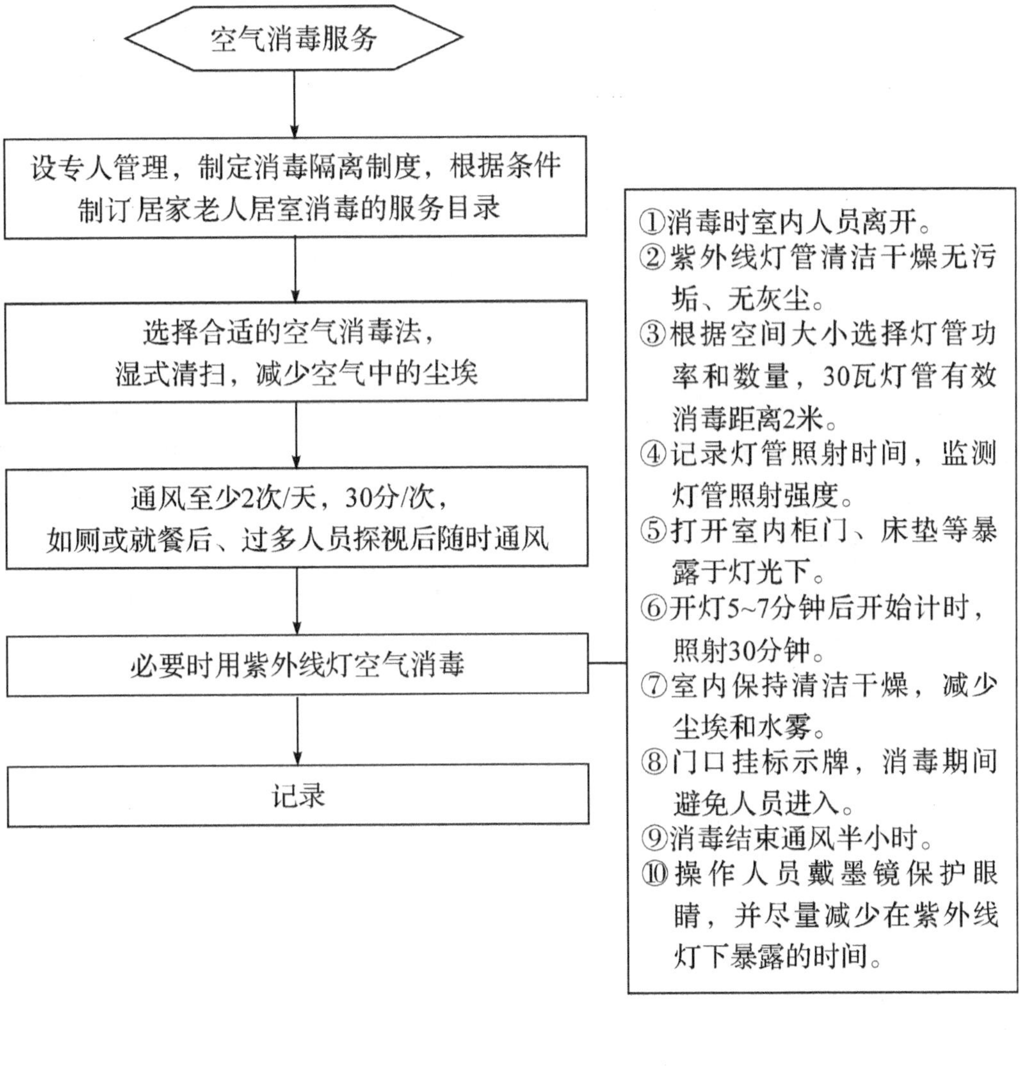

三、地面消毒

地面消毒主要是指利用化学消毒剂对日间照料中心厕所、走廊等地面的定期消毒或者居室的终末消毒，是预防交叉感染的方法。居家老人居室地面以清洁为主，一般不进行地面消毒，避免过度使用消毒液造成环境污染。

1. 服务要求

(1)一般情况下，每日用清水拖洗地面保持清洁即可。根据地面清洁度，定期使用洗涤剂擦洗，然后用清水擦净即可。每日清洁1～2次，如有污染随时清洁。

(2)日间照料中心厕所、走廊、居室地面被排泄物或分泌物污染时应进行消毒处理，临终老人去世后、传染病患者离开后，居室地面进行消毒。

(3)以干拖把于含有效氯500～1000毫克/升的84消毒液或含有效氯500毫克/升的二氧化氯消毒液中浸湿，拖洗地面，一般一个单间一更换，大房间里3个清洁单元一更换，公共走廊等区域100平方米一更换。保持湿润消毒30分钟后用清水拖净。消毒后开窗通风30分钟。

(4)厕所使用的拖把固定，贴上明显的标志。

(5)消毒液浓度应符合使用要求，连续使用的消毒液每天使用前应进行有效浓度的监测。含氯消毒液易挥发应现配现用，不应使用过期、失效的消毒剂。

(6)拖把在使用后先消毒，用含有效氯1000毫克/升的消毒液浸泡30分钟，再用清水冲洗干净，悬挂于阳光下晒干备用。

(7)消毒、清洁地面时，注意放防滑标志，并及时用干拖把拖干，防老人滑倒。

(8)配制、接触消毒液时戴橡胶手套，做好皮肤保护。

(9)做好登记。

2. 服务步骤

(1)设专人管理，制定日间照料中心清洁消毒制度，根据具体情况制订地面消毒细则。厕所、居室拖把分开使用，标志清晰。

(2)每天用清洁拖把清洁日间照料中心地面1～2次，放防滑标志，防老人滑倒。

(3)戴手套，配制消毒液。常用含有效氯500～1000毫克/升 的84消毒液或含有效氯500毫克/升的二氧化氯消毒液。

(4)有排泄物、分泌物污染地面时随时消毒，老人离世、传染病患者离开后地面进行消毒。用干拖把于消毒液中浸湿后拖湿地面，30分钟后用清水拖净。

(5)拖把分别清洗、消毒，晒干备用。

(6)登记。

3.服务流程

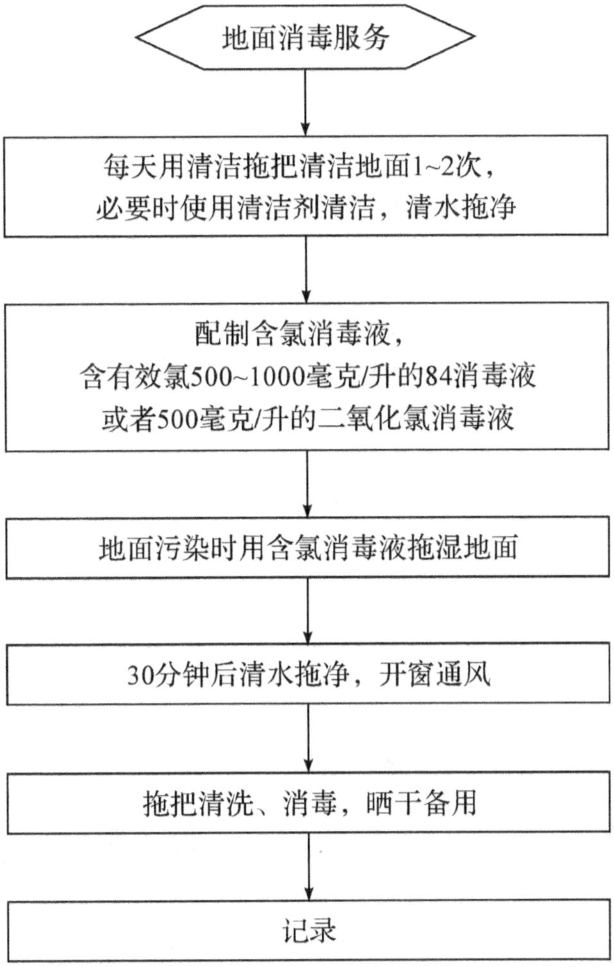
地面消毒服务
每天用清洁拖把清洁地面1~2次，
必要时使用清洁剂清洁，清水拖净
配制含氯消毒液，
含有效氯500~1000毫克/升的84消毒液
或者500毫克/升的二氧化氯消毒液
地面污染时用含氯消毒液拖湿地面
30分钟后清水拖净，开窗通风
拖把清洗、消毒，晒干备用
记录

四、床单位消毒

床单位消毒是指对床、床旁桌、椅、柜、床垫以及床边环境的清洁、消毒，保持床单位整洁，预防交叉感染的方法。此项服务主要适用于日间照料中心老人离开不再使用该床单位时，可以是老人回家不再入托于该中心，或者因病住院、去世或入住养老机构，或者更换床位时。

1.服务要求

（1）确认老人离开不再使用该床位，与家属共同清理老人物品，撤去床头卡及其他个人标识。

（2）撤下床单、被套、枕套等所有用过的棉织品，送洗。

（3）棉胎、床垫于日光下暴晒6小时，每2小时翻动一次，使各个面都能晒到。或者用紫外线灯消毒30分钟，紫外线灯物品消毒有效距离为25～60厘米。有条件者在消毒室用臭氧机消毒。

（4）配消毒液，含氯消毒液以含有效氯500毫克/升为宜。用清洁的抹布于含氯消毒剂中浸湿，擦拭床、床旁桌、椅、柜面、架子及床旁设备等；地面用含氯消毒剂拖洗消毒（见地面消毒），30分钟后用清水擦净。

（5）特殊污渍处理：如床上或地面上有明显污染时（血渍或呕吐物），应根据具体情况，少量（＜10毫升）的溅污，先使用含氯消毒剂喷洒覆盖（比例1∶1）消毒，再按清洁程序处理；大量（≥10毫升）的溅污，先去除可见的污染，再按上述处理。

（6）非一次性脸盆、痰杯及便盆分别浸于消毒液中消毒，然后用清水洗净，晾干备用。医疗设备的消毒在护士指导下完成。

（7）室内空气用紫外线灯消毒，消毒后开窗通风。

（8）消毒处理后，铺好备用床，接待老人入住。

（9）建立消毒登记本，做好记录。

2.服务步骤

（1）设专人管理，制定消毒隔离制度，制订具体的床单位消毒措施。

（2）清理老人物品，撤下用过的床单、被套、枕套，送洗衣房清洗。

（3）床垫、床褥、棉胎、枕芯用紫外线灯照射30分钟，或在日光下暴晒6小时，或送专门的消毒室用臭氧机消毒。

（4）含有效氯500毫克/升的消毒液擦拭床、床旁桌、椅、柜面、架子及其他设备表面，30分钟后用清水擦净。

(5)非一次性脸盆、痰杯、便盆分别用消毒溶液浸泡消毒，然后用清水洗净，晾干备用。

(6)地面用含有效氯 500～1000 毫克/升的消毒液拖湿消毒，30 分钟后用清水拖净。空气用紫外线灯照射 30 分钟。

(7)开窗通风。

(8)铺好备用床，准备迎接老人入住。

(9)做好消毒登记

3.服务流程

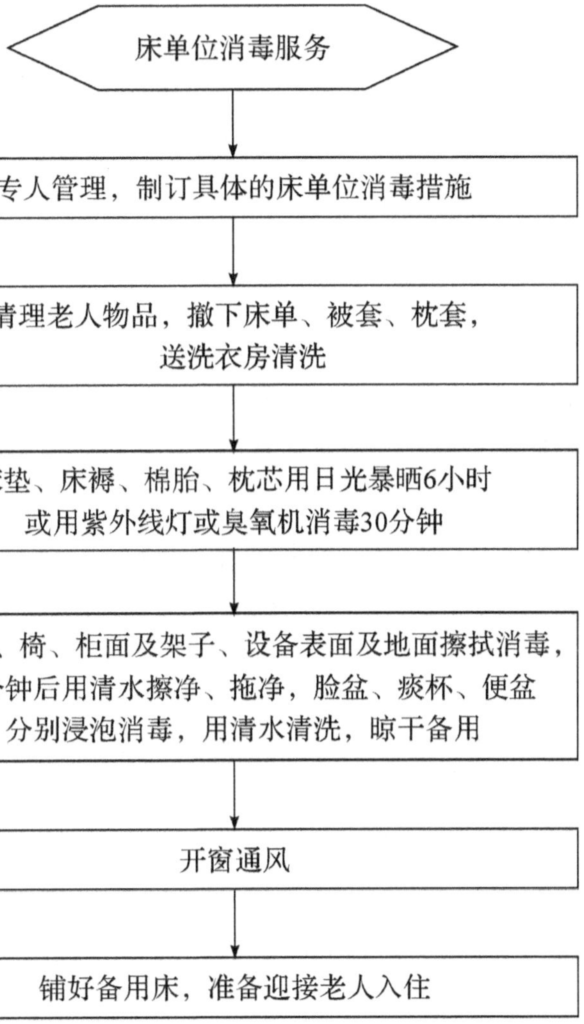

五、布类物品清洁消毒

布类物品消毒主要是指床单、被套、枕套、毛巾、手帕、口罩、工作服、老人衣服等物品的消毒。日间照料中心使用的无菌布类物品如治疗巾、伤口敷料等的消毒则需要由专业的消毒灭菌机构执行。

1.服务要求

(1)日间照料中心一般布类物品采用清洁剂清洗后,于日光下晒干即可。

(2)布类物品分类清洗,内衣裤、袜子、外衣、洗脸毛巾与洗脚毛巾、不同老人衣物等分开清洗。

(3)洗后于日光下晒干,分类整理。注意晾晒环境清洁,避免被风吹落、吹走。

(4)毛巾宜一人一用一清洗,如集中清洗宜做好标记,洗后日光暴晒消毒,也可用煮沸消毒法(煮沸5～10分钟)。

(5)如系传染病患者或病原携带者使用过的布类物品,则先消毒后清洗。可采取浸泡消毒,在护士指导下根据病原体不同选择有效的消毒剂。

(6)根据条件为居家老人提供清洗消毒服务,也可根据实际情况将布类物品送到专门的机构内清洗、消毒。外送服务时做好标记和记录,避免丢失。

2.服务步骤

(1)设专人管理,制定消毒隔离制度,制订具体的布类物品消毒措施,根据条件制订为居家老人进行衣物清洁消毒的服务目录。

(2)分类清洗,先洗清洁物品,后洗污染物品。集中清洗时做好标记。

(3)被病原微生物污染者先消毒后清洗,遇污渍先用专用清洁剂搓洗再机洗。消毒可在护士指导下用浸泡法或煮沸消毒法进行。有条件者采用热力清洗法(洗衣机70℃ 25分钟洗涤)进行清洁消毒。

(4)布类物品清洗后于日光下晒干,注意让各面都能被阳光晒到,分类整理。

(5)治疗巾、敷料等由专业机构清洗、灭菌后供应。

(6)于清洁、干燥的柜内分类储存备用。居家老人衣物整理折叠后及时送回,清点并签字确认。

(7)做好消毒登记。

3.服务流程

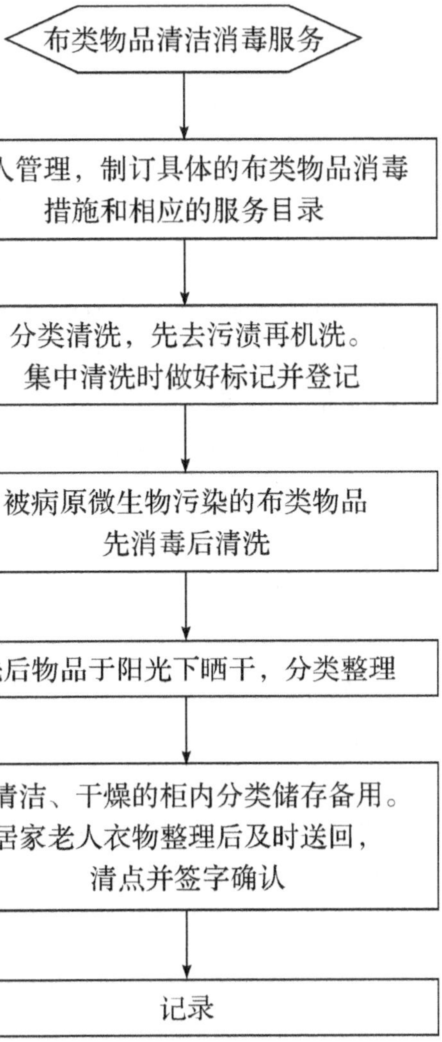
布类物品清洁消毒服务
专人管理，制订具体的布类物品消毒措施和相应的服务目录
分类清洗，先去污渍再机洗。集中清洗时做好标记并登记
被病原微生物污染的布类物品先消毒后清洗
洗后物品于阳光下晒干，分类整理
于清洁、干燥的柜内分类储存备用。居家老人衣物整理后及时送回，清点并签字确认
记录

六、餐具清洁消毒

餐具清洁消毒主要是指公用餐具用后的清洁消毒，也适用于居家聚餐后的餐具清洁消毒。个人专用的日常餐具清洁即可，不需要专门的消毒。

1. 服务要求

(1)设专人管理，制定消毒隔离制度，制订具体的日间照料中心和老年食堂餐具的清洁消毒措施。有条件者也可接受居家老人的委托服务。

(2)提倡餐具个人专用，不提倡使用一次性餐具。

(3)用餐后，公共餐具分类清洗，玻璃类、陶瓷类、不锈钢类、筷子等分类清洗，先清理餐具中的剩菜剩饭，再用洗洁精洗污渍，然后用清水洗净。

(4)洗净后的餐具可选用适合的方法进行消毒。①煮沸消毒法：餐具洗干净后，放入锅中，加入自来水直至没过餐具，加火煮沸，水开后继续煮5～10分钟，自然冷却后，晾干备用。②消毒柜消毒法：消毒柜有臭氧和远红外线等种类，将晾干餐具放入消毒柜，打开按钮，15～20分钟后关机冷却后取用。不耐高温的如竹筷、木餐具、彩瓷器皿不宜用高温消毒法，可用臭氧消毒柜。③蒸汽消毒法：家庭蒸汽消毒可采用蒸锅，水烧开冒出蒸汽后蒸5～10分钟，也可用高压锅内置架子，餐具放架子上，加一定量的水，水烧开产生蒸汽后计时，1分钟可杀灭一般细菌，5分钟可灭活乙型肝炎病毒。④消毒剂浸泡消毒：不耐高温的餐具可采用此法，常用的消毒剂有含氯消毒剂(如含500毫克/升有效氯的施康)、0.5%～1%过氧乙酸溶液等。消毒时需将碗筷完全浸没，浸泡时间30分钟，消毒后用清水洗干净。

(5)保证消毒效果。餐具先清洁后消毒。消毒时，碗、碟、杯等餐具应竖直放在层架上，不要叠放。消毒过程中尽量不添加物品或者随意打开门或盖，以免影响消毒效果。消毒结束取出物品，要注意预防烫伤。

(6)分类消毒。煮沸消毒时，热胀冷缩变化大的物品如玻璃类宜在冷水中放入，塑料、橡胶类易老化的物品宜待水沸时加入。塑料类宜浸泡消毒。煮沸后计时，再次放入物品要待水沸后重新计时，气压低时，要适当延长煮沸时间。传染病患者用过的物品消毒，要根据病种及污染情况延长消毒时间，并在护士指导下进行。

(7)老年食堂公用餐具的消毒可用消毒柜或者根据条件使用蒸汽消毒、煮沸消毒法。

(8)居家老人委托的餐具消毒，要做好标记并登记，消毒结束后及时送回并签字确认。

(9)也可根据条件，送专门的机构进行餐具清洁消毒。

(10)做好登记。

2.服务步骤

(1)设专人管理,制定消毒隔离制度,根据实际情况制订具体的日间照料中心和老年食堂餐具的清洁消毒措施。

(2)分类整理餐具,玻璃类、陶瓷类、不锈钢类、筷子等分类清洗。老人委托的餐具消毒做好登记,尽量分开清洁消毒。

(3)先清理餐具中的剩菜剩饭,再用洗洁精洗污渍,最后用清水洗净。

(4)根据条件选择消毒方法,正确消毒,确保消毒效果。

(5)晾干,分类存放。

(6)老人个人餐具及时送回,并签字确认。

(7)做好记录。

3.服务流程

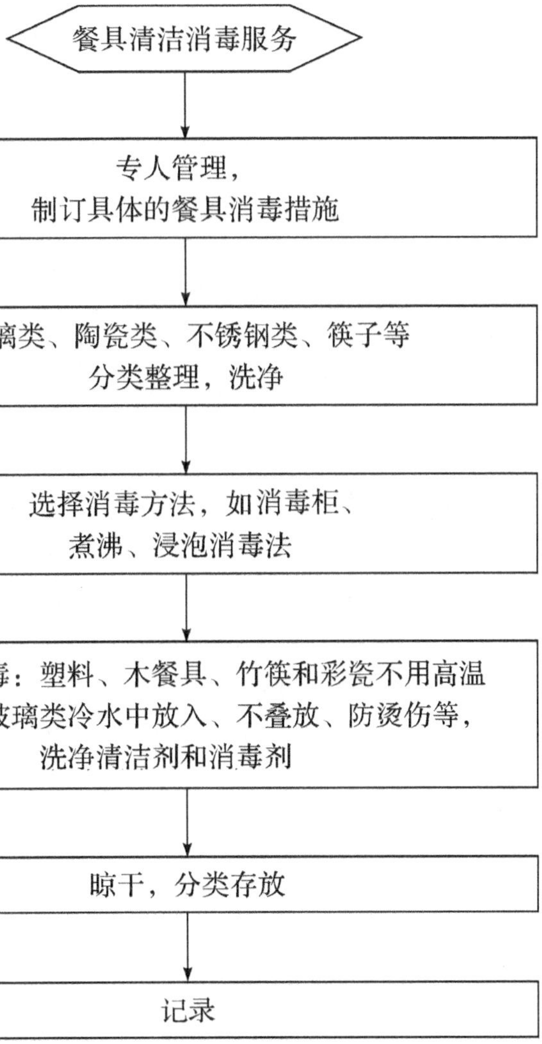

七、简易便器清洁消毒

失能老人无法行走入厕，常需使用简易便器于室内或床上如厕，需要做好便器的清洁和消毒。此处主要指日间照料中心的简易便器清洁消毒。

1.服务要求

(1)目前市售的充气式便盆质软，床上使用较为舒适，可以避免因为塑料便盆的毛刺或搪瓷类便器破损后引起的皮肤损伤。失能老人可以固定使用，尽量减少消毒。

(2)老人固定使用的简易便器，贴好标签，用后清洗，每天用清洁剂清洁一次，无特殊情况，可以不必进行消毒处理。

(3)老人离开后，公用的简易便器进行终末消毒。用清洁剂清洗后浸泡消毒，可用含氯消毒剂(含有效氯 1000 毫克/升)，浸泡 30 分钟后洗净，晾干备用。

(4)便器于专用池中清洁、消毒，不可与其他物品共用池子。

(5)充气式便盆避免与刀剪等尖锐物品接触，防破损。塑料类便器使用时注意检查表面是否有毛刺，搪瓷类便器要检查有无破损，避免损伤老人皮肤。

(6)贯彻康复照护理念，开展康复锻炼，促进功能恢复，尽量协助老人到厕所如厕，减少便器的使用。

(7)照护人员使用、清洗、消毒便器时戴好手套，保护皮肤，结束后洗手。

2.服务步骤

(1)设专人管理，制定消毒隔离制度，根据条件制订具体的便器消毒措施。

(2)评估老人功能状况，选择适合老人使用的简易便器，贴好标签，固定使用。

(3)戴手套，协助老人使用便器后，于厕所倒除排泄物，在专用水池中冲洗，必要时用清洁剂擦洗，再用清水洗净，晾干，放于固定地方。

(4)老人离开后(结案后)，公用便器进行终末消毒。戴手套，使用清洁剂清洗便器，在含有效氯 1000 毫克/升的含氯消毒剂中浸泡 30 分钟，再洗净消毒液，晾干备用。

(5)记录使用情况。

3. 服务流程

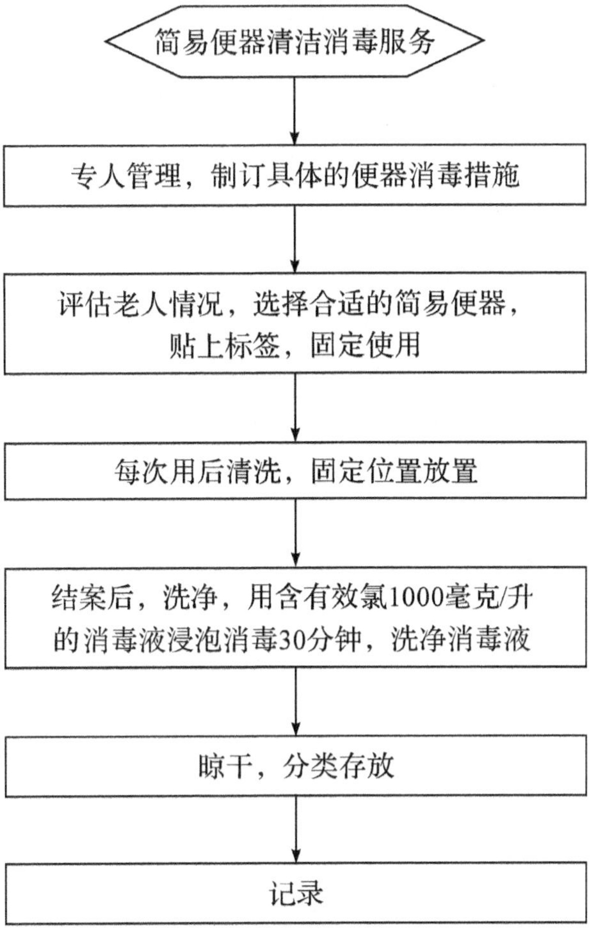
简易便器清洁消毒服务
专人管理，制订具体的便器消毒措施
评估老人情况，选择合适的简易便器，贴上标签，固定使用
每次用后清洗，固定位置放置
结案后，洗净，用含有效氯1000毫克/升的消毒液浸泡消毒30分钟，洗净消毒液
晾干，分类存放
记录

八、厕所便器清洁消毒

厕所便器清洁消毒主要是指厕所内男式小便池、蹲式厕坑、坐式抽水马桶的清洁消毒。此项服务主要适用于日间照料中心，也适用于其他公用厕所。

1. 服务要求

（1）设专人管理，制定相应的管理制度。结合条件，制订具体的厕所保洁消毒措施。指定保洁员负责清洁消毒工作，对保洁员进行专门的培训。

（2）于厕所内合适位置张贴标志，提示便后冲洗的方法。定期巡视，检查排气扇、冲水设施、水龙头是否完好。

（3）配备专用的清洁用物：厕坑清洁刷子，便池外立面抹布，清洁地面拖把，洗手池及台面，墙面抹布等，贴好标签，固定放置，分别清洗，不互用，特别是厕坑内面清洁用具不得使用于其他地方。

（4）每天清洁厕所 1 次。日间照料中心傍晚老人离开后，保洁员戴手套，按照从上到下、从清洁区到污染区顺序清洁厕所，清洁方法：抹布蘸清洁剂或其水溶液擦拭，去除污垢，再用清水清洁。清洁顺序：先清洁镜子、台面，再清洁扶手、洗手盆及台面，然后清洁浴缸，最后清洁便器。（详见第五部分“厕所浴室清洁”）

（5）厕所便器每天清洁、消毒 1 次。保洁员戴手套，备好清洁剂，配好消毒液。清洁消毒方法：①冲：冲去便池内污物，向厕坑或抽水马桶内壁喷洒去污清洁剂，持有柄的专用刷子或者专用拖布擦拭，除去污垢，用清水冲净；②擦：用湿抹布蘸清洁剂擦洗便池外立面、马桶盖、座垫圈，去除污垢，用清水擦净；③消毒：专用干抹布于配好的含氯消毒液中浸湿，擦拭便器外立面、座垫圈，干拖把浸消毒液进行厕所地面的消毒，30 分钟后用清水拖净；④抹干：用干抹巾、干拖把擦干、拖干。开窗、开排气扇通风，排除异味。

（6）平时定时巡视，若有污染及时清洁。根据一天的厕所使用情况，调整巡视和清洁时间，保持厕所整洁、无异味，并保持地面干燥，防老人滑倒。

（7）做好巡视、清洁消毒和检查的记录。

2. 服务步骤

（1）设专人管理，制定消毒隔离规章制度，定期检查设施。定保洁员，做好培训，制订具体的清洁消毒细则。

（2）张贴标志，提示便后冲洗。

（3）配备专用的清洁用具，贴好标签，按无菌操作原则使用。

(4)每天于老人离开日间照料中心时清洁、消毒厕所1次。平时定时巡视，并根据使用情况调整巡视时间，保持厕所整洁、无异味以及地面干燥状态。

(5)按正确顺序清洁、消毒厕所便器：一冲、二擦、三消毒、四抹干。

(6)做好巡视、检查及清洁消毒的记录。

3. 服务流程

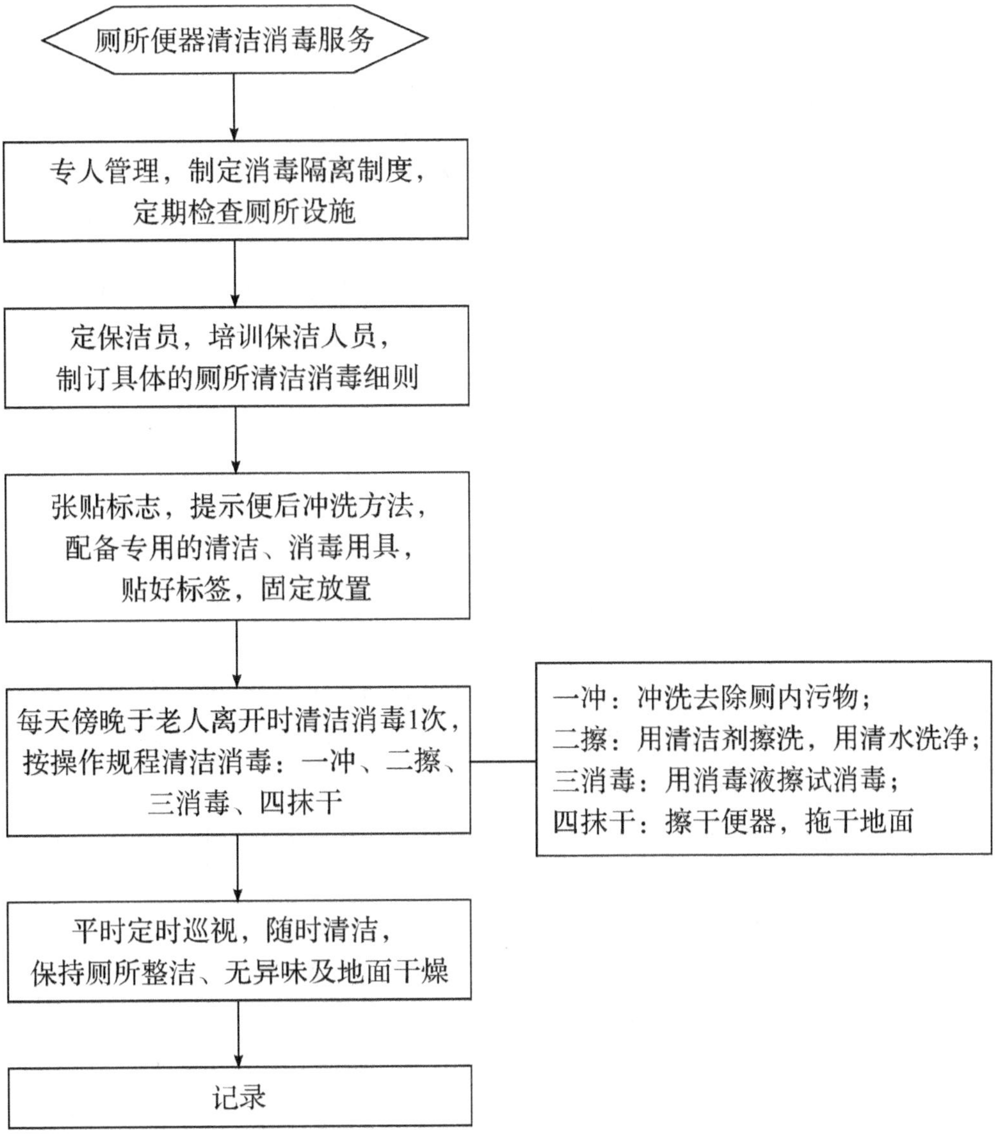

（叶芳　陈雪萍）

第十五部分　居家养老服务管理规范

一、小区环境安全管理

小区环境安全管理服务主要是指对小区内公共设施进行定期检查，确保小区内无障碍通道通畅、扶手稳固、电梯运行正常、通道无杂物，以及确保公用活动场所的设施、公用厕所设施、公用照明设施、小区内健身设施完好，保障老年人活动安全的专项服务。此项服务适用于社区的环境安全管理，也适用于日间照料中心内部和周边环境的安全管理。

1.服务要求

(1)社区可自行管理，也可视情况通过购买服务的形式委托日间照料中心相关社会组织来管理。

(2)设专人管理，对小区内所有公用设施情况进行归类，明确职责，制定管理制度，确认定期巡查的时间、检查的内容、设施维护的频次、维修经费保障等，根据情况分类落实责任人。建立重要设施安全事件的应急处理预案和上报制度。

(3)电梯等设施按国家标准定期维护，保留维护、维修责任单位及责任人的联系方式，妥善保管维护、维修记录。

(4)定期巡视检查并记录，对有损坏的设施及时维修和加固。

(5)做好标记，重要设施的使用注意事项及维护、巡查时间及联系人、联系方式等信息于设施的规定位置张贴，以方便发生异常情况时能及时联系。

(6)利用各种宣传途径向社区人群传播安全知识、公共设施的使用规范等，提高社区人群的责任意识，使其自觉保护公共设施，维持公共秩序，不在过道堆放杂物，共同维护小区安全。

(7)发生环境设施安全事件，根据应急处理预案进行处理，定期分析总结小区的安全问题，根据需要增设安全设施，做好必要的改装、维修或者拆除等处理。

(8)小区环境要按“适老化”要求增加设施和增设无障碍通道。老年人照护遵守行业规范。

2.服务步骤

(1)设专人管理,分类整理,制订管理制度和设施安全事件的应急处理预案,责任到人。小区环境按“适老化”要求进行设施的增设或改造。

(2)张贴标志:于合适位置张贴设施使用常规、注意事项、维护人及安全事件的应急处理方式和联系方式等。

(3)按管理职责范围,定期巡查,发现隐患及时处理,平时保持联系电话通畅,接受社区人群的信息反馈。重要设施定期督查。

(4)向社区人群传播安全知识,老年人日常照护按行业规范提供服务。

(5)做好环境及设施安全事件的记录和上报,定期总结分析,不断反馈促进。

3.服务流程

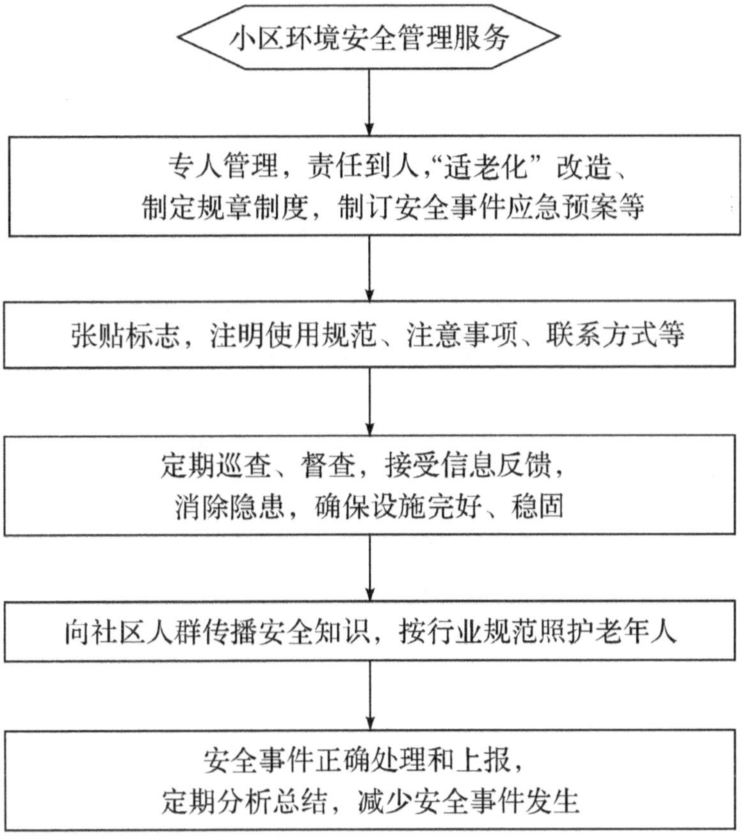

二、日间照料中心管理

按照国家养老服务体系建设规划，社区日间照料中心硬件建设不断落实和完善，一般委托社会组织或其他服务机构来运营。社区负有监管、协调作用。此处主要是指社区对日间照料中心的宏观管理，不是具体养老服务业务的管理。

1.服务要求

(1)社区设专人管理，分析社区老年人需求，制订日间照料中心发展规划。

(2)根据社区养老服务的发展规划，引进相应的社会组织或者公司管理日间照料中心养老服务业务。按程序招标，签订协议，对重要事件进行约定。

(3)双方建立联系渠道，互相协助，共同为社区、居家养老服务负责。

(4)在当前养老服务市场机制不健全的情况下，社区根据情况在社区活动、健康教育、长期照护等方面的公共服务资源，可以通过购买服务的形式委托日间照料中心等服务机构，帮助争取正常的补助基金，扶持机构正常运行，促进养老服务有序发展，提升养老服务品质。

(5)建立社区、居家养老服务质量管理体系，依托上一级养老服务质量管理组织或者成立社区养老服务质量管理小组，定期对日间照料中心和居家养老服务的品质进行督查，不断反馈促进。

(6)建立开展新业务的登记、论证制度，引导日间照料中心更好地为老年人服务。

(7)协调各种资源，沟通日间照料中心与社区各类老年协会、社区志愿服务组织、社区卫生服务中心等的联系，发挥协同效应。

(8)对日间照料中心内部业务管理进行定期检查，发现安全隐患及时处理。平时建立与居家老年人之间的联系渠道，可利用智慧养老服务信息平台，接受社区人群的信息反馈。

2.服务步骤

(1)设专人管理，分析社区老年人需求，制订社区养老服务规划。

(2)结合需求与发展，制订招标文件，引进日间照料中心等服务机构，签订协议。

(3)整合社区资源，沟通、协调，扶持日间照料中心养老服务机构的有序发展。

(4)建立社区养老服务质量监管体系，成立质量监管小组，定期对日间照料中心的服务品质进行监管。

(5)建立开展新业务的登记、论证制度，引导社区养老服务有序发展。

(6)对日间照料中心的业务管理进行定期检查，接受社区人群的信息反馈，发现隐患及时处理。

(7)做好记录。

3. **服务流程**

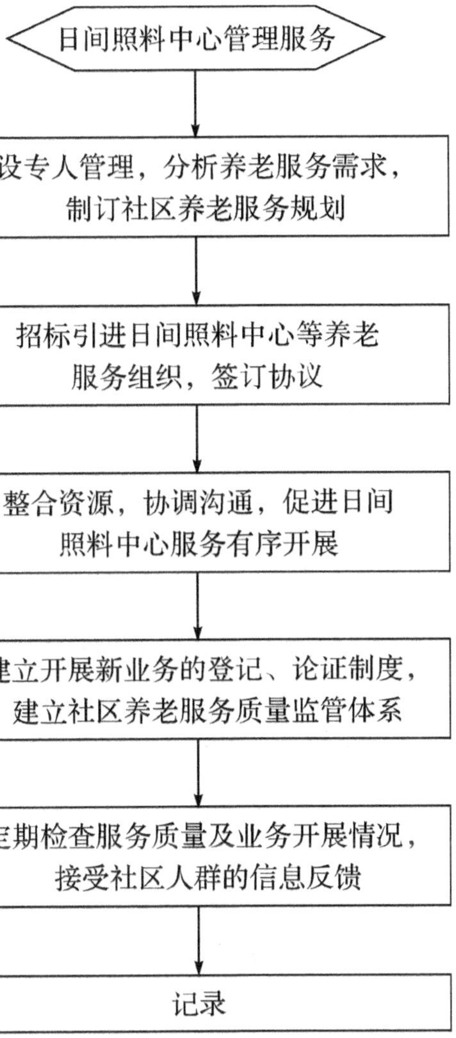

三、托管钥匙

托管钥匙主要是为社区失能、失智等特殊老人提供的专项服务，主要适用于：①子女不在身边，老人外出经常忘记带钥匙；②需要社区工作人员定期上门探访而老人因听力失聪等原因无法正常开门；③需要协助服务机构提供居家养老服务。

1.服务要求

(1)社区设专人管理，制定相应的钥匙保管规章制度。保管员须接受相关培训，并与社区签订钥匙管理的协议，遵守职业道德和规章制度。

(2)设立专门存放钥匙的柜子，柜子要求坚固，有条件者可用保险柜。柜子上锁，保管员须确保柜子钥匙的安全。

(3)保管的钥匙按一定的方式编号陈列，确保随时能找到对应的钥匙，避免紧急情况下因寻找钥匙而延误时机。

(4)与委托方签订“钥匙托管委托书”，确认服务内容，填写联系电话(包括老人和紧急联系人的电话)，老人或监护人签字。服务终止归还钥匙时，在“钥匙托管委托书”后面终止服务条目上填写归还钥匙的数量和时间，老人或监护人签字确认。

(5)保管员不得将钥匙交于双方约定以外的任何人，遇特殊情况，要与老人或者约定的联系人、监护人确认。老人或家属或监护人需临时借用钥匙，需填写借用登记表，写清：钥匙编号、数量、借钥匙原因、借用日期、预还时间及借用人联系电话等。保管员定期检查保管和借用情况，发现未及时归还的，及时联系追回或者根据要求终止服务。

(6)社区管理者要定期检查钥匙保管与使用情况，发现问题及时处理，确保钥匙保管及使用有序、安全和合法，避免纠纷。

(7)社区应制订规范性的“钥匙托管委托书”、使用登记表、借用登记表。

(8)服务终止后，“钥匙托管委托书”及相关记录由社区归档保存。

2.服务步骤

(1)老人或监护人提出申请，社区确认。

(2)社区与老人或监护人签署“钥匙托管委托书”，商定服务内容，确认钥匙使用的程序和要求，写清联系人和联系电话。

(3)保管员将钥匙编号，连同“钥匙托管委托书”有序保管于专柜内，上锁。

(4)老人或监护人需要使用保管的钥匙，填写“钥匙借用登记表”，“钥匙托管委托书”约定以外的人员借用，需与约定人员确认，留下身份证复印件。

(5)做好使用记录。

(6)定期检查钥匙情况,借用未归还者及时取回。

(7)终止服务,应在“钥匙托管委托书”中相应条目上,填写钥匙移交数量、时间及接收者,签名确认。

(8)终止服务后,将“钥匙托管委托书”及相关记录一并交社区统一保管。

3.服务流程

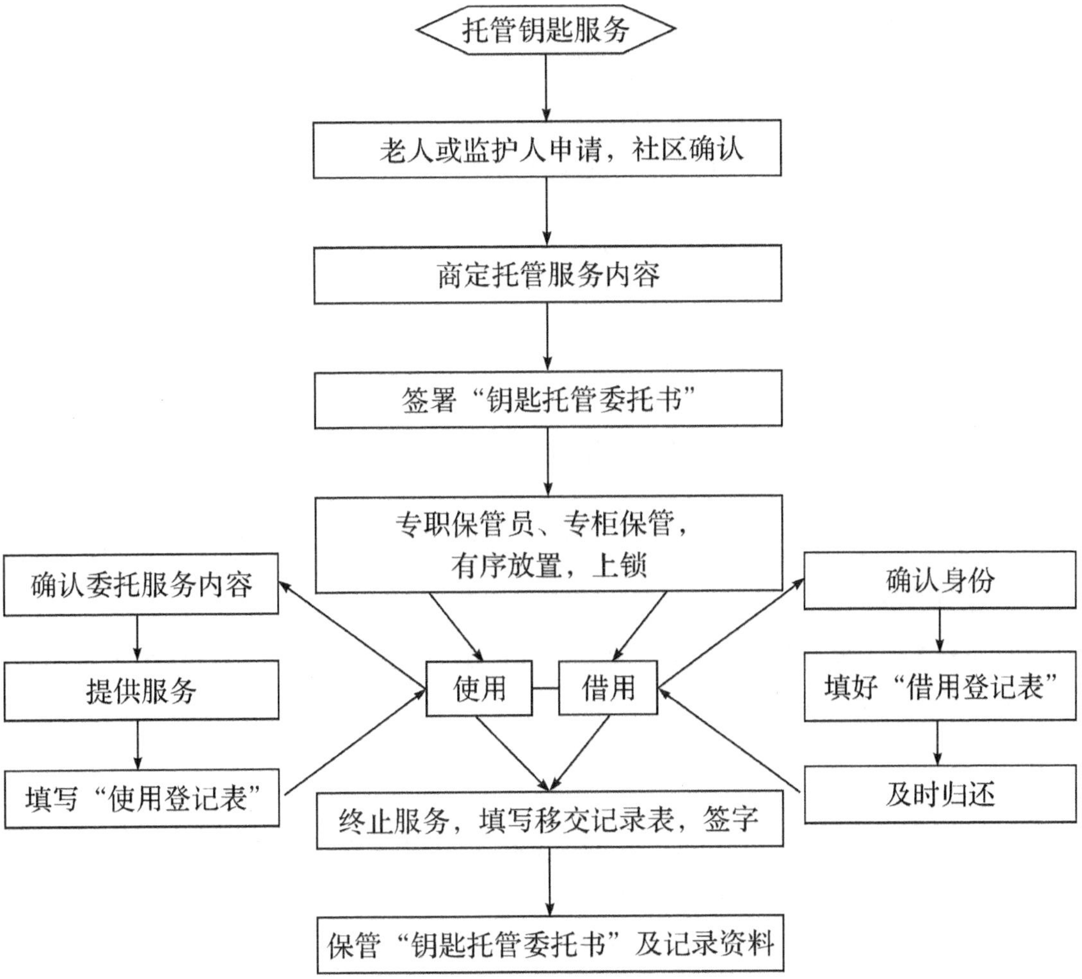

四、协助开锁

协助开锁主要是为因各种原因导致门锁不能打开的老人提供的专项服务，主要适用于老人钥匙丢失或钥匙反锁家中，子女不在身边的情况下。

1.服务要求

(1)设专人管理，与具有资质的开锁专业单位签订服务协议，要求指派固定的、可信任的资深开锁服务员为社区服务。将服务项目和联系电话于社区公示。

(2)老人求助，帮助寻找钥匙。钥匙没有丢失而老人无法打开房门时，协助老人尝试开门。

(3)与子女或监护人取得联系，确认是否可以前来开门或者用某处的备用钥匙开门。确认是否需要开锁服务。

(4)工作人员尽量协助老人打电话与开锁公司联系，或在老人认可下打电话联系服务单位。

(5)确认服务人员身份，协助开锁服务。

(6)开锁后，协助老人签字确认，留下开锁人员的姓名、联系电话。

(7)帮助老人寻找钥匙，如系钥匙丢失，则建议并帮助更换门锁。

2.服务步骤

(1)设专人管理，与有资质的开锁公司签订服务协议，固定人员为社区老年人服务。开锁服务人员及联系电话上墙。

(2)老人求助，帮助寻找钥匙或协助开门，联系子女或监护人，确认是否需要开锁服务。

(3)协助老人打电话与开锁服务单位联系，确认开锁服务员身份。

(4)协助开锁，协助签单并留下开锁人的姓名和联系电话。

(5)开锁完成后，帮助寻找钥匙，如丢失，建议并协助换门锁。

(6)记录。

3.服务流程

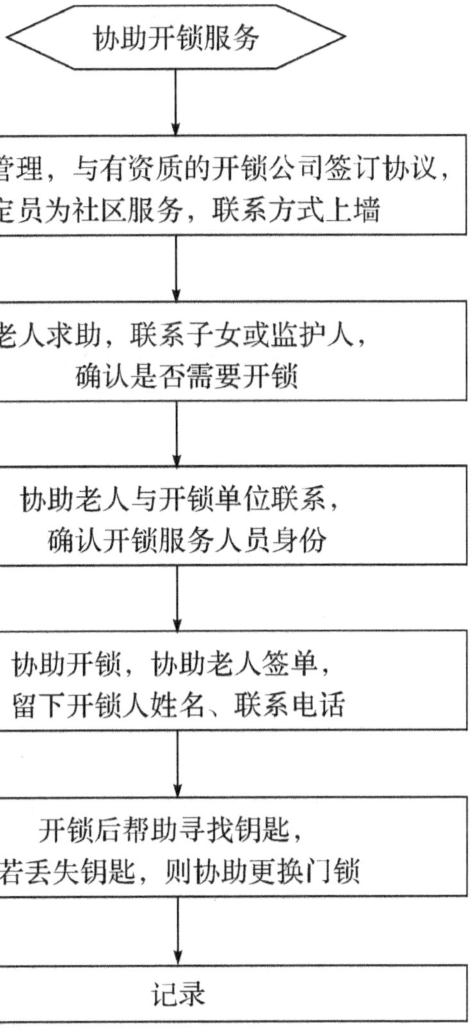
协助开锁服务
设专人管理，与有资质的开锁公司签订协议，定员为社区服务，联系方式上墙
老人求助，联系子女或监护人，确认是否需要开锁
协助老人与开锁单位联系，确认开锁服务人员身份
协助开锁，协助老人签单，留下开锁人姓名、联系电话
开锁后帮助寻找钥匙，若丢失钥匙，则协助更换门锁
记录

五、协助配钥匙

协助配钥匙主要是为行动不便老人提供的专项服务。此项服务主要适用于子女不在身边,老人需要备份钥匙者。

1.服务要求

(1)设专人管理,配钥匙服务项目与服务人员信息展示于服务公示栏中。

(2)老人或家属求助,填与服务单,写明备份数量和要求。

(3)将钥匙送到专业的配钥匙单位,当场配好,即时带回。协助老人试开,如不能打开则重新请配钥匙者调整。

(4)服务人员遵守服务的职业道德,不得告知配钥匙及其他人员有关老人的家庭信息,不得丢失和遗漏钥匙于其他地方,不得随意交钥匙于他人。

(5)钥匙连同配钥匙发票全部交给老人,注明数量,老人签字确认。

2.服务步骤

(1)设专人服务,配钥匙的服务内容和联系人信息公示。

(2)老人或监护人提出申请,填写服务单,确认配备数量和要求。

(3)携带钥匙于专业的配钥匙单位,当场配好,等候带回,付费并开发票。

(4)协助老人一一试开,确认签字。

(5)记录。

3.服务流程

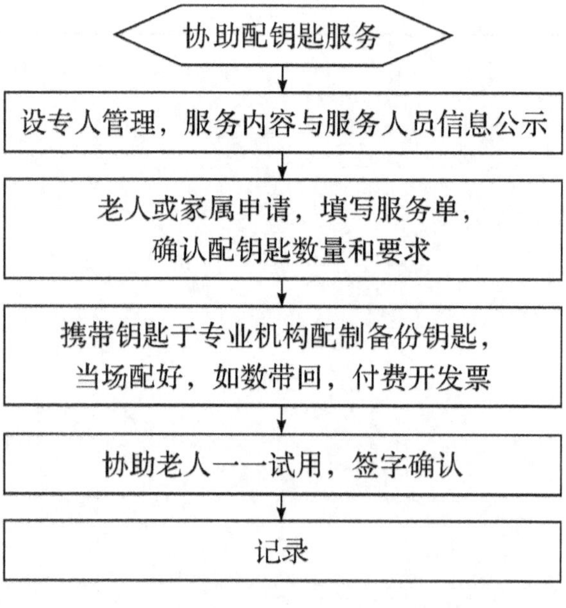

六、协助补办证件

协助补办证件是指为因遗失证件而需要补办的行动不便老人提供的专项服务，主要针对可以补办的一类证件，如老年卡、医保卡、病历本、身份证等。

1.服务要求

(1)设专人管理，了解各类证件补办的流程和需要的辅助材料，服务内容和服务人员信息公示。

(2)老人或监护人提出申请，填写服务单，确认要求。

(3)确认补办证件流程和需要的资料，协助老人准备辅助材料，如身份证、户口本、照片、委托书等。同时备份代办人身份证件。

(4)如需要现场拍照确认的，如身份证的补办，则需要协助并陪同老人亲自去办理。

(5)在办理过程中，做好保管，不得遗失，不得将老人的资料和补办的证件交于双方约定以外的任何人。不泄漏老人信息。不得办理任何假证件。

(6)证件补办完成后，将办理的证件及各种单据一起交给老人或其监护人，签字确认，做好记录。

2.服务步骤

(1)设专人管理，协助补办证件的服务内容和联系人信息公示。

(2)老人或监护人提出申请，填写服务单，确认要求。

(3)确认补办流程，协助老人准备辅助材料及代办人身份信息。

(4)按规定程序于正规途径补办证件，必要时协助、陪同老人亲自办理。

(5)将新证及时交给老人，签字确认。

(6)补办过程中保管好老人的相关资料和信息，不遗失和泄漏。

(7)记录。

3.服务流程

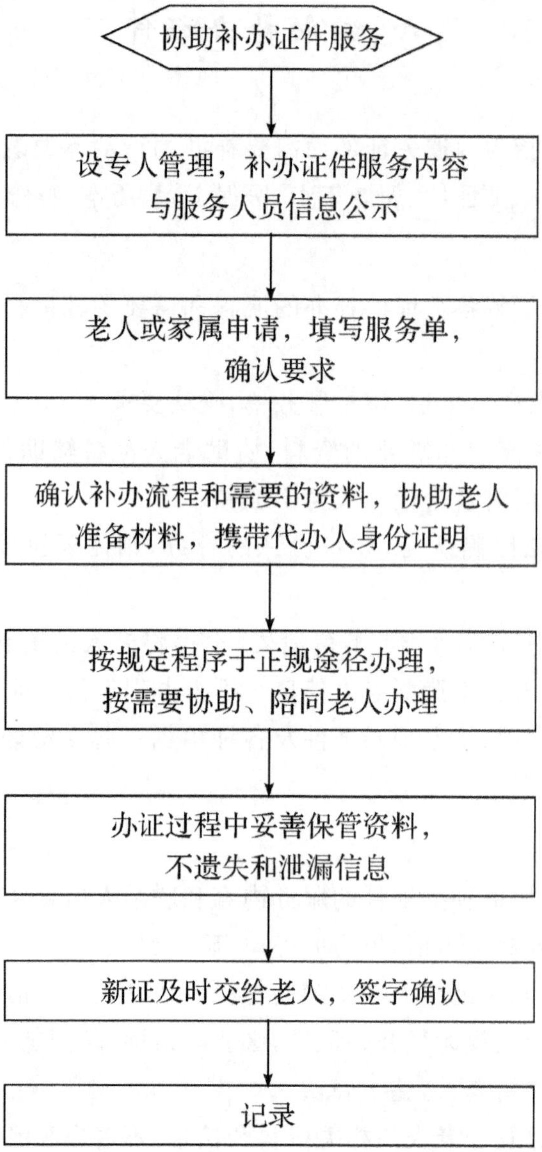
协助补办证件服务
设专人管理，补办证件服务内容与服务人员信息公示
老人或家属申请，填写服务单，确认要求
确认补办流程和需要的资料，协助老人准备材料，携带代办人身份证明
按规定程序于正规途径办理，按需要协助、陪同老人办理
办证过程中妥善保管资料，不遗失和泄漏信息
新证及时交给老人，签字确认
记录

七、研究管理

社区是一线基地，许多研究院所、高校、医疗机构及日间照料中心本身的研究人员可以针对社区人群开展研究工作，如现状调查、病因探索、新技术应用、康复干预、健康促进等。研究工作涉及信息利用、隐私保护等研究伦理问题，社区有必要对相关研究工作进行审核和管理，在利用研究工作促进社区健康的同时，也保障居民的健康和信息安全不受损害，协调研究工作有序开展。此处研究管理主要指社区层面的管理，也适用于机构内部的研究管理。

1. 服务要求

(1)社区设专人管理，管理人员接受相应的培训，制定社区研究管理规章制度。

(2)在社区开展的研究活动，研究人员提交研究方案和研究伦理审核报告，社区管理人员对之进行审核，必要时要求组织专家进行审核，对潜在的生态风险、人身伤害、研究价值进行评判，确认是否允许在社区开展该项研究工作。

(3)与研究人员签订“研究工作协议书”，明确研究活动内容及要求，对研究成果应用和署名等问题进行确认，研究过程中遵循“尊重、不伤害、有利和公正”等伦理原则，保证信息安全，不泄漏他人隐私。

(4)高效利用社区资源，注意保存社区研究资料，协调数据共享，如社区基线资料可以为许多研究项目共享，避免不必要的重复劳动，节约资源。

(5)利用社区力量，如志愿组织等，协助研究人员开展社区研究活动，确保研究活动在社区有序、安全开展。

(6)建立信息联系渠道，接受社区人群的信息反馈，对研究过程进行必要的监管。

(7)注意避免过度商业化的研究活动，在开始之前进行必要的约定，避免负面影响。

2. 服务步骤

(1)社区设专人管理，制定研究管理制度。

(2)研究人员提出申请，社区审核确认，必要时要求组织专家进行审核。

(3)社区与研究人员签订“研究工作协议书”，确定研究活动内容、要求、成果应用、署名约定及明确需要遵循的伦理问题。

(4)协调社区资源，协助研究工作有序、安全开展。

(5)建立信息沟通渠道，定期了解情况，接受社区人群反馈，督查研究过程。

(6)共享资源，正确保存研究成果，协调数据共享。

(7)研究结束进行总结，记录。

3. 服务流程

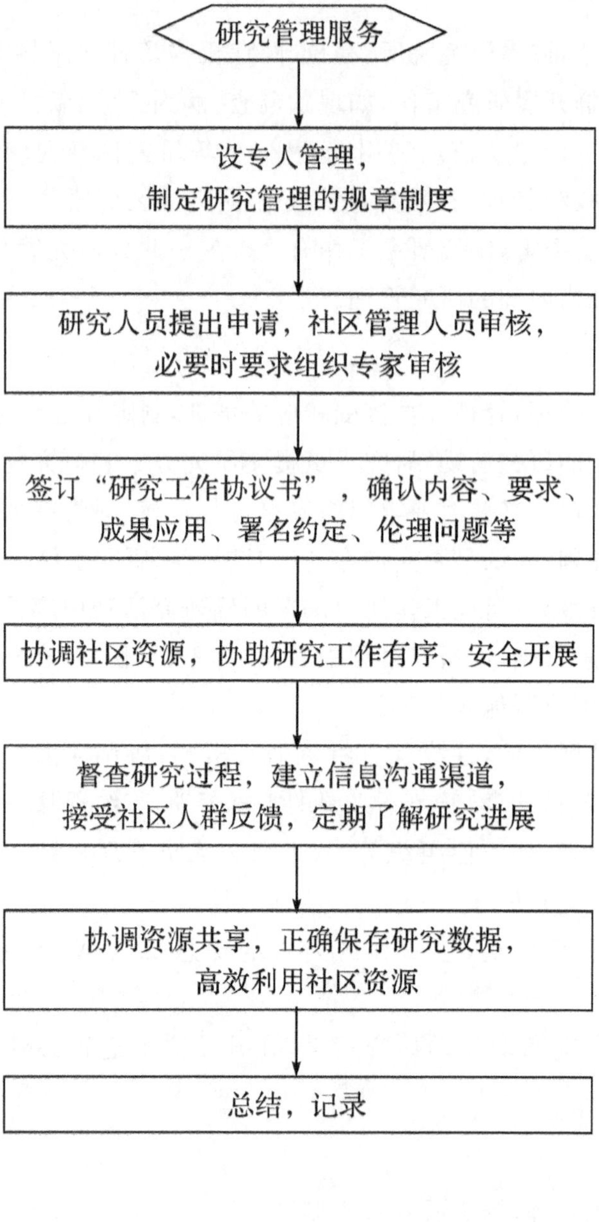

八、产品促销活动管理

社区内一般不宜开展产品的促销活动。对社会组织开展的一些产品促销活动要严格审核,保障产品质量,避免欺诈行为,规范活动管理,确保活动安全。

1.服务要求

(1)设专人管理,学习相关物业管理及法律知识,制定相应的产品促销活动规章制度,制订相应的审核表和审核流程。

(2)商家提出申请,提交申请表和活动方案,提供促销产品的名称、价格、包装、质量保障相关证书、售后服务等信息。

(3)社区按流程对产品质量、商家资质、可能的不良后果及活动安全等进行审核,必要时请专业的检验测试机构进行审核或者请专家论证,对相关利弊进行权衡。

(4)社区与经营商签订"产品促销活动协议书",确认促销活动过程及要求,对可能的安全事件有预见和应对措施,并对产品质量和售后责任作出承诺,留下责任人、联系人联系电话。

(5)在商定的区域进行促销活动,规范张贴宣传资料,产品价牌齐全,堆放有序,避免煽动性的促销手段、不正当的促销行为和强制性的推销方式,避免拥挤和大声喧哗,保证通道通畅和环境整洁。

(6)不得侵犯消费者利益,禁止使用过期、标签不清、效用不明、质量没有保证的产品,严禁弄虚作假。不得强行要求居民登记身份证、电话等信息,社区内不宜进行保健品的销售活动。

(7)社区工作人员定时巡视、检查促销活动,发现异常情况及时处理或要求停止促销活动。

(8)主要针对老年人群体的产品促销,促销人员应接受必要的培训,懂得老年人身心特点,不与老人发生争执,预防意外事件发生。

(9)要求促销人员耐心解答顾客提出的有关问题,妥善处理投诉。

(10)平时向社区进行保护自身信息安全的宣传,避免随意将身份信息泄漏。

2.服务步骤

(1)设专人管理,制定产品促销的规章制度和审核流程。

(2)商家提出申请,提交产品促销方案,提供商家资质、产品说明和质量保证有效证书。

(3)社区对商家资质、活动方案、产品品质、活动安全、信息安全及售后服务等事项进行审核。必要时请专家或专门机构进行检测。

(4)双方签订"产品促销活动协议书",确认活动要求、产品质量保证、秩序维护、售后保障等责任事项。必要时对促销人员进行为老服务知识的培训。

(5)在商定的区域内开展促销活动,避免拥挤和喧哗。管理人员定时巡视,做好秩序维护。

(6)耐心解答,妥善处理投诉。

(7)做好总结,记录。

3.服务流程

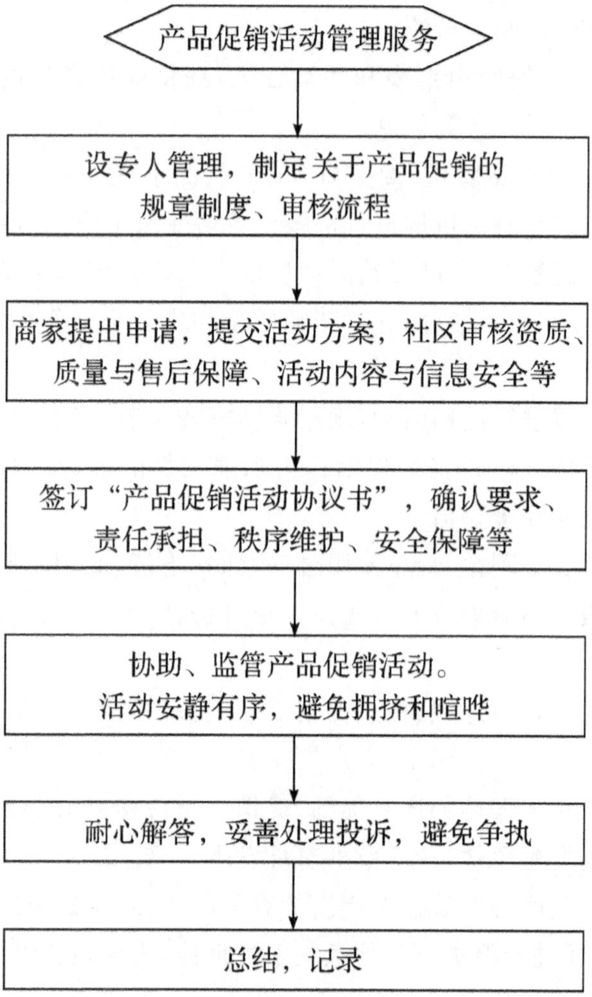

九、安全预警管理

“预警”顾名思义就是“预先发布警告”，其作用在于超前反馈、及时布置、防风险于未然。安全预警管理涉及社区治安、防火、食品卫生、设备器材安全、交通安全、环境保护等各方面，可以提升社区安全管理水平，做到早发现、早处理、早排除，消除事故隐患。此处主要是指养老服务体系中老年人的相关安全预警管理，养老服务机构根据各自的服务范围做好内部的老年人安全预警管理，社区则从宏观层面进行管理，可将具体工作分解，通过购买服务的形式委托其他服务机构来实施。

1.服务要求

(1)社区设专人管理，评估社区环境、公共设施设备及日间照料中心的管理情况，梳理并明确预警范围。

(2)结合社区与居家环境及日间照料中心情况，根据老年人身心特点，明确老年人安全预警的主要内容。①环境安全预警：楼道、过道扶手及其他公共设施松动或损坏或使用不当，无障碍通道堆放杂物、厕所浴室等公共场所地板潮湿打滑、过道灯光昏暗等易引起老人跌倒损伤；②老年人日常生活和照护安全预警：迷路、走失、受骗、财物丢失、跌倒、骨折、噎食、误吸、烫伤、心脑血管意外及其他疾病的危急状态、猝死等；③老年人参与各类活动预警：剧烈活动、心理应激致心脑血管意外，活动过程中跌倒引发骨折，或者发生疾病紧急情况，如低血糖、高血压危象、脑卒中、心肌梗死等；④突发公共卫生事件或者灾害性事件的预警：食品安全事件，传染病流行，洪水，泥石流等自然灾害性事件的安全预警等。

(3)建立事件的记录和上报制度，定期对安全事件进行分析总结，并根据实际情况对预警内容进行调整。

(4)张贴预警标识。根据常见的老年人安全事件，根据国家养老设施建设标准，放置或张贴合适的警示标识，如小心台阶、小心地滑、安全通道、禁烟、先站稳再启动(使用跑步机等运动器械)、先开冷水开关后开热水开关(洗浴时)、先测温后操作(清洁皮肤、鼻饲、喂食)等。

(5)针对常见的预警内容，制订应急处理预案，在合适位置标明紧急联系的电话号码和救护电话号码“110、119、120”等。

(6)定期培训为老服务人员、社区工作人员，并向社区人群传播老年人安全事件的预防和管理知识。针对一些灾害性事件进行演习，以备不测，如火灾、地震的自我逃生与救护等。

(7)定期巡查，针对常见老年人安全事件，对环境设施、照护质量进行监管和督查。

(8)建立一定的信息平台,可利用微信、QQ、朋友圈或者社区居家养老服务信息平台发布预警信息,协同联动,减少损失。

(9)做好预警管理,及时记录安全事件,定期分析、总结,不断提升管理水平。

2.服务步骤

(1)专人管理,明确预警范围,建立规章制度和上报制度。

(2)结合环境和老年人照护条件等实际情况,梳理老年人安全预警内容:环境安全预警、日常生活与照护安全预警、参与各类活动的安全预警、灾害性事件预警等。

(3)根据老年人安全预警内容,制订应急处理预案。

(4)在合适位置张贴预警标识,建立安全预警信息发布平台。

(5)定期培训员工及社区所有工作人员,传播老年人安全管理及应急救护知识与技能,开展重要安全事件的应急演练。

(6)定期巡查,对设施和照护质量进行监管。

(7)定期分析总结,做好记录。

3.服务流程

十、服务队伍管理

居家老人的需求是多样化的，单靠一支服务队伍难以提供高品质的全部服务，需要医疗保健、家政服务、养老护理、社会工作、志愿服务、邻里互助等各种形式的服务配合。这里主要以日间照料中心为切入点，协调各种服务队伍的工作，突出各类组织之间的协调管理。

1.服务要求

(1)设专人管理，根据老年人的服务需求和服务队伍现状，拓展服务范围，与其他服务队伍建立联系，建立规章制度。

(2)审核其他服务组织的资质，签订协议书，商定服务内容和要求，明确服务人员的资质。通过日间照料中心联系的为居家老年人提供的服务须接受监管，确保服务品质。

(3)建立服务目录，同时公布其他居家服务组织的资质和服务内容，供居家老人自愿选择。

(4)制定服务标准，成立服务品质管理小组，建立定期检查和反馈促进机制。

(5)对志愿服务队伍、互助组织等进行管理，对其成员进行系统培训和继续教育，建立激励机制，探索时间银行形式的劳务储蓄管理，发挥低龄老年人的力量，建立可持续发展的机制。

(6)对所有为居家老年人提供服务的人员进行服务规范和服务标准的培训，使之明确服务要求和监管体系、监管方式等，建立联系沟通渠道。

(7)建立信息反馈机制，由日间照料中心委派的服务工作结束后，请老人或家属签字确认，或通过手机或者智慧养老服务信息平台其他智能设备的服务终端进行确认和评价。

(8)定期检查，对违反服务规范、达不到服务标准的情况及时反馈跟进，通过服务品质监管提升服务队伍的素质。

(9)通过一定的竞争机制，优胜劣汰，不断提升服务品质。

2.服务步骤

(1)设专人管理，制定规章制度。引入有资质的服务队伍，签订服务协议。

(2)制订服务目录，建立服务标准，成立服务品质管理小组。

(3)管理志愿服务、互助服务，培训服务人员，探索建立可持续的服务机制。

(4)对所有服务人员进行服务规范、服务标准的培训，确保服务品质。

(5)按规范提供服务,老人或家属对服务品质作出评价,建立信息反馈渠道。

(6)定期检查服务情况,设立一定的竞争方式,提升服务品质。

(7)定期总结,记录。

3.服务流程

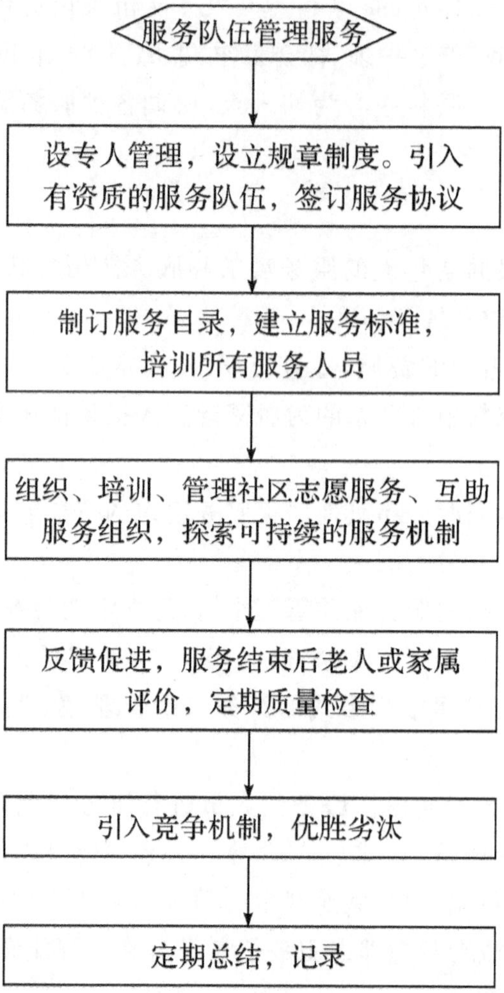

十一、服务质量内部管理

服务质量是服务机构的灵魂，是服务机构生存和评价的核心内容。服务质量的管理包括机构内部的质量管理和机构外部的质量管理。内部质量管理是指服务机构通过自身内部的协调、培训、监管，并通过一定的激励机制不断提升服务品质的过程。适用于任何养老服务机构。

1.服务要求

(1)设专人管理，制订机构服务目录，制定服务人员岗位职责和各项规章制度，建立服务人员培训和继续教育制度。

(2)根据行业标准，结合机构服务范围，建立机构内部的服务规范和质量标准。

(3)成立机构内部质量管理小组，一般由机构主管业务的院长或主任担任组长，一线服务人员、服务管理人员和各部门人员兼顾成立管理小组。制订年度管理计划，建立质量促进的激励机制。

(4)建立常规检查制度，定期与不定期检查相结合，检查小组检查与服务对象反馈相结合，综合评价服务人员，不断反馈促进。向外公示服务质量监管电话，接受服务对象的信息反馈。

(5)服务机构业务管理者宜每周巡查至少一次，一线业务主管每天巡视，检查小组每月或每季检查一次。某项服务结束，接受老人或者家属的评价反馈，平时保持信息沟通渠道的通畅，可以通过签字确认，也可以通过智慧养老服务的智能设备终端接受信息反馈。

(6)服务质量与员工的职称晋升及福利待遇相结合，定期分析总结，定期开展员工培训和讨论会，统一思想，解决问题，不断提升服务品质。

2.服务步骤

(1)专人管理，制订机构服务目录、岗位职责，制定各项规章制度。

(2)根据服务目录，结合行业标准，制订机构内部的服务规范和服务标准。

(3)建立服务质量检查制度，成立服务质量检查小组，每天巡查，每月或每季定期检查，每年总结评比。某项服务结束，请老年人或家属评价服务，接受服务对象的信息反馈。

(4)服务质量检查与服务人员福利及晋升相结合，定期总结和培训服务人员，不断促进。

(5)定期分析总结，不断修正服务规范和服务标准。

(6)做好记录。

3.服务流程

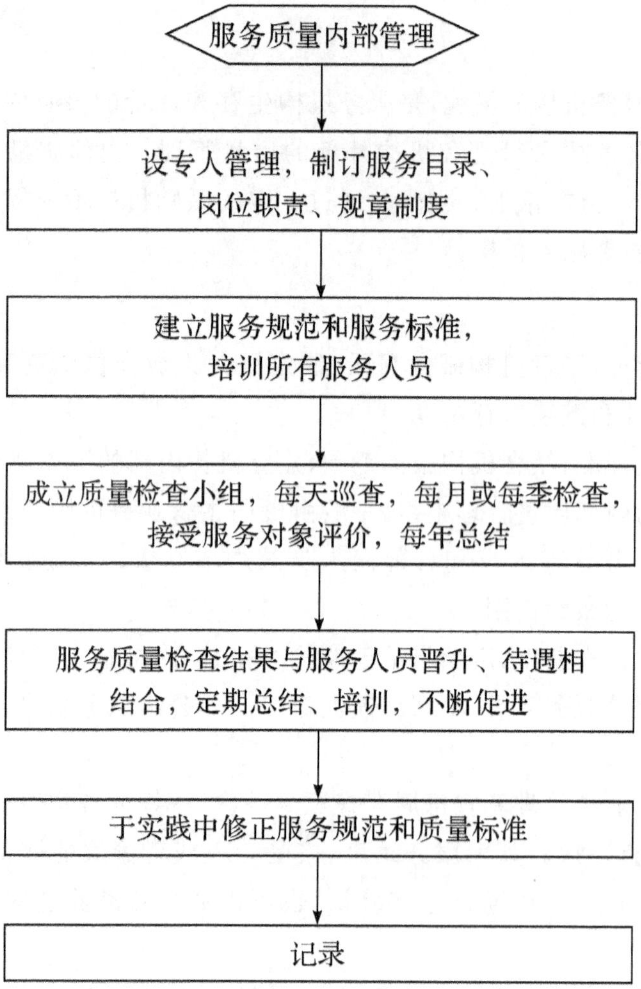
服务质量内部管理
设专人管理，制订服务目录、
岗位职责、规章制度
建立服务规范和服务标准，
培训所有服务人员
成立质量检查小组，每天巡查，每月或每季检查，
接受服务对象评价，每年总结
服务质量检查结果与服务人员晋升、待遇相
结合，定期总结、培训，不断促进
于实践中修正服务规范和质量标准
记录

十二、服务质量外部监管

养老服务质量外部监管是指养老服务机构接受行业或者行政管理部门组织的质量监管。通常民政部门通过一定的补助政策，设立一定的机构服务标准，组织人员对机构进行综合评价，以引导养老服务机构的规范发展。一般政府部门委托行业协会对养老服务机构进行监管。养老服务机构接受监管除了经济因素以外，质量评估的权威性、公正性也是重要因素。社区有责任对服务进行必要监管。此处主要是指社区层面的监管。

1.服务要求

(1)社区设专人管理居家养老服务，引进有资质的养老服务机构，签订服务协议，明确服务要求。

(2)成立社区居家养老服务质量评估小组，一般由社区管理养老服务的人员、养老服务专家、社会工作者及一线服务人员等组成，评估小组成员接受培训并公示信息，接受公众监督。最好能在区域范围内成立评估小组，有利于建立不同社区的竞争促进机制。

(3)根据行业规范和标准，结合本社区现状，制定本社区居家养老服务质量标准并公示。服务标准侧重于一线服务规范性和服务品质的评价，以引导服务内涵的提升。

(4)建立定期检查制度，至少每年检查一次。平时不定时进行巡查，利用信息平台接受服务对象的信息反馈，建立通畅的服务对象投诉渠道。

(5)质量检查与资金补助、扶持政策相结合，以一定的竞争机制引导服务品质提升。

(6)向服务机构反馈评估信息，指导、协助服务品质改善，协调处理服务纠纷。

(7)定期总结评比，开展交流研讨，不断修正评估标准，反馈促进。

2.服务步骤

(1)专人管理，引进有资质的居家养老服务机构，签订服务协议，明确职责和要求。

(2)根据行业标准，结合本社区现状，制定服务质量标准。

(3)建立服务质量监管制度，成立社区养老服务质量评估小组，公示信息。

(4)定期检查，至少每年检查一次，平时不定期巡查。利用信息平台，接受服务对象的服务评价和信息反馈，建立通畅的投诉渠道。

(5)服务质量检查与服务机构的资金补助相结合。同时向服务机构反馈服务评估结果和存在的问题,引导、帮助服务品质提升。

(6)定期总结评比,开展研讨交流,不断修正服务标准,反馈促进。

(7)做好记录。

3.服务流程

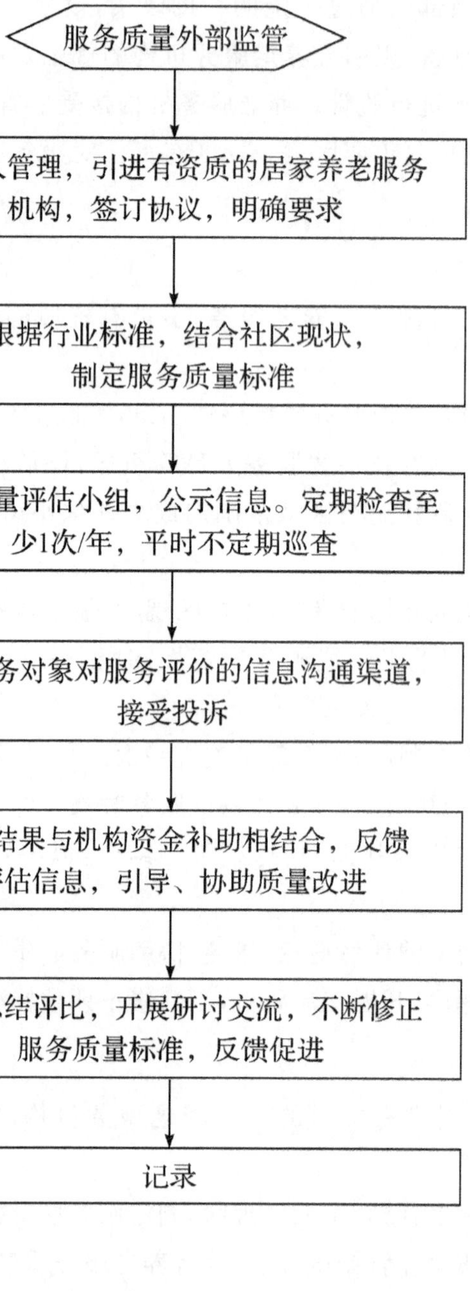

十三、志愿服务管理

志愿服务又称志愿工作，广义的志愿服务是指以造福近亲属以外的他人（个人或团体）或环境的所有活动。不同地区对此定义有不同的描述，如《上海市志愿服务条例》将志愿服务定义为“不以获取报酬为目的，自愿以智力、体力、技能等为他人和社会提供服务和帮助的公益性活动”。联合国将志愿服务的特点归为：①不追求经济回报；②服务出于个人自愿；③造福于他人或社会。志愿服务有不同的分类方法，这里志愿服务主要是指社区志愿服务组织对社区老年人提供的各类服务，包括老年人之间的互助服务。志愿服务管理是对志愿者的招聘、培训、使用、评估、激励等一系列工作模式进行的管理，从而促进志愿服务规范化开展。社区可以根据自身力量直接管理志愿服务，也可以通过购买服务方式委托社区居家养老服务机构管理为老年人服务的志愿服务，此处主要指后者。

1.服务要求

（1）设专人管理，制定志愿服务的审核制度、社区志愿服务管理规章制度。

（2）社区通过购买服务形式委托日间照料中心的养老服务机构管理社区为老服务的志愿服务。

（3）本着“奉献、友爱、互助、进步”的志愿服务精神，宣传、组织成立为老年人服务的志愿组织，发挥低龄老年人的作用，弘扬助人者自助的互助精神，营造互助氛围。

（4）提供一定的活动场地和资金，协助志愿者招募和管理制度的建立，设立条件和退出机制，促进、完善志愿组织的内部管理。

（5）对志愿服务人员进行为老服务知识和技能的培训。所有为老年人服务的志愿者都必须学习为老服务的基本知识，然后根据个人特长和意愿，结合社区老年人需求，有针对性地学习相应的服务技能，按不同服务模块分组，根据不同的服务内容进行有针对性的学习和继续教育，提升服务水平，满足老人需求。

（6）“不以获取报酬为目的”的志愿服务可以与劳务储蓄相结合，利用信息平台，以“时间银行”形式记录服务内容和时间，在自身或亲属需要时获取其他志愿服务。也可以实行一些低偿的服务或者以政府购买服务形式开展。创新服务管理模式，促进志愿服务可持续发展。

（7）针对社区志愿者特长和意愿，制订志愿者服务目录，制订服务规范，并对志愿者进行培训。

（8）建立与志愿组织的信息沟通平台，一些专项活动的志愿服务信息通过信息平台发布通知，接受志愿者报名，同时进行必要的培训。

(9)依托居家养老服务信息平台，协调志愿者参与社区的居家养老服务活动。为老年人服务志愿者在居家老人心愿达成、社会参与、文化活动、兴趣学习、精神慰藉、保健康复等方面起着重要作用。养老服务机构整合服务需求，协调并利用社区志愿者资源，最大限度地满足老年人的服务需求。

(10)将为老志愿服务质量管理纳入居家养老服务质量管理之中，对志愿服务质量进行监管，接受老年人及家属的信息反馈。

(11)对其他志愿组织开展的社区为老服务志愿活动进行审核，对服务内容、活动方案、安全保障等内容进行审查，必要时上报社区，按程序审批。对批准的项目提供支持和协助，保障活动有序开展。

2.服务步骤

(1)设专人管理，制定志愿服务审核和管理制度。

(2)提供活动场地和资金，促进社区为老服务志愿组织建设。

(3)根据老年人需求及志愿者的兴趣和意愿，制订为老服务的志愿服务目录和相应的志愿服务规范。

(4)培训为老服务的志愿者，上岗培训和专项的继续教育相结合，提升志愿服务能力和专业水平。

(5)将社区为老志愿服务纳入居家养老服务管理之内，统筹社区服务需求和服务资源，依托信息平台，协调志愿者有序为老年人提供服务。

(6)对为老志愿服务品质进行监管，对志愿组织举办的专项志愿活动进行审核，指导、协调提供规范、安全的志愿服务。

(7)记录志愿服务信息，结合“时间银行”的劳务储蓄和老年人互助服务，创新管理模式，促进志愿服务可持续发展。

3. 服务流程

为老志愿服务管理

↓

设专人管理，制定志愿服务审核和管理制度，将为老志愿服务纳入居家养老服务管理之中

↓

促进社区为老服务的志愿组织建设，提供场地、资金，协助组织制度建设

↓

统筹服务管理，结合需求、兴趣和意愿，制订志愿服务目录和服务规范

↓

培训为老服务志愿者，提升服务水平。开展上岗培训和结合特长与兴趣的专项培训

↓

统筹有序开展日常志愿服务，对志愿组织的专项志愿活动进行审核，协助安全开展

↓

监管志愿服务质量，接受信息反馈，定期研讨交流，不断提升服务品质

↓

记录服务信息，创新志愿服务管理模式，探索以“时间银行”劳务储蓄或与其他互助服务相结合模式

↓

总结，记录

十四、各类老年人活动管理

老年人参与各类活动有利于老年人回归社会，促进交流，增进健康，应鼓励开展和协助老年人参与。但由于老年人身心功能的老化，容易在各类活动中出现意外情况，需要对活动进行有序管理，以保障活动安全有序开展而达到预期目标。老年人活动种类多样，有文化活动、兴趣学习、保健康复运动、志愿服务活动、旅游活动、参观考察活动等。此处主要是指在社区内开展的各类老年人活动，社区层面对其开展的宏观管理。

1.服务要求

(1)社区设专人管理，建立老年人活动申报和管理制度。

(2)活动组织者填写申报表，制订活动方案，写清活动名称、内容、流程、目标及举办地点、时间、参与人员、注意事项等，并对老年人参与的安全防范和应急事件处理有预案。

(3)社区按管理要求审查举办者资质，对活动场所、活动内容、活动组织与管理，特别是老年人安全防范等进行审核，登记。

(4)根据活动内容，对组织者进行为老服务知识和活动管理的针对性培训。特殊活动要求组织者配备相应的专业人员，确保安全。

(5)在社区信息平台中公布活动通知和参与的要求，协调志愿服务，协助老年人参与，协调居家养老服务机构参与活动管理。活动过程中，专业人员巡视和协助，促使活动有序开展，避免不良事件发生。

(6)活动结束，对活动组织、活动过程及目标达成等情况进行分析总结，提交总结报告。

(7)禁止开展极端的宗教集会和其他有害老年人身心健康的活动。

2.服务步骤

(1)社区设立负责人，制定举办老年人活动的规章制度和审核制度。

(2)组织者填写老年人活动申请表，写清活动组织者及活动名称、内容、流程、举办时间、地点、注意事项、管理人员等信息，制订安全预案。

(3)社区按程序对活动组织者资质、活动环境及活动内容、流程及安全管理等内容逐一审查、核对，对组织者提出要求。

(4)协助组织老年人参与，协调志愿者、养老服务专业人员，活动中加强巡视，预防安全事件。

(5)活动结束,分析总结,提交报告。

3.服务流程

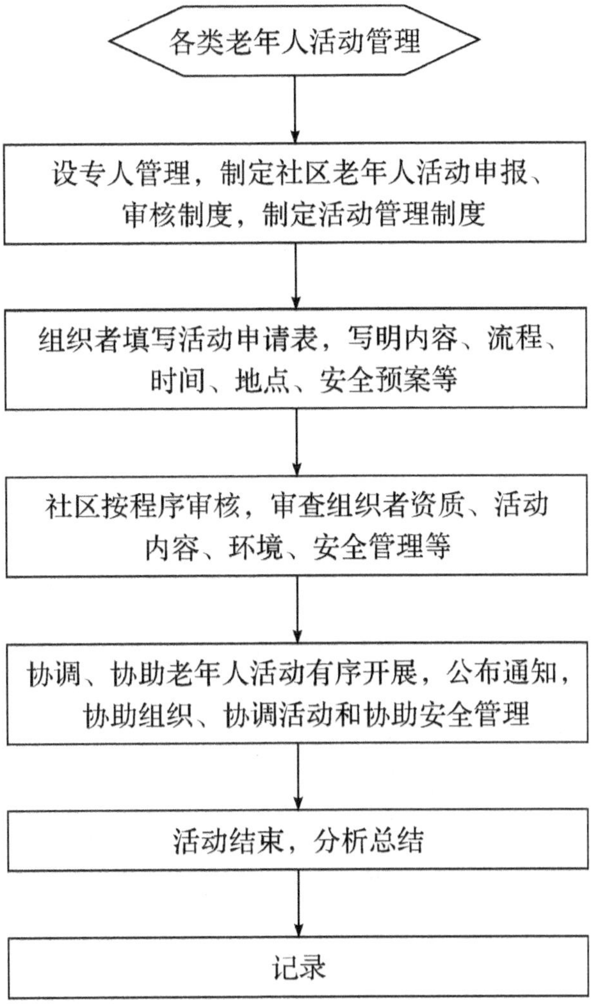

十五、预防疾病传播的管理

预防疾病传播的管理是指预防、及时控制和消除疾病的发生、流行，保障社区居民的身心健康，维持社区工作和生活秩序正常的过程。社区、单位是疾病预防管理体系中的一个部分，有责任在当地疾病预防控制中心总体防控规划下做好相关工作。社区内的预防疾病传播工作一般由社区卫生服务机构执行，也可以购买服务形式由居家养老服务机构执行。此处主要指从日间照料中心角度开展的居家养老服务中的有关预防疾病传播的管理服务。

1.服务要求

(1)由护士专人管理，制定居家养老服务、日间照料中心的消毒隔离制度，制订传染病发生的应急处理预案。

(2)定期培训员工，在日常照护工作中遵守消毒隔离制度，如照护老人前后、照护不同老人之间、接触污物之后、饭前便后要洗手，接触排泄物分泌物前戴手套，厕所拖把与室内拖把分开使用，公用餐具用后消毒，指甲剪、剃须刀、毛巾、脸盆专人专用等。

(3)将日常消毒隔离工作纳入养老服务质量管理之中，传染病发生率和应急处置措施落实情况作为机构服务质量的指标之一，定期检查，做好监督管理。

(4)对入住日间照料中心的老人进行健康评估，患有传染病或病原携带者在医嘱下做好治疗、隔离和消毒工作，不宜入托入住者做好分流管理。居家照护患有传染病或病原携带者，在护士指导下做好防护，并做好居家隔离工作，预防家人之间传播。

(5)向社区普及预防疾病传播的知识，根据传播途径不同做好自我防护，如呼吸道传染病流行期间，不去人员集中区域滞留或举行聚会；消化道传染病流行时，不去疫区省亲访友或旅游，不参与聚餐活动；艾滋病、乙型肝炎患者则注意体液血液隔离等。同时注意先兆症状，发现有异常情况及时报告医护人员。

(6)加强日常锻炼活动，建立健康的生活方式，提高人体非特异性免疫力。根据疾病预防控制计划，协助做好预防接种工作。

(7)发生传染病疫情，按传染病防治法进行疫情上报和管理，协助医疗防疫部门做好疫情控制和治疗工作。

(8)协助疾病防控部门做好疫情分析、预防效果等的信息采集和评估工作。

2.服务步骤

(1)设护士专人管理,制定居家养老服务及日间照料中心的消毒隔离制度,制订疫情应急处理预案。

(2)培训员工,严格执行日常的消毒隔离制度,定期检查落实情况。

(3)对入住入托老人和居家服务对象进行入案评估,对于患有传染病和病原携带者制订隔离消毒方案,预防疾病传播。

(4)利用各种媒体向社区人群普及预防疾病传播的知识,使其接受疫苗接种,加强体育锻炼,增强机体免疫力,预防疾病传播。

(5)协助卫生防疫部门做好疫区管理、信息采集、疫情分析、预防措施落实和预防效果评价等工作。

(6)做好总结、记录。

3.服务流程

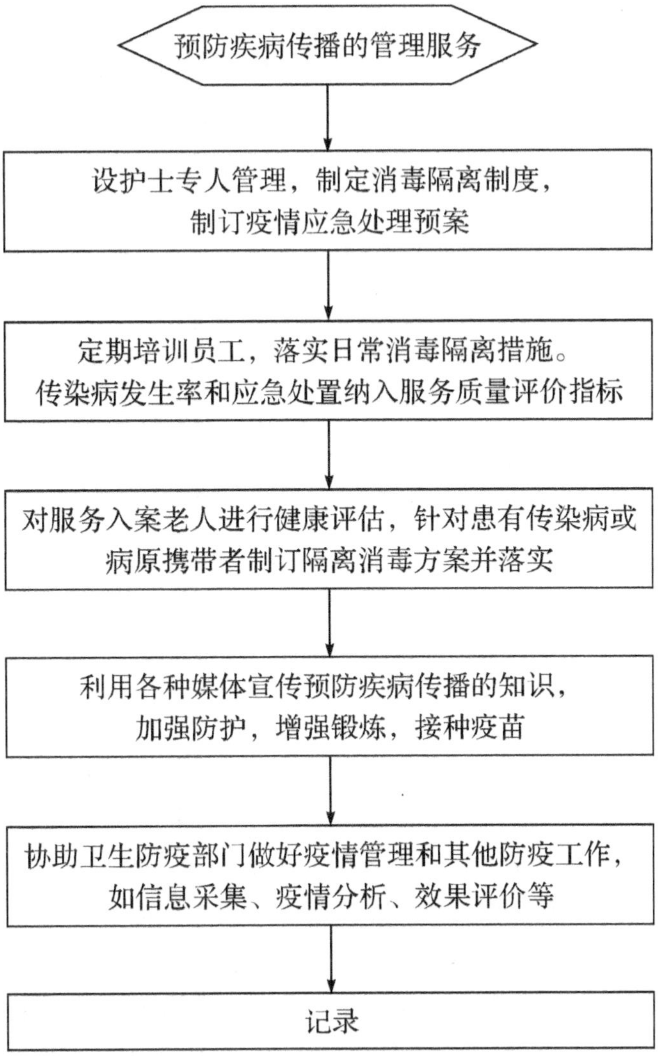

十六、应急处置管理

老年人身心功能衰退，易发生各种意外事件，如疾病危急状态、走失、自伤、伤人、跌倒骨折、突发昏迷、心理应急、噎食等，需要争分夺秒争取时间做好应急处理。为避免不必要的纠纷，养老服务机构应对此类事件做好应急预案，约定处理方式。此处主要指日间照料中心和居家养老服务过程中遇应急事件进行处置的一般管理服务。

1.服务要求

(1)设专人管理，梳理养老服务主要应急事件，分类整理，制订常见应急事件的应急处置预案。

(2)对居家养老服务入案老人进行健康评估，根据老年人身心状况及照护条件，对可能的应急事件作出预判，制订并与老人及家属预约应急处置措施，签字认可。

(3)急诊就医常是重要的处置措施，与老人及家属预约出现什么情况时紧急到医院就医，书面方式与家属预约医院选择、家人应急联系方式、紧急处置方式等，老人及家属签字认可。

(4)制订各类应急事件处置流程，员工定期培训，并向老人及家属传播应急事件紧急处置技能。

(5)养老服务机构内根据情况，定期进行应急事件处置演练，如火灾消防演练等。

(6)遇到应急事件，一线服务人员首先向主管业务的领导报告，按情况逐级上报，遇假期或无法联系到时按预案紧急处理。遇噎食、心脏骤停时就地抢救并呼叫“120”，联系家属。

(7)记录事件经过和处置方式，上报，开展善后处理。

(8)不断分析总结，逐步修正应急预案，预防不良事件。

2.服务步骤

(1)设专人管理，制订常见紧急事件的应急处理预案，制订应急处置流程。

(2)对养老服务入案老人进行健康评估，根据心身状况与照护条件预测可能的紧急事件，书面与老人及家属预约紧急事件和急诊就医的应急处置措施，签字认可。

(3)员工定期培训，并向老人及家属传播应急处置技能。

(4)定期开展紧急事件的处置演练。

(5)遇应急事件，首先向主管业务的领导报告，按情况逐级上报。遇噎食、心跳骤停就地急救并呼叫“120”,紧急联系家属。

(6)记录事件发生经过和处置过程,上报,开展善后处理。

(7)分析总结,不断修正应急预案,预防不良事件。

3.服务流程

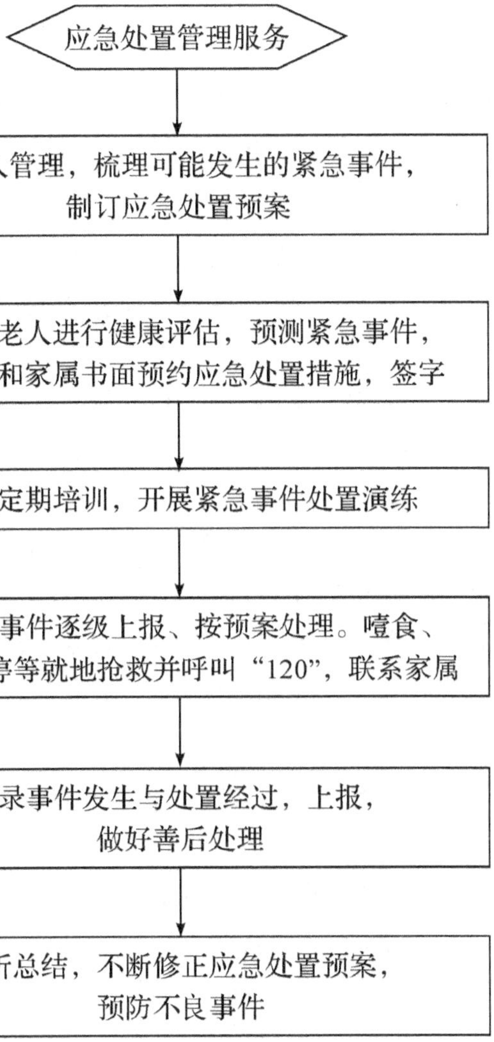

十七、接受捐赠管理

《中华人民共和国公益事业捐赠法》规定,捐赠是指自然人、法人或者其他组织自愿无偿向依法成立的公益性社会团体和公益性非营利的事业单位捐赠财产。公益性非营利的居家养老服务机构或者社区的公益性的老年志愿服务组织等可以接受捐赠。捐赠的财产应依法使用。此处主要指日间照料中心接受捐赠的管理。

1.服务要求

(1)接受捐赠时了解捐赠人的意愿、目的和物品情况,捐赠应当是自愿和无偿的,不得以捐赠为名从事营利活动,不得违背社会公德,不得损害公共利益和其他公民的合法权益,捐赠的物品适用于社区、居家养老服务。

(2)了解并尊重捐赠人对捐赠物品使用的意向,按捐赠人意愿订立捐赠协议,按照约定的用途使用捐赠财产。

(3)接受捐赠后,向捐赠人出具合法、有效的收据。将受赠财产登记造册,妥善保管。不得将捐赠财产挪作他用,如果确需改变用途的,应当征得捐赠人的同意。

(4)正确使用和维护捐赠物品,积极实现捐赠财产的保值增值。

(5)将捐赠的物品清单及捐赠物品的使用、管理情况上报社区,并于单位的网上公示,按照捐赠人意愿在物品上张贴捐赠标签,接受社会监督。

2.服务步骤

(1)了解捐赠人捐赠目的、意向,捐赠的物品必须是清洁、无害,能正常使用于社区、居家养老服务。

(2)根据捐赠人意愿,明确捐赠物品使用途径和方法,签订捐赠协议。

(3)向捐赠人出具收据,注明物品清单。

(4)将捐赠物品登记造册,妥善保管。同时将捐赠物品上报社区,并于网上公示,接受社会监督。

(5)正确使用和维护,积极实现物品的使用价值。

(6)记录捐赠物品使用情况。

3. 服务流程

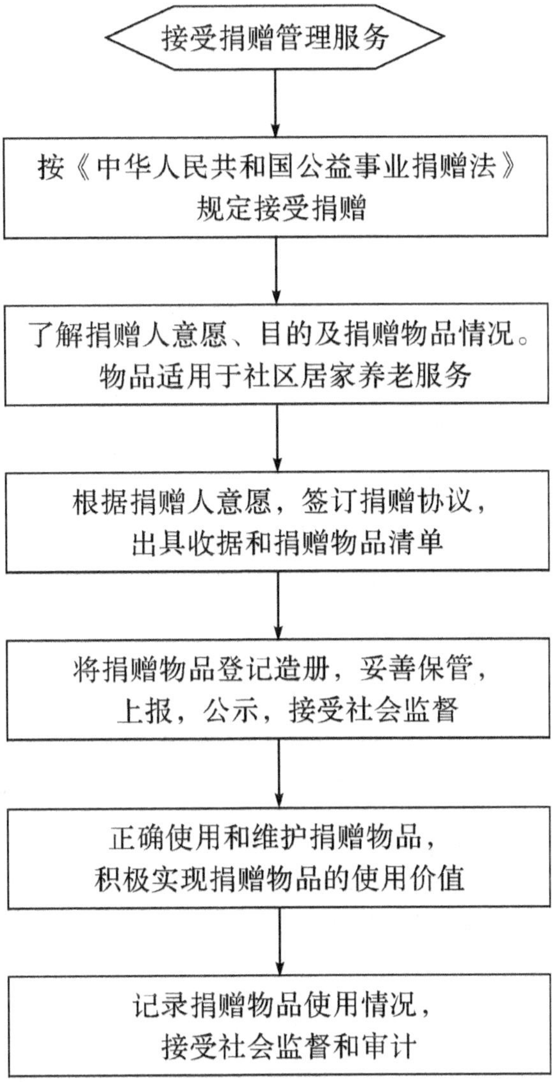

（唐浥云　陈雪萍　董敬）

第十六部分　涉法服务

一、隐私保护

老年人隐私保护涉及日常照护的各个层面，包括身体、心理隐私，患病、治疗隐私，家庭关系、经济条件、人生经历、遗产分配等方面的隐私。我国目前尚无明确的隐私权法律规定，但宪法、刑法、民法、刑事诉讼法及民事诉讼法等法律中都有相关的隐私权不容侵犯的规定。此处主要从居家养老服务层面规定服务人员应该遵循的规范。

1. 服务要求

(1)工作人员定期培训，学习相关法律知识。根据我国法律规定，下列行为属于侵犯隐私权的违法行为：①未经许可，公开其姓名、肖像、住址和电话号码；②非法侵入、搜查他人住宅，或以其他方式破坏他人居住安宁；③非法跟踪他人，监视他人住所，安装窃听设备，私拍他人私生活镜头，窥探他人室内情况；④非法刺探他人财产状况或未经本人许可公布其财产状况；⑤私拆他人信件，偷看他人日记，刺探他人私人文件内容，并公开；⑥调查、刺探他人社会关系并非法公之于众；⑦干扰他人夫妻性生活或对其进行调查、公布；⑧将他人婚外性生活向社会公布；⑨泄露公民的个人材料，或公之于众或扩大公开范围；⑩收集公民不愿向社会公开的纯属个人的情况。

(2)梳理日常养老服务工作中的隐私问题，如在公共场所谈论老人不良生活习惯和言行，随意外传老人信息；照护工作中暴露老人身体部位，特别是隐私部位；随意在微信、QQ或其他平台上对外发布老年人失能失智状况、患病状况、家庭矛盾、经济状况等信息；对老人的评估信息、健康信息资料保管不严，网络资料不设密码，使信息外泄；未征得老人同意随意拍照，于微信、QQ或其他平台上传老人的不雅照片，侵犯老人肖像权等。

(3)设专人管理，制定资料保管规章制度，妥善保存老年人评估信息、健康信息资料，网络资料妥善保管，设置密码，避免信息外泄。作为研究和法律取证用途者，须按正常程序审批，并设置相应的权限。

(4)不允许在未经审批的科研合作、远程监测和其他各种形式的合作中提供老年人的身份信息和健康信息，防范日常工作中借助高科技手段窃取老人隐私事件，如借助免费的远程监测、免费体检等骗取老人身份和健康信息等。因此，在日常工作中的对外合作和有关项目的开展，需进行伦理论证，按正常程序审批。

(5)不断总结老年人的隐私保护问题，引导工作人员学习，同时向社区老年人传播相关隐私权问题，提高保护意识。

2.服务步骤

(1)设专人管理，妥善保管好老人的评估信息和健康信息，建立信息应用的规章制度，确保信息安全不外泄。

(2)定期培训，学习隐私保护的法律知识，提高认识水平。

(3)梳理日常工作中的老人隐私问题，不断分析总结，将保护隐私纳入日常照护行为规范中。

(4)对外合作项目的开展和一些高科技智能设备的应用，按程序进行审批，进行必要的伦理论证，以保护老年人身份信息安全。

(5)向老人及家属传播隐私权及保护知识，提高保护意识。

(6)做好记录。

3.服务流程

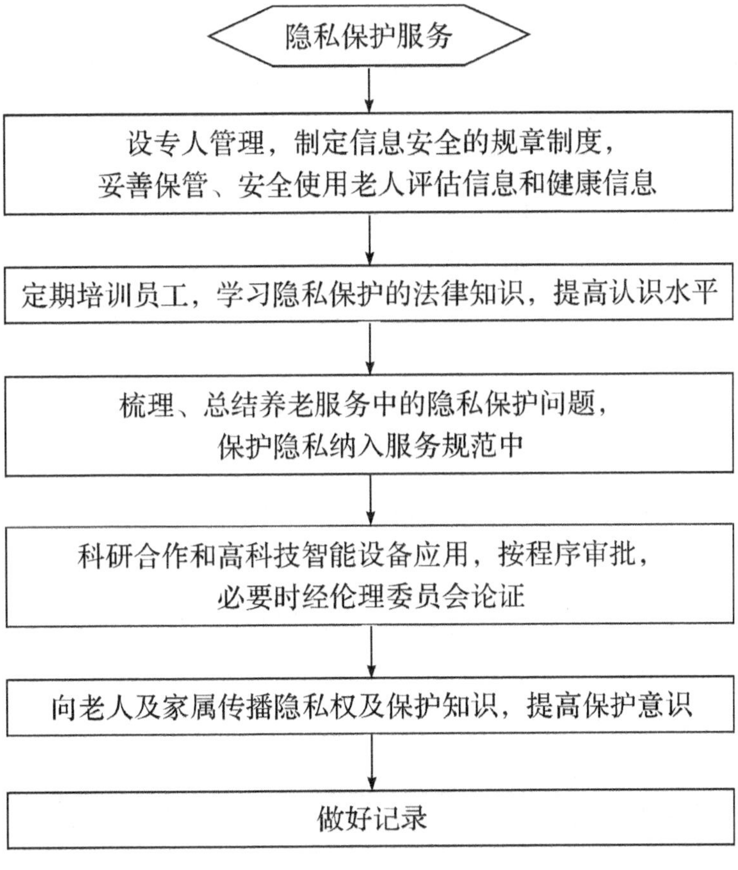

二、信息安全

“互联网＋”信息技术的发展，与养老服务、健康有关的APP、网页等产品的应用，在带给我们生活便利的同时，信息安全问题也随之而来。这里主要指居家养老服务过程中的信息收集、加工和输入、传输、储存和应用过程中的信息安全保护。

1.服务要求

(1)设专人管理，制订信息安全管理细则，由计算机专业人员按互联网技术服务规范对单位的信息服务平台进行维护和管理，监测网络安全状况。

(2)梳理、总结养老服务中的信息安全问题，定期培训员工，加强安全防范意识。并不断总结、完善信息的安全管理。

(3)妥善保管老年人健康评估资料，老年人的身份证、社保和医保信息以及健康信息采集后输入计算机储存，以U盘、硬盘备份，加设密码，避免放在网上或邮箱中，避免以邮件、QQ、微信等方式转输，以防信息被人盗取。此外，不得以任何方式将老人信息随意传输给他人。

(4)加强计算机安全管理，使用正版应用软件和正版的杀毒软件，定期查杀病毒，设置授权限制，不去浏览不认识、不知情的网站，不随便下载、安装来源不明的软件，预防内置木马病毒盗取相关信息。

(5)随着智能设备的广泛应用，智能手机等在老年人生活中的使用也越来越普及，向老人传播预防个人信息安全的知识，下载软件要小心，任何要求输入身份证、银行卡号和密码等信息时都要引起注意，防止钓鱼软件，防止信息诈骗引起财产损失。

(6)逐步完善有关服务软件的终端管理，避免老年人因记不住密码而带来信息安全问题。

(7)不随意将老人照片、身份信息传输至网页、QQ、微信上。

2.服务步骤

(1)设专人管理信息安全，制订信息安全管理细则，不断总结完善，定期培训员工，提高信息安全意识。

(2)由计算机专业人员管理单位网站，对信息服务平台进行专业维护和监测管理。应用正版软件，定期杀毒维护。

(3)妥善保管老人评估资料，预防老人身份信息、社保与医保信息及健康信息在存储、传输过程中被盗取。

(4)不随意将老人照片、身份信息传输至网页、QQ、微信上发布。

(5)向老年人传播信息安全知识,避免信息诈骗和钓鱼网站引起个人信息泄露。

3.服务流程

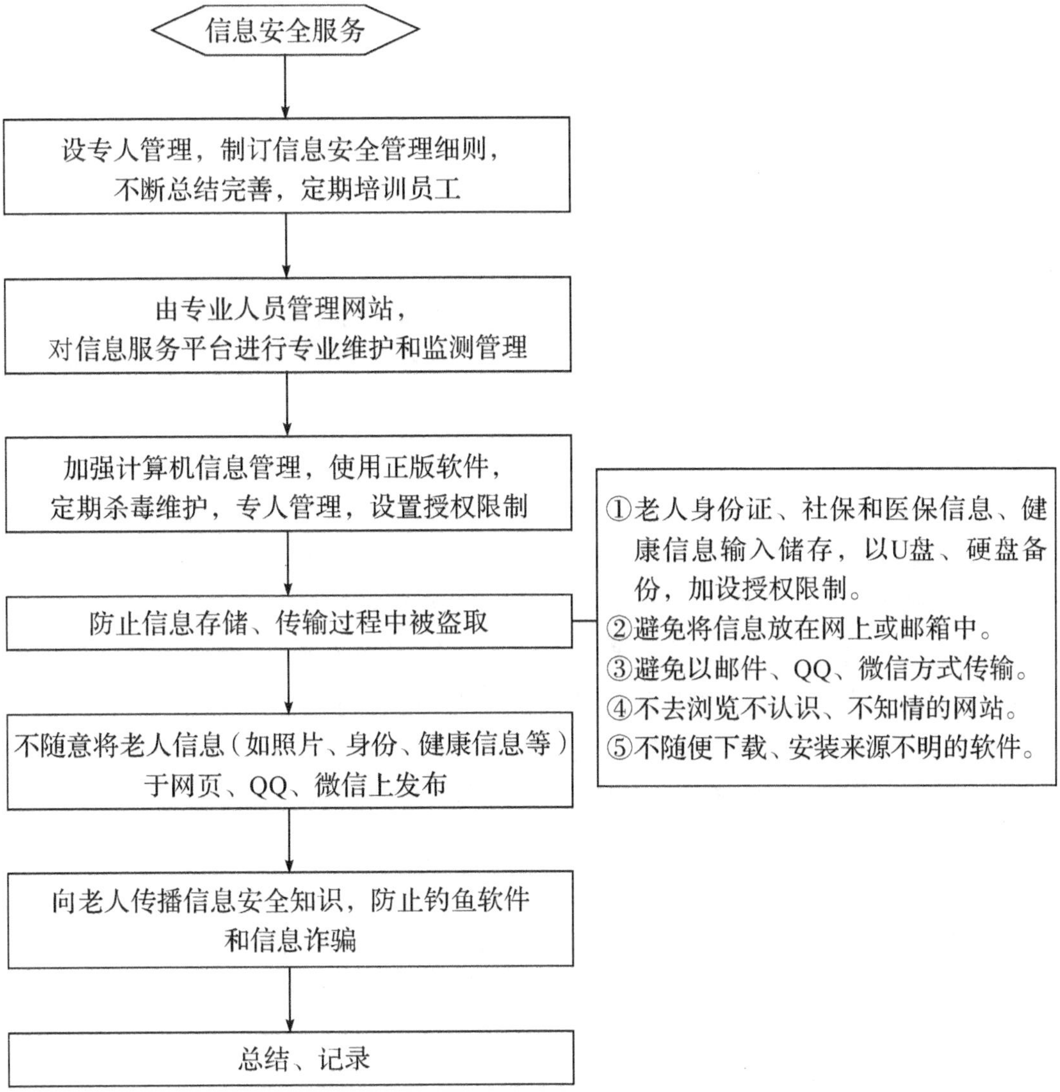

三、协助生前立遗嘱

安排好身后事宜让老人安详离世，也是临终关怀服务的内容之一。此处主要是指帮助老人完成生前立遗嘱的过程。

1.服务要求

（1）对于老人的遗嘱内容，服务人员不主张、不参与，在老人需要帮助的时候，提供过程的协助服务，如帮助咨询律师、遗嘱公证等。

（2）平时进行宣传，老人立遗嘱宜早，不宜等到临死前才立遗嘱。

（3）培训员工，了解有关遗嘱的法律知识：①遗嘱是遗嘱人对自己的财产或其他事项所作的处理，应当由遗嘱人自己完成。②老人不识字或者不能书写者，可以代书遗嘱，代书遗嘱应当有两个以上见证人在场见证，由其中一人代书，注明年、月、日，并由代书人、其他见证人和遗嘱人签名。③老人在危急情况下，可以立口头遗嘱，危急情况解除后，遗嘱人能够用书面或者录音形式立遗嘱的，所立的口头遗嘱无效；口头遗嘱和录音遗嘱都应当有两个以上见证人在场见证。④代书遗嘱时，代书应尽可能保留立遗嘱人的原话，不要过多归纳立遗嘱人的意思，以免曲解立遗嘱人的意思表达，应尽可能采用现场手写，而不是手写后再去打字。⑤不能作为见证人、代书人的是：无行为能力或限制行为能力者，继承人、受遗赠人和与继承人、受遗赠人有利害关系的人。⑥遗嘱是立遗嘱人的单方法律行为，只要有立遗嘱人的单方意思表示，遗嘱即成立，遗嘱是立遗嘱人死后生效的法律行为，遗嘱人在死亡前，可以随时变更或撤销遗嘱。

（4）服务人员可以提供笔、纸、老花镜、录音笔等，协助老人自行完成遗嘱。必要时协助老人对遗嘱进行公证。

（5）养老服务人员为老人服务过程中，可能对老人的家人行为和关系有所了解，若子女在尊重、关心老人方面有不到之处，难免带有一定的偏见，为避免纠纷，服务人员不作见证人、代书人，可以帮助请律师或其他人作为见证人。

（6）危急状况下的遗嘱，可让医生作为见证人，证明老人立遗嘱时意识清楚。

（7）可以为老人提供遗嘱的范本，见附16-1。

2.服务步骤

（1）定期培训，学习继承法有关遗嘱的知识，向社区传播相关法律知识，引导老人早安排身后事。

（2）对遗嘱内容不主张、不参与，不做代书人和见证人。

(3)协助老人完成遗嘱的过程，提供笔、纸、录音笔等工具，帮助请律师或者进行遗嘱公证等。

(4)根据老人需要，提供遗嘱范本。

(5)在危急情况下，帮助老人完成口头遗嘱，尽量用录音遗嘱，请医生作为见证人之一，证明老人的意识情况。

(6)做好老人心理护理，保持安心平静。

3. 服务流程

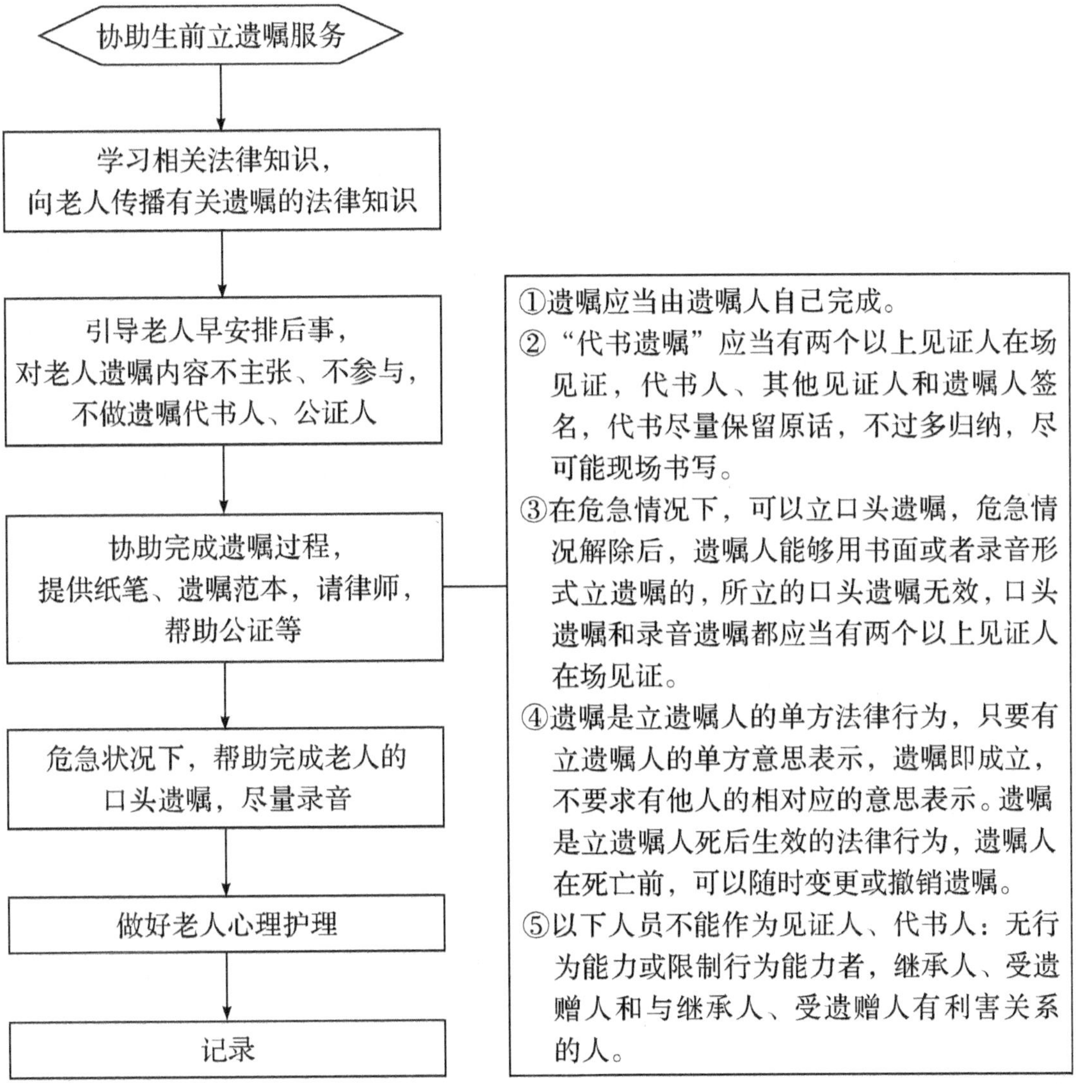

附 16-1　遗嘱范例

遗嘱人：________年龄：________民族：________

户籍所在地：____

身份证号码：______________________________

我在此立遗嘱，对本人所有的财产，作如下处理：

（一）我自愿将下列归我所有的财产遗留给甲：（是房产的，写明权属证书号及房产地址、面积等详情；是其他财产的，写明财产详情。）我遗留给甲的财产，属于甲个人所有。

（二）我自愿将下列归我所有的财产遗留给乙：（是房产的，写明权属证书号及房产地址、面积等详情；是其他财产的，写明财产详情。）我遗留给乙的财产，属于乙个人所有。

本遗嘱委托丙（姓名、年龄、民族、户籍所在地、身份证号码）为执行人。本遗嘱一式两份，一份由本人收执，一份由委托执行人丙保存。

立遗嘱人：(签名)

年　月　日

（唐浥云　陈雪萍）

后　记

多年前去一家养老机构，看到一位失能老人因为尿失禁而“被禁止”喝水（老人失去语言交流和自行取水的能力，照护者除喂食时少量喂汤外，不给额外饮水），处于脱水状态的老人吸吮着手指的景象，还有养老护理员一句“他不能喝水，喝水要小便的”话，让我一直难以释怀。在后续的养老服务调研、考察和评估工作中，我们发现由于一线服务人员、管理人员及老人自身的知识缺乏而引发的类似照护事件并非个案，照护品质的提升亟待全社会关注。

照护职业不被社会认同，照护教育体系不健全，照护队伍专业素养低，在此现状下，如何确保失能老人的生命尊严？我国护士和养老护理员分别属于卫生和民政两个部门管理，虽然强调医养结合，但要做到护士主导下的照护品质提升并不容易。为此，我们赴全国各地养老机构、社区日间照料中心调研照护现状，也专程赴日本、德国、英国等地进行专项考察，如何让当前专业素养不高的照护人员提供规范的服务，是这些年的重点研究内容。

结合我国国情、养老机构服务现状和养老护理国家职业标准，我们组织专家力量，相继撰写并出版了《养老机构老年护理服务规范和评价标准》《养老护理操作规程》。同时也努力传播养老服务科普知识，出版新形态教材——《老年志愿服务手册》，将养老服务最基本的知识和技能以微视频形式和二维码方式展示。这些工作中，有许多结合实际的创新工作，如照护技术创新、知识载体创新、叙述方式和传播方式创新等，在实践中得到业内好评。

居家养老是我国养老形式的主体，但目前还没有较好的居家养老服务目录。养老护理员、社会工作者、家政服务员、保姆、家庭照护者、社区志愿者等为居家老年人提供的服务界限不清晰、管理粗放、市场不健全，如何制定既符合现状又能引领发展的服务规范，便成了团队努力的目标。在前期国内外考察的基础上，经过两年多的反复讨论、修改和实践基地试用，完成了“居家养老服务规范”（以下简称“规范”）的制定，该“规范”列出了130项居家养老服务项目的适用范围、服务要求、服务步骤、服务流程几个方面。

通过十余年努力，团队以务实的精神，理论与实践相结合，初步完成了养老服务规范建设。在“规范”研究和试用的过程中，特别要感谢浙江省老年学学会领导和专家团队的直接支持，感谢中国人口福利基金会的项目资助，感谢杭州市拱墅区和睦街道华丰社区、杭州珍琦卫生用品有限公司、杭州康久天颐养老院、杭州护佰岁养老服务中心在“规范”研究和试用中的积极参与，感谢华丰社区应玉兰书记、杭州康久医疗投资管理有限公司耿海波董事长帮助召开专家研讨、论证会。同时，感谢国家卫生计生委家庭司和南京人口国际培训中心的支持，使得我们有机会在国家“新家庭计划”家庭照护能力建设及社区老龄服务能力建设的全国性培训中向社区管理者、服务管理者和一线服务人员传播理念，促进“规范”应用；也有幸在“2016 年发展中国家健康老龄化研讨会”上报告我们的相关工作，得到“人口与发展南南合作组织”的关注，将养老服务规范建设与实践作为中国最佳实践案例，纳入“人口与发展南南合作组织”的最佳实践案例集中。我们将继续努力，期待这些成果在实践中发挥更大作用。

“规范”的应用和完善，将是一个较长的过程，我们将一如既往努力，也期望广大读者、专家学者能够支持和帮助这项工作，多提宝贵意见，共同促进养老服务事业的发展。

陈雪萍

2017 年 9 月 20 日

图书在版编目(CIP)数据

居家养老服务规范 / 陈雪萍等著. —杭州：浙江大学出版社，2017.10(2023.1 重印)

ISBN 978-7-308-17471-8

Ⅰ. ①居… Ⅱ. ①陈… Ⅲ. ①养老—社区服务—规范—中国 Ⅳ. ①D669.6-65

中国版本图书馆 CIP 数据核字(2017)第 246936 号

居家养老服务规范

陈雪萍 孙利华 黄惠娟 唐浥云 等著

责任编辑 阮海潮(ruanhc@zju.edu.cn)

责任校对 陈静毅 丁佳雯

封面设计 姚燕鸣

出版发行 浙江大学出版社

(杭州市天目山路 148 号 邮政编码 310007)

(网址：http://www.zjupress.com)

排 版 杭州星云光电图文制作有限公司

印 刷 广东虎彩云印刷有限公司绍兴分公司

开 本 787mm×1092mm 1/16

印 张 18

字 数 405 千

版 印 次 2017 年 10 月第 1 版 2023 年 1 月第 2 次印刷

书 号 ISBN 978-7-308-17471-8

定 价 49.00 元
